하룻밤에 읽는 조선야사

하룻밤에 읽는 조선야사

김형광 엮음

시아

글머리에

야사野史는 역사의 이면裏面에 흐르는 이야기이다. 설화적인 분식粉飾이 다분한 내용도 있지만 정사正史에는 기록되지 못한 민초들의 투박한 삶의 모습도 잘 투영되어 있는 것이 야사의 특징이다. 더구나 정사는 승자의 기록이라는 점에서 당시의 실상과 반드시 일치한다고 볼 수 없는 측면이 있다.

여기에 확실한 근거가 부여되지는 못하지만 야사의 존재 이유가 있는 것이다. 더구나 야사는 입에서 입으로 전승되어진 이야기들이기 때문에 그 어떤 정사 못지않게 나름대로의 생명력을 갖춘 역사의 실체일 수도 있다. 역사를 들여다보면 여러 가지 정황이나 여건으로 보았을 때 기록된 내용이 과연 사실일까 하는 의구심이 들 때가 간혹 있기 때문이다.

정보가 많이 공개되어 있다는 요즈음에도 신문지상에 보도되는 정치적 사건들에 있어서 믿어지지 않는 대목이 있는 것이 현실인 것을 보면 이해하기 쉬울 것이다. 하물며 추적하여 진실을 밝혀 내기 쉽지 않은 과거의 일에 있어서야 어찌 이설異說이 없을 수 있겠는가?

물론 풍문으로 역사 자체를 모두 함몰시킬 수는 없다. 또한 이미 토대 지어진 역사의 기록을 왜곡된 시선으로만 바라봐서도 안 된다. 그러나 뒷이야기로 전해지는 야사의 존재 자체도 역사의 한 모습임을 인정해야 된다는 점을 말하고 싶다.

　그런데도 우리는 지금까지 야사를 심심풀이 옛이야기 정도로 치부하는 경향이 있다는 것을 부인할 수 없다. 삼류소설에서 느끼는, 흥미를 탐하는 시각으로 야사를 보아서는 그 진면목을 참되게 이해하기 어렵다. 혹여 야사가 꾸며진 이야기라고 할지라도 그 이야기에 선조들의 삶의 모습이 투영되어 있음을 간과해서는 안 된다. 다시 말하면 야사에는 그 시대 사람들의 인간과 세상을 보는 시각이 그대로 녹아 흐르고 있음을 알아야 한다. 옳고 그름에 대한 근저根柢가 거기에 있고 실체적 사실이 부정적인 모습일 때는 바람의 갈망이 그곳에 있다.

　이 책에 소개되는 조선시대의 야사들은 필자가 이야기 형식으로 재구성한 것이다. 어차피 정사처럼 건조乾燥한 사실의 나열이 아닐 바에야 재미있게 윤색되는 것이 독자들이 읽기에도 편하기 때문이다.

　다만 극적 구성의 효과를 위해 차용한 이야기 형식의 전개가 야사에 대한 허구적 편견을 증폭시키지나 않을까 우려될 뿐이다. 그렇지만 독자들의 이해를 돕기 위해 나라별, 시대별로 구성하였기 때문에 국사책을 새삼스럽게 꺼내 보지 않아도 단편적이나마 역사의 흐름을 파악할 수는 있을 것이다. 또 관심 있는 독자라면 역사책을 펼쳐 놓고 정사와 대비하여 읽어볼 때 또 다른 역사에 대한 이해의 참맛을 느끼게 되리라 믿는다.

　아쉬움이라면 지면의 한계와 능력의 부족으로 플롯의 단순함과 시대정신의 치열한 반영이 제대로 이루어지지 못한 점이다. 하지만 야사에 더 큰 의미를 반영하려는 것 자체가 불필요한 지적 허영이자 욕심으로 생각하고 더 이상의 집착을 놓아버린 사실은 미리 고백해 둔다.

　필자는 2년 전쯤 정사로 접근한 조선시대 인물에 대한 탐구를 책으로 엮어낸 적이 있다. 그때 앞에서도 잠깐 언급하였지만 몇몇 인물들의 삶 속에서 기록된 역사가 과연 모두 사실일까 하는 의문을 갖게 되었다. 따라서 역사적 사실에 대한 또 다른 내면의 이야기가 없을까 하는 원초적 관심이 이 책을 쓰게 된 동기의 하나가 되었다.

　일종의 훔쳐보기 욕구의 발현이라고도 볼 수 있지만 역사에 대한 또 다른 이해를 위한 노력이라고 긍정적으로 보아주길 바랄 뿐이다.

　그러나 정사처럼 사실에 대한 탐구라는 딱딱한 접근보다는 선조들의 삶에 대한 관조라는 관점에서 편안한 읽을거리가 된다면 족하다는 생각을 갖는다. 또한 인간의 사유思惟에 있어서도 장르가 허물어지는 것이 21세기의 일반적 흐름인 것처럼 역사의 이해에 있어서도 정사와 야사를 아우르는 여유로움이 필요하지 않을까 하는 생각도 해본다.

김 형 광

CONTENTS

스승의 깊은 뜻

'세상이 어찌 되려고 이러는 것인가?'

고려 말 젊고 패기에 찬 이성계가 나라를 세우겠다는 야망을 가슴에 품고 그 뜻을 이루려 조정의 중신들을 비롯한 노장군 최영과 은근히 세력 다툼을 벌이고 있을 때였다.

국운은 서서히 기울어져 가고 민심은 흉흉해져 백성들의 고초가 이만저만이 아니었는데도 소위 나라의 녹을 먹는 벼슬아치라고 하는 이들은 제 밥그릇 챙기는 데만 혈안이 되어 있었다.

운곡耘谷 원천석元天錫은 이런 세태에 자신이 할 수 있는 일이 아무것도 없음이 안타까워 가슴을 치며 탄식했다.

'어허, 내가 이곳에서 무엇을 할 수 있으리. 나라의 녹을 먹는 관리가 백성들의 안위를 바로 헤아리지 못한다면 차라리 백성들과 함께 농사를 짓는 편이 훨씬 더 나을 것이 아니겠는가?'

그리하여 원천석은 미련 없이 벼슬을 버리고 치악산 자락으로 내려와 농사를 지으며 학문에 몰두했다.

원천석은 학문이 워낙 뛰어났던지라 내로라 하는 집안의 자제들이 그에게 학문을 배우기 위해 찾아왔는데 그 중에는 이성계의 아들인 이방원도 있었다.

원천석은 이방원을 제자로 받아들이기가 그리 썩 내키지는 않았으나 이방원의 사람 됨됨이가 반듯하고 또 학문에 조예가 깊음을 알고 허락했다.

'아비는 비록 권력에 빠져 있다 하나 방원이는 그렇지 않을 게야.'

원천석은 그렇게 생각하며 이방원을 열심히 가르쳤다.

그러나 훗날 원천석의 기대와는 달리 방원은 아버지 이성계가 고려의 충신들을 제거하고 조선을 개국할 때 공로가 제일 크고 높았다.

이 소식을 접한 원천석은 씁쓰레한 마음을 숨길 수가 없었다.

'내 방원이만큼은 그렇지 않으리라 믿었거늘……'

세상은 하루가 다르게 무섭게 변해 갔다.

이방원은 왕자의 난을 두 번이나 일으키고 왕위에 올랐다.

'내가 잘못 가르쳤구나. 내가 잘못 가르친 게야……'

이런 소식을 접할 때마다 원천석은 이방원을 제자로 받아들였던 자신을 책망하며 더욱더 세상을 등지고 살았다.

한편 왕위에 오른 태종 이방원은 그 옛날 스승이었던 원천석을 잊지 않고 있었다. 스승의 고매한 인품과 높은 학문의 경지를 잘 알고 있는 그는 이제라도 스승을 모시고 정사를 의논하고 싶었다.

태종은 스승이 칩거하고 있는 치악산으로 신하를 보냈다.

"운곡 선생, 전하께서 지금 당장 선생을 모셔 오라는 명을 내렸사옵니다. 하오니 어서 채비를 하시어 어명을 받드옵소서."

한양에서 내려온 신하들은 원천석에게 허리를 굽히며 말했다.

그러나 원천석의 입에서 나온 말은 뜻밖이었다.

"여기까지 오시느라 고생이 많으셨소. 하지만 고려 왕조를 모시던 몸이 어찌 새 나라의 임금을 모실 수 있겠소? 돌아가서 나는 갈 수 없노라 아뢰시오."

신하들은 어명을 받들기를 두 번 세 번 권하였으나 원천석은 이를 거절하고는 방으로 들어가 문을 닫아버렸다.

신하들은 하는 수 없이 돌아가 태종에게 원천석의 말을 그대로 아뢸 수밖에 없었다.

태종은 스승의 뜻을 이해하지 못하는 것은 아니었다. 그러나 그대로 두기에는 너무나 아까운 인물이었다.

태종은 계속해서 신하들을 보냈으나 매번 거절당하고 말았다.

"스승님께서는 어찌하여 이다지도 제자의 마음을 몰라주신단 말인가!"

조바심이 난 태종은 자신이 직접 스승을 모시러 가야겠다고 생각하고 미복 차림으로 사령 몇 명을 데리고 길을 나섰다.

하지만 태종이 치악산에 도착했을 때는 원천석이 그 소식을 듣고 먼저 자리를 피한 뒤였다.

텅 빈 집안에 앉아 잠시 생각에 잠겨 있던 태종은 밖으로 나와 주변을 살펴보았다.

스승의 흔적을 찾아 이리저리 두리번거리던 태종의 눈에 시냇가에서 빨래를 하고 있는 노파가 보였다.

태종은 노파에게 다가가 물었다.

"혹 여기 사시는 운곡 선생이 어디로 가셨는지 아는가?"

"운곡 선생을 찾으시옵니까?"

"그렇소."

"선생 말씀이 오늘 태백산으로 나들이 가신다 하더이다."

노파는 원천석이 미리 알려준 대로 태종에게 거짓을 고했다.

그제서야 스승이 자신을 피해 어디론가 숨은 것을 눈치 챈 태종은 탄식하며 말했다.

"그렇게도 이 미련한 제자를 받아줄 수 없단 말씀이신가?"

태종은 그래도 그냥 돌아가기가 아쉬워 근처 바위에 걸터앉아 스승이 나타나기를 기다렸다. 하지만 원천석의 모습은 끝내 보이지 않았다.

뉘엿뉘엿 해가 지고 산자락에 어스름이 내릴 무렵에서야 태종은 스승의 뜻을 깊이 새기며 산속 어디쯤 계실 스승을 향해 큰절을 올리고는 한양으로 돌아왔다.

태종이 앉아서 원천석을 기다리던 바위를 일러 사람들은 주필대라 하였고 후에 이름을 바꿔 태종대라 했다.

훗날 상왕의 자리로 물러난 태종은 다시 한번 스승인 운곡을 청했다.

더 이상 거절하기 어려웠던 원천석은 태종을 알현하기 위해 입궐했는데 의관이 아닌 하얀 상복 차림이었다. 그것은 태종이 형제들과 벌인 살육에 대한 말없는 항의였다.

더 이상 원천석을 설득할 수 없다고 여긴 태종은 그 자식에게 벼슬을 주어 스승에 대한 감사의 예를 대신했다.

선비의 길

　저녁 해가 조금씩 산등성이 너머로 사라지고 어둠이 옅은 안개처럼 산길 위에 퍼지자 성삼문은 말고삐를 잡고 가는 하인을 재촉했다.

　천지 사방에 꽃들이 만발한 봄이라 해도 산중에서 맞는 밤바람은 목덜미에 좁쌀 같은 소름을 돋게 할 만큼 으스스했다.

　'이러다 영락없이 산중에서 밤을 보내게 생겼구나.'

　조바심이 난 성삼문은 어서 빨리 산을 내려가 하룻밤 묵을 집을 찾아야겠다고 생각하며 하인에게 발길을 재촉했다.

　성삼문의 명도 명이지만 하인 역시 산중에서 밤을 보낼 생각을 하니 아뜩한 심정이어서 저절로 걸음이 빨라졌다. 이런 산중에서 밤을 보내다가는 잠자리는 고사하고 십중팔구 호랑이의 밥이 되거나 무서운 맹수의 공격을 받아 목숨을 보존하기 어려울 것이기 때문이었다.

　말고삐를 손에 쥐고 거의 뛰다시피 발걸음을 옮기는 하인을 바라보니 성삼문은 무작정 길을 나선 자신이 한심스러웠다.

　며칠 전, 혼기가 찬 딸의 혼인날을 받아놓고 혼수를 마련하지 못해 속을 끓이던 성삼문의 아버지는 한 가지 방도를 생각해 내고 성삼문을 방으로 불렀다.

"거기 앉거라."

성삼문은 다소곳하게 무릎을 꿇고 아버지 앞에 앉았다.

"음……, 너도 이제 다 컸으니 이 아버지의 마음을 이해할 게다."

"예, 아버지."

성삼문의 아버지는 그렇게 말해 놓고 한참을 더 뜸을 들인 뒤 조심스럽게 말문을 열었다.

"얼마 안 있으면 네 누이가 혼인을 하게 된다는 것을 알고 있을 테지?"

"예, 아버지."

"또한 우리 집안의 형편이 어렵다는 것도 누구보다 네가 더 잘 알고 있을 게다."

"……."

"그래서 말이다……, 아무리 궁리해 봐도 네 누이의 혼수를 마련할 길이 막막하구나. 하루하루 먹고살기도 빠듯한데 그 많은 혼수를 무슨 돈으로 마련하겠느냐?"

성삼문의 아버지는 일단 거기서 말을 멈췄다가 조심스레 입을 열었다.

"너는 모르겠지만 예전에 우리 집안에 막새라는 노비가 있었는데 네 할아버지께서 그자를 불쌍히 여겨 면천시켜 준 일이 있었느니라. 그자는 그후 장사치가 되었는데 다행히 돈을 많이 벌어 지금은 살림살이가 제법 넉넉하다고 한다."

성삼문은 지그시 이에 힘을 주었다. 아버지의 다음 말이 두려웠던 것이다.

"그러니 네가 가서 그자에게 누이의 혼수에 쓸 비용을 좀 꾸어오너라. 우리 집안의 큰 은혜를 입은 사람이니 나 몰라라 박대하지

16

는 않을 것이다."

성삼문의 아버지는 그런 말을 하는 자신이 부끄러웠던지 몇 번이고 밭은 기침을 내뱉었다.

성삼문은 아무 대답도 없이 그저 묵묵히 방바닥만 쳐다보고 앉아 있었다.

'양반 체면은 고사하고라도 글을 읽는 선비가 돈을 꾸러 간다니…….'

그러나 집안 형편이 워낙 곤궁한 데다 다른 일도 아니고 누이의 혼수를 마련하기 위한 일이다 보니 자신이 나서지 않을 도리가 없었다.

"알겠습니다, 아버지! 소자 내일 길을 떠나도록 하겠습니다."

성삼문이 조용히 고개를 숙이고 방을 나서는 동안 아버지는 아들 볼 면목이 없는지 얼굴을 한쪽으로 돌린 채 아무 말이 없었다.

그렇게 해서 행장을 꾸리고 하인에게 말고삐를 들려 길을 떠난지 오늘이 꼭 닷새째 되는 날이었다.

여비를 아끼느라 변변한 잠자리에서 자지도 못하고 끼니도 조석으로 하루 두 끼만 먹으며 길을 재촉했는데 오늘은 험한 산중에서 밤을 보내게 될 모양이었다.

어느새 달은 둥실 떠올라 산중의 밤은 더욱 괴괴하기만 했다.

가끔 산짐승의 울음 소리가 골짝을 메아리 칠 때마다 성삼문과 하인은 흠칫 놀라 서로의 얼굴을 쳐다보았다.

달빛에 희미하게 드러난 산길을 따라 성삼문과 하인은 한마디 말도 없이 계속 앞으로만 나아갔다.

가도가도 불빛이라곤 보이지 않는 어둔 산길을 걸어 야트막한 언덕에 올랐을 때였다. 언덕 아래로 불빛이 환하게 밝혀져 있는 커다란 기와집 한 채가 보였다.

성삼문과 하인은 자신들의 눈을 의심하며 끌리듯 언덕 아래로 달려 내려갔다.

'이런 깊은 산중에 이토록 큰 집이 있다니……'

기와집 앞에 다다른 성삼문은 대문의 크기에 놀라 중얼거렸다.

큰 솟을대문은 희미한 달빛 아래에서도 으리으리하게 보일 만큼 웅장함과 위엄을 갖추고 있었다.

하인이 대문을 두드리자 마치 기다렸다는 듯이 문이 열리며 덩치가 큰 사내 하나가 나와 성삼문에게 고개를 조아렸다.

"어둔 밤길 오시느라 고생이 많으셨습니다. 어서 들어오십시오!"

성삼문이 뭐라 대답할 겨를도 없이 사내는 하인에게서 말고삐를 뺏듯이 낚아채더니 성큼성큼 집안으로 말을 몰았다.

대문 안에 들어선 성삼문은 또 한번 놀랐다.

마당에는 오색 비단잉어가 뛰노는 커다란 연못이 있었고 그 주위로 피어 있는 온갖 꽃들이 뿜어내는 향기는 가벼운 현기증을 일으킬 정도였다.

게다가 못물 위로 희뿌연 물안개가 엷게 피어 올라 마치 선경에라도 온 것 같은 착각이 들었다.

사내는 주저하지 않고 성삼문이 탄 말을 연못 한쪽에 세워진 정자로 이끌었다.

정자에는 백발이 성성한 노인이 앉아 있었는데 흰 수염이 길게 자라 무릎에까지 닿을 정도였다.

정자 앞에 이른 사내는 노인을 향해 고개를 숙이며 말했다.

"어르신! 분부대로 손님을 모셔 왔습니다."

노인은 손짓으로 성삼문을 정자 안으로 불렀다.

성삼문은 자기가 지금 꿈을 꾸고 있는지도 모른다는 생각이 들었지만 일단 말에서 내려 정자에 올라가 노인에게 정중히 큰절을 올렸다.

"어서 오시게나. 내 며칠 전부터 자네를 기다리고 있었네."

노인은 그렇게 말하며 지긋한 눈길로 성삼문을 바라보았다.

"아니……, 그게 무슨 말씀이신지……."

성삼문은 자신이 지금 꿈을 꾸고 있는 게 분명하다고 생각했다. 그렇지 않고서야 깊은 산중에 이렇게 훌륭한 기와집이 있을 리 만무하며 생전 처음 보는 노인이 자신을 기다리고 있었다는 게 어디 말이나 될 법한 소린가?

성삼문이 꿈인지 생시인지 분간을 못해 얼떨떨해하고 있는 동안 좀 전에 성삼문을 정자로 안내했던 사내가 커다란 상을 두 사람 사이에 놓고 나갔다.

노인은 성삼문의 심중을 알고 있는 듯 빙그레 웃으며 술병을 들어 술을 권했다.

"고단한 여정에 힘들었을 터이니 맘껏 먹고 마시도록 하게나."

노인이 내미는 술잔을 들어 얼결에 술을 받은 성삼문의 눈은 절로 휘둥그레졌다.

상에는 산중에서 구하기 힘든 생선에서부터 갖은 산채와 떡, 보기에도 먹음직스런 전과 고기 요리들이 말 그대로 상다리가 부러질 정도로 많이 차려져 있었다.

"어르신……!"

얼결에 말을 꺼내 놓고 다음 말을 찾지 못한 성삼문은 그저 노인의 얼굴만 쳐다보았다.

"우선 허기진 뱃속부터 채우고 얘길 나누세."

노인은 성삼문에게 여러 가지 음식을 골고루 권했다.

'필경, 이 노인은 이 세상 사람이 아닐 것이다. 그리고 이곳은 말로만 듣던 선계仙界가 아닐까…….'

성삼문은 음식과 술을 먹으며 속으로 수없이 되뇌었다.

어느 정도 허기가 가시자 노인은 기다렸다는 듯 말을 이었다.

"나는 지금 자네가 어딜 가는지, 또 왜 가는지 다 알고 있네."

"다 알고 계시다니……, 그걸 어찌……?"

성삼문이 말끝을 흐리자 노인은 큰소리로 웃으며 성삼문의 잔에 다시 술을 따라 주었다.

"잘 듣게! 글을 깨우쳐 선비가 되려는 자는 그 마음이 명경과 같이 맑아야 하고 심산 유곡의 물처럼 거침이 없어야 하는 법……!"

"……."

"그런데 지금 자네가 가는 길은 선비의 길이 아닐세. 비록 집안이 가난하여 그렇다고는 하나 옛말에 이르기를 길이 아니면 가지 말라고 했네. 그러니 오늘 밤은 예서 자고 날이 밝거든 그만 집으로 돌아가게!"

노인의 말에 성삼문은 심히 부끄러움을 느꼈으나 누이의 혼수를 걱정하지 않을 수 없었다.

성삼문은 노인의 얼굴을 차마 쳐다보지 못하고 혼잣말을 중얼거리듯 말했다.

"그러면 누이의 혼례는 무엇으로 치르라는 말씀이십니까?"

노인은 성삼문을 향해 꾸짖듯 말했다.

"그래도 내 말을 모르겠는가? 내가 사람을 잘못 보았는가? 기어이 선비의 길을 마다하고 속되게 살려거든 마음대로 하시게……!"

성삼문은 고개를 떨구고 앉아 수치심에 얼굴이 벌겋게 달아오름을 느꼈다.

그런 성삼문의 심사를 아는지 모르는지 노인은 술잔을 기울이며 낭랑한 목소리로 노랫가락을 늘어놓았다.

세상사 모든 것이 허무하고 허무하다.
금은 보화 온갖 재물 죽으면 빈손이요,
부모 자식 형제 간도 한번 가면 영영 못 보리.
꽃과 같은 내 님 얼굴 늙어지면 시들어지고
운우지정 깊은 정도 하룻밤 꿈이로다.
인생살이 이럴진대 무엇을 더 논할꼬.

노인의 구성진 노랫가락은 성삼문의 마음속으로 파고들었다.

싸락눈 같은 흰 달빛이 정자 안으로 기어 들어와 벌겋게 달아오른 성삼문의 얼굴을 서늘하게 식혀 주었다.

'돌아가자! 어르신의 말씀처럼 내가 지금 가는 길은 선비로서 가야 할 길이 아니다! 돌아가자……!'

성삼문은 결심을 굳히고 노인을 향해 다시 한번 큰절을 올렸다.

"어르신, 어르신의 말씀을 따르겠습니다. 몽매한 소인을 깨우쳐 주셔서 고맙습니다."

노인은 빙그레 웃으며 말했다.

"내 뜻을 알아주었다니 고맙구먼. 부디 학문에 더욱 정진하여 훌륭한 동량지재가 되게나."

"명심하겠습니다, 어르신!"

성삼문은 새벽녘까지 노인과 이런저런 얘기를 나누며 술잔을 기울였다.

노인은 깊은 산중에 묻혀 산다고 생각하기 힘들만큼 박학 다식하고 지혜로웠다.

성삼문은 마치 제자가 스승을 대하듯 공경하는 마음으로 노인의 말 한마디 한마디에 성심껏 귀를 기울였다.

휘영청 밝은 달이 서편 하늘에 구름처럼 걸렸을 무렵에야 노인은 자리에서 일어나며 성삼문에게 작별을 고했다.

"날이 밝으면 인사치레 같은 것은 생략하고 그냥 떠나게. 자네와 나의 인연은 오늘 밤으로 족하네. 나중 일은 나중에 생각하게나. 세상사 모든 이치는 다 그 뜻이 있는 법이라네."

노인은 그 말을 남기고 정자를 벗어나 성큼성큼 어디론가 사라졌다.

잠시 후 하인인 듯한 사내가 정자에 있는 성삼문을 사랑채로 안내했다. 사랑채에는 고운 비단 이불이 깔려 있었다.

"편히 쉬십시오. 날이 밝으면 뵙겠습니다."

사내는 공손하게 허리를 굽힌 뒤 돌아갔다.

성삼문은 집으로 돌아가 아버지께 어떠한 책망과 꾸지람을 들을지라도 노인을 만난 것을 후회하지 않을 것이라 다짐하며 곤한 잠속으로 빠져들었다.

다음날 성삼문은 발길을 돌려 집으로 향했다.

누이의 혼례가 걱정되었지만 그때마다 나중 일은 나중에 생각하라던 노인의 말을 떠올렸다.

성삼문은 집에 도착하여 아버지 앞에 무릎을 꿇고 앉아 자신이 빈손으로 돌아올 수밖에 없었던 까닭을 소상하게 말했다.

"그게 무슨 소리냐? 며칠 전에 어떤 사람이 찾아와 네가 보냈다고 하며 돈 천냥을 주기에 그 돈으로 이미 네 누이의 혼례 준비를 다

마쳤느니라."

아버지의 말을 들은 성삼문의 입이 절로 벌어졌다.

성삼문은 집으로 찾아온 사람의 생김새가 노인의 집에 있던 사내와 흡사하고 날짜를 따져 보았을 때 자신이 그 집을 떠나 온 날과 거의 일치한 것을 알고 또 한번 놀랐다.

성삼문은 자신이 만난 노인이 이 세상 사람이 아님을 확신했다. 성삼문의 아버지 또한 이 모든 것이 하늘의 도우심이라며 감격했다.

그뒤 성삼문은 다시 한번 그 노인을 만나기 위해 일전에 갔던 길을 되짚어 갔지만 노인의 집을 찾을 수가 없었다.

노인의 기이한 행적은 다만 성삼문과 그 아버지의 추억담 속에서만 살아 있을 뿐이었다.

매정한 정인지

밤이 늦도록 정인지의 방에서는 글 읽는 소리가 끊이지 않았다. 가끔 소쩍새 울음 소리가 그 소리에 장단을 맞추려는 듯 산중에서 마을로 메아리 칠 뿐 주위는 칠흑 같은 어둠만이 자욱한 안개처럼 깔려 있었다.

'오늘 밤에는 내 기어이 도련님을 만나 뵙고 애절한 내 마음을 전해야지……'

처녀는 정인지의 집 쪽 담벼락에 붙어 서서 창호지에 뚜렷하게 어린 정인지의 모습을 바라보며 결심을 굳혔다.

그녀는 정인지가 옆집으로 이사온 후 밤마다 남몰래 정인지가 글 읽는 소리를 들으며 혼자만의 사랑을 키워 왔다.

그러다 잠을 쫓으려 마당으로 나와 뜰을 거니는 정인지의 모습을 볼 때면 완전히 넋을 잃곤 했다.

처녀는 그렇게 애를 끓인 지가 벌써 며칠째인지 몰랐다.

그러다 오늘 밤엔 기어이 자신의 속마음을 전하고, 허락한다면 정인지와 부부의 연을 맺을 결심까지 하게 되었다.

달빛이 희미하게 담장의 기와를 비쳤다. 검은 기와에 긴 푸르스름한 이끼를 타고 흐르는 달빛에 처녀의 마음은 더욱 애절해졌다.

주위를 다시 한번 둘러본 처녀는 조심스럽게 담을 넘었다.

가슴이 천둥 치듯 쿵쾅거렸지만 정념에 불탄 처녀의 마음에 비하면 하찮은 밤새 소리만도 못했다.

정인지의 방에서 아직도 글 읽는 소리가 그치지 않는 것으로 보아 아무런 기척을 못 느낀 것 같았다.

처녀는 숨을 죽이고 조심스럽게 발을 내딛으며 정인지의 방문 앞으로 다가갔다.

발을 뗄 때마다 심장의 고동 소리가 멎는 듯했지만 그때마다 처녀는 두 손으로 저고리의 앞섶을 지그시 누르며 가슴을 진정시켰다.

방문 앞에 다다른 처녀는 누가 볼세라 황급히 문을 열고 무작정 안으로 들어갔다.

"뉘, 뉘시오?"

글을 읽던 정인지는 갑자기 들어서는 처녀를 보고 놀라 말을 더듬거렸다.

한순간 정인지의 눈이 가느다랗게 떨렸다. 한밤중에 난데없이 나타난 처녀가 귀신인지 사람인지 분간하기가 어려웠던 것이다.

처녀는 방안으로 들어서기는 했으나 막상 어찌할 바를 몰라 주춤거리고만 있었다.

"보아하니 집에서 부리는 하인도 아닌 것 같은데 대체 뉘시오?"

정인지는 정신을 차리고 다시 물었다.

"소녀, 옆집에서 왔사옵니다."

처녀는 떨리는 목소리로 간신히 대답했다.

"옆집이라구요? 그런데 무슨 일로 이 야심한 밤에……."

처녀는 다소곳이 자리에 앉았다.

"저의 행동이 무례하다는 것은 알고 있으나 소녀 더는 제 마음

을 숨길 수가 없어 이렇게 부끄러움을 무릅쓰고 도련님을 찾아왔습
니다."

처녀는 얼굴을 붉히며 조심스럽게 말을 꺼냈다.

정인지는 처녀의 얼굴을 자세히 보았다. 둥근 눈매에 가느다란
눈썹, 연지를 찍은 듯 붉은 입술과 적당한 곡선을 그리며 흘러내린
얼굴의 윤곽은 보기 드문 미색이었다.

그런 처녀가 무슨 이유로 자기를 찾아왔는지 짐작할 수 없어 정
인지는 고개를 갸웃거렸다.

'대체 나에게 무슨 볼일이 있어 이런 밤중에 찾아온 것일까?'

처녀는 얕은 한숨을 한 번 내뱉더니 이내 담담한 목소리로 속마
음을 털어놓았다.

"소녀, 도련님이 이곳으로 이사 온 날부터 도련님을 가슴에 품고
있었사옵니다. 그리고 밤마다 도련님의 글 읽는 소리를 들으며 흠모
하는 마음을 조금씩 키워 왔습니다. 더욱이……."

처녀는 잠시 말을 멈추고 다시 한번 호흡을 가다듬었다.

"글 읽는 틈틈이 마당을 거니시는 도련님의 모습을 뵌 뒤로
는…… 그러한 마음이 더욱 사무치게 되었사옵니다."

처녀는 차마 정인지의 얼굴을 볼 수 없어 고개를 숙이고 있었다.

그러나 정인지는 처녀의 고백에 달리 할말이 없었다.

"도련님, 소녀의 무례함을 용서하십시오! 하지만 도련님을 향한
제 마음이 너무도 사무치어 그만 이렇게 담을 넘고 말았습니다."

처녀는 간절한 눈빛으로 정인지를 바라보았다.

'어허, 이제 보니 요망한 처자로구먼……!'

정인지는 이맛살을 찌푸리며 고개를 한쪽으로 돌렸다.

"도련님, 부디 소녀를 거절하지 마시고 받아 주옵소서."

처녀는 마치 당장이라도 정인지의 품에 달려들 것처럼 그의 곁으로 바짝 붙어 앉았다.

당황한 정인지는 얼른 몸을 뒤로 빼고는 호통을 쳤다.

"자고로 남녀가 유별하거늘 처녀의 몸으로 이 무슨 해괴한 짓이오!"

그러나 처녀는 정인지의 호통은 개의치 않고 그의 품속으로 덥석 달려들었다.

"그 점 소녀도 모르는 것은 아니옵니다. 하지만 도련님을 너무도 사모하여 그러는 것이니 부디 소녀를 불쌍히 여기시고……."

"그만하시오!"

정인지는 버럭 소리를 지르며 엉겁결에 처녀를 밀쳐버렸다.

"정녕 도련님께서 저를 받아주지 않는다면 소녀 차라리 여기서 목숨을 끊겠사옵니다."

처녀는 저고리 앞섶을 헤치고 은장도를 꺼내 들었다.

당황한 정인지는 우선 처녀의 마음을 달래는 것이 상책이라고 생각했다.

"이러지 말고 부디 그냥 돌아가시오. 내 오늘 일은 없었던 것으로 하겠소."

정인지는 부탁하다시피 말했다. 그의 머릿속에는 그저 이 처녀를 빨리 돌려보내야겠다는 생각뿐이었다.

혹여 어머니께서 밤참이라도 들고 오시다 이 광경을 보게 되면 어쩌나 하는 생각에 정인지는 정신이 아뜩하기만 했다.

그러나 처녀는 마음을 돌리기는커녕 정인지의 손을 잡고 말했다.

"도련님이 정히 그렇게 말씀하신다면 소녀 겁탈당했다고 소리치겠습니다."

처녀는 이를 악물고 말했다.

"뭐요?"

정인지는 머릿속이 어지러웠다.

"소녀, 사람들이 모두 잠에서 깨도록 그렇게 소리칠 것이옵니다."

정인지는 눈앞이 깜깜해졌다. 처녀가 그렇게 외치기라도 하는 날에는 모든 것이 끝나고 마는 것이다. 사람들은 처녀의 유혹에 자신이 봉변을 당한 것이라고 믿어 주지 않을 것이었다. 으레 참한 규수를 겁탈했다고 여길 터였다.

그렇게 되면 자신의 앞날은 더 이상 기약할 수 없게 되는 것이다. 과거도 벼슬도 아무 소용없게 되고 양반 자식이 규중 처녀를 농락했다는 오명만 남을지도 모를 일이었다.

정인지는 모든 꿈이 다 허물어지는 듯하여 몸이 부르르 떨려 왔다. 무슨 방법을 써서라도 이 자리를 모면해야 했다.

"잠시만 기다리시오. 내 어찌 처자의 마음을 모르겠소."

정인지는 다소 정감 어린 목소리로 말했다.

"처녀의 몸으로 여기까지 왔다면 그 사무친 정이 얼마나 크겠소."

독기로 가득 찼던 처녀의 눈빛이 조금은 풀렸다.

"목석이 아닌 바에야 내 어찌 처자의 마음을 모른 척할 수 있겠소. 다만 남의 집 귀한 자식을 이렇게 맞는다는 것은 안 될 말이오. 부모님께 고하지 않고 정을 통한다면 사람들의 이목이 좋지 않을 것이오. 마침 나도 아직 장가를 들지 않았으니 내일 어머니께 말씀드려 처자의 집으로 매파를 보내겠소이다. 그리하면 나는 정식으로 아내를 맞이하는 것이고 처자 또한 스스로 배우자를 구했다는 허물을 쓰지 않을 수 있지 않겠소."

처녀는 갑작스럽게 태도가 변한 정인지의 말이 쉬이 믿어지지 않았다.

"그 말씀…… 정말이시옵니까?"

정인지는 처녀의 마음을 안심시키기 위해 입가에 미소를 띠우며 말했다.

"남아 일언 중천금이라 했소. 그러니 오늘은 이만 돌아가시오. 그러면 내일 당장 사람을 보내겠소."

처녀는 그제야 안심이 되는 듯 잡았던 손을 놓고 바로 앉았다.

"소녀의 불경스러운 짓을 용서하십시오. 도련님을 그리는 마음이 너무도 애절하여 이런 무례를 범하였사옵니다. 소녀 돌아가 도련님께서 부르시기만을 학수 고대하겠습니다."

처녀는 어느새 다소곳이 머리를 숙이고 있었다.

"내 비록 가진 건 없으나 필히 육례六禮를 갖추어 처자를 맞이하도록 하겠소."

"소녀 도련님만 믿겠사옵니다."

처녀는 이제야 부끄러움을 느꼈는지 고개를 떨구고 낮게 흐느꼈다.

"자, 어서 돌아가시오. 혹 누구에게라도 들키면 일을 그르치게 되고 마오."

"예. 그럼 소녀는 이만……."

처녀는 정인지에게 인사한 뒤 뒷걸음질을 쳐 방문을 열고 나갔다.

정인지는 몇 번이고 뒤돌아보는 처녀를 보며 가슴을 졸였다. 처녀가 담을 넘는 것을 보고서야 정인지는 겨우 마음이 놓였다.

정인지는 길게 안도의 한숨을 내쉬었다. 등골에서 식은땀이 흐르고 한껏 긴장했던 팔다리가 노곤해졌다.

그날 밤 정인지는 잠을 이루지 못하고 뜬눈으로 밤을 새운 뒤 날

이 밝자마자 어머니를 찾아 뵙고 간밤에 있었던 일을 전부 이야기
했다.

"어머니, 처녀의 몸으로 어찌 그런 행동을 할 수 있사옵니까? 이
는 삼강 오륜도 모르는 부덕하고 난잡한 행실이옵니다. 소자 두 번
다시 그런 일을 당할까 염려되오니 부디 이사를 서둘러 주십시오."

아들의 이야기에 놀란 어머니는 그날 당장 이사할 집을 알아보
았다.

정인지는 처자의 집에 매파를 보내지 않은 것은 물론이고 사랑
채 근처에는 얼씬도 하지 않았다. 그리고 이틀 후 그는 옆집 처녀가
눈치 채지 못하도록 몰래 그 집을 떠났다.

이사를 한 후 정인지는 처녀의 집 근처에는 얼씬도 하지 않고 혹
지나칠 일이 있어도 멀리 돌아 다녔다.

여러 날이 지난 뒤 정인지는 지필묵을 사기 위해 장터에 나갔다
가 우연히 장사치들이 나누는 얘기를 듣게 되었다.

"아, 소문 들었나? 상사병으로 죽은 처녀 말이야!"

"들었네. 가엾기도 하지. 다른 병도 아니고 상사병으로 죽다
니⋯⋯. 어떤 놈이 그런 몹쓸 짓을⋯⋯, 쯧쯧."

"누가 아니래나. 그렇게 죽을 바에야 그놈이 누군지 이름이나 얘
기하고 죽을 것이지. 정말 안됐네그려⋯⋯."

옆에서 듣고 있던 정인지는 가슴이 철렁 내려앉았다.

장사치들이 말하는 처녀는 그날 밤 자신의 방을 찾아온 처녀가
분명했던 것이다.

'그 처녀가 죽다니. 그것도 나 때문에⋯⋯. 요망한 처자인 줄 알
았는데 어찌 상사병으로 죽었단 말인가⋯⋯.'

정인지는 마음이 떨려 왔다.

'내가 사람을 잘못 본 것일까? 아냐, 그날 밤 내가 본 처녀는 분명 요망한 계집이었어……'

정인지는 그렇게 자신을 위로했으나 그 처녀에게 미안한 마음은 사그라들지 않았다.

'그렇게 매정하게 물리치지 말았어야 했는데……'

그제서야 정인지는 담을 넘어와 수치심을 무릅쓰고 자신에게 사랑을 고백했던 처녀의 마음을 조금은 이해할 것 같았다.

세월이 흐른 뒤 정인지는 양가의 규수와 혼인을 하고 그 옛날 꿈꾸었던 일들이 하나둘씩 실현되어 점차 높은 지위에 오르게 되었으나 죽은 처녀에 대한 생각을 완전히 지울 수는 없었다.

그는 문득 그 처녀가 떠오를 때면 이렇게 중얼거리곤 했다.

"가엾은 여인……, 내가 어리석었지……"

1

"네 이년! 네가 먼저 시비를 걸어 놓고 뭐가 어쩌고 어째?"

"아니 이년이? 누가 할 소리를 누가 하는지 모르겠네!"

하녀 둘이 마당 한가운데서 서로 머리채를 붙잡고 악다구니하고 있는데 막 퇴궐하여 집안으로 들어서던 황희 정승이 그 모습을 보게 되었다.

하지만 주인 어른이 나타났는데도 하녀들은 싸움을 그칠 생각은 않고 오히려 더 큰소리를 냈다.

평소 황희 정승이 하인들을 가족처럼 친밀하게 대해 주었기에 하인들은 그를 그다지 어려워하지 않았던 까닭이었다.

황희는 하녀들의 싸움을 잠시 지켜보고 섰다가 가까이 다가가 물었다.

"무엇 때문에 그리 싸우느냐?"

"아이고, 대감마님! 마침 잘 오셨사옵니다. 세상에 이렇게 억울한 일이 어디 있습니까? 제가 실은……."

한 하녀가 황희에게 억울하다는 듯이 울며 자초지종을 이야기했다.

"그래? 듣고 보니 네 말이 맞구나."

하녀의 말을 다 들은 황희는 미소를 지으면서 말했다.

그러자 옆에 있던 하녀가 하소연을 하기 시작했다.

"대감마님, 너무 억울합니다. 쇤네의 말을 좀 들어 보십시오……."

그녀의 말을 모두 들은 황희는 이번에도 고개를 끄덕이며 말했다.

"그러고 보니 네 말도 맞구나."

하녀들은 서로의 말이 다 맞다고 얘기하는 황희에게 다시 자신들의 푸념 섞인 말을 늘어 놓았다.

그런데 이번에도 역시 황희는 두 사람의 이야기를 말없이 듣고는 둘 다 맞는 말이라며 고개를 끄덕였다.

이 광경을 처음부터 지켜보고 있던 황희의 조카딸이 다가와 말참견을 했다.

"큰아버님, 큰아버님께서는 어찌하여 이 두 사람의 이야기를 다 옳다고만 하십니까? 분명 어느 한쪽이 잘했으면 다른 한쪽은 잘못하였을 터인데 옳고 그름을 밝혀 주셔야지 그저 둘 다 옳다고만 하시면 어찌하옵니까?"

조카딸은 답답하다는 듯이 황희를 쳐다보았다.

"음……. 그러고 보니 네 말도 옳구나!"

황희는 심각한 얼굴로 고개를 끄덕이며 말했다.

이 말을 들은 하녀들과 조카딸은 모두 한바탕 웃음을 터뜨리고 말았다.

금방이라도 서로를 죽일 것처럼 싸우던 하녀들은 한참을 웃고 난 뒤 겸연쩍은 듯 황희에게 허리를 숙여 인사하고는 부엌으로 들어갔다.

이렇듯 황희는 넓은 아량과 관용으로 집안 사람들을 대했다고 한다. 황희가 밥을 먹을 때 하인의 자식들이 그 밥상머리에 둘러앉아 밥과 반찬을 집어 먹어도 그저 웃어 넘겼다는 일화를 보면 황희의 그릇이 얼마나 크고 넓은지 짐작이 간다.

황희의 집에는 큰 배나무가 있었는데 가을이 되면 주먹만한 배가 주렁주렁 열렸다.

하루는 이웃집 아이가 장대를 가지고 와 황희의 집 배나무 가지를 마구 쳐서 많은 배가 땅에 떨어졌다.

그것을 본 황희는 마당으로 나가 그 아이에게 호통을 쳤다.

"이 녀석! 어찌하여 남의 집 배를 다 망가지게 하느냐?"

황희의 호통 소리에 놀란 이웃집 아이는 깜짝 놀라 대문 밖으로 도망쳤다. 달아나던 아이의 뒷모습을 한참 바라보던 황희는 하인을 불러 떨어진 배를 모두 주워 그 아이에게 갖다 주라고 일렀다.

"어린것이 얼마나 배가 먹고 싶었으면 그리했겠느냐? 어서 갖다 주어라."

황희는 어른이든 아이든, 집안 사람이든 모르는 남이든 한결같이 대했다.

언제나 따뜻한 마음으로 상대방의 입장과 눈 높이에서 그들을 이해하려고 애썼던 것이다.

2

한양 강변의 작은 나루터에서 줄을 서 있던 낡은 가마 한 대가 나룻배에 오르려 할 때였다.

갑자기 웬 사내가 술에 취해 비틀거리며 나타나더니 가마를 거칠게 한쪽으로 밀어내고는 자신이 먼저 배에 오르려 했다.

그 바람에 가마가 한쪽으로 기우뚱거려 하마터면 물에 빠질 뻔한 것을 주위 사람들의 도움으로 간신히 중심을 잡을 수 있었다.

가마의 주인인 듯한 선비가 놀란 가슴을 진정시키고는 말했다.

"이보시오. 여기 있는 사람들은 다 순번을 기다려 배에 오르고 있소. 그런데 늦게 온 사람이 먼저 타는 경우가 어디 있소?"

강경한 어조였지만 선비의 태도는 아주 정중했다.

"뭐라고? 내가 누군 줄 알고 이래라저래라 하는 거요! 난 이래봬도 황희 정승의 심복이란 말이요, 알아듣겠소?"

사내는 혀 꼬부라진 소리로 대뜸 소리쳤다.

이 나라 제일 가는 영의정이신 황희 정승의 심복이라는 말에 선비는 움찔했다.

선비는 더 이상 아무 말도 하지 못하고 가마를 뒤로 물려 사내를 먼저 배에 오르게 했다.

그렇지만 사내는 그것으로도 분풀이가 되지 않은 듯 계속해서 선비를 향해 욕지거리를 해대더니 배가 강 건너편에 도착하여 선비 일행이 배에서 내리자마자 다짜고짜 가마를 향해 오줌을 싸는 것이었다.

일이 이렇게 되자 선비는 더 이상 참을 수가 없었다.

'그래도 내가 양반이거늘 하찮은 아랫것에게 이런 치욕을 당하다니……'

분한 생각에 더는 참을 수가 없었던 선비는 가마와 하인들을 주막에 기다리게 하고 황희의 집을 찾아갔다.

황희의 집은 한 나라의 정승이 사는 집이라고 하기에는 너무 작고 초라했다.

하인의 안내를 받아 사랑방에서 잠시 기다리자 곧 황희가 나타났다.

"무슨 일로 이렇게 우리 집을 찾아오셨는가?"

선비는 황희가 그처럼 정중하게 말하자 가슴속의 울화를 삭이고 차분하게 나루터에서 있었던 일을 말했다.

"허 그것 참, 뭐라 할말이 없구려. 이는 모두 내가 부족한 탓이오. 부디 노여움을 거두고 잠시나마 편히 쉬다 가도록 하오."

황희가 그토록 정중히 사과를 하니 선비는 마음이 흐뭇했다.

'이제 곧 그놈을 단단히 경치겠지. 내 기어이 그 꼴을 보고 가리라.'

선비가 속으로 벼르며 기다리고 있는데 하녀가 와서 황희에게 점심 식사를 어찌할 것인지 여쭈었다.

"이곳에서 손님과 함께 들 것이니라."

잠시 후 좁쌀 미음 한 그릇에 간장 한 종지가 차려진 상 두 개가 들어왔다. 선비는 정승의 점심상이 초라한 것에 놀랐으나 내색하지는 않고 남김없이 다 들었다.

황희는 점심상을 물리러 온 하녀를 불러 귀엣말을 몇 마디 속삭이더니 선비에게 이런저런 세상사 얘기를 늘어놓기 시작했다.

이제나저제나 사내가 벌받기만을 기다리던 선비는 하루 해가 저물도록 황희가 딴청만 부리자 부아가 나서 자리에서 일어났다.

"이제 그만 물러가겠습니다."

"벌써 돌아가려오? 그럼 아쉽지만 안녕히 가시오!"

황희는 여전히 별다른 말 없이 인사만 했다.

'거 참! 천하의 명상이라더니 자신의 하인 하나 처리 못 하는 사

람이 어찌 한 나라의 정승이란 말인가!'

선비가 씩씩거리며 마당을 가로질러 가고 있는데 어디선가 곤장을 치는지 퍽, 하는 소리에 연이어 신음 소리가 들려 왔다.

이를 이상히 여긴 선비가 소리 나는 곳으로 살며시 가보니 아침에 자신을 욕보인 그 사내가 하인들에게 둘러싸여 멍석말이를 당하고 있었다.

하인들 중 한 명이 선비를 알아보고 말했다.

"선비님! 나리의 분부대로 선비님을 욕보인 이 녀석에게 벌을 주고 있습니다. 이제 다시는 그런 짓을 못할 것이옵니다."

선비는 깜짝 놀랐다.

"아니, 대감께서 언제 그런 분부를 내리셨소? 이제껏 함께 있었어도 아무 얘기를 듣지 못했는데……."

"아 예, 아까 점심상을 물리러 갔던 하녀에게 분부하셨습니다."

선비는 그제야 고개를 끄덕이며 자신의 좁은 소견을 부끄러워했다.

다른 사람들 같으면 위엄을 과시하려 그 자리에서 큰소리를 쳤을 텐데 황희는 소리 없이 자신의 일을 처리하고 있었던 것이다.

3

청렴 결백하기로 소문난 황희는 평생 초가집 신세를 면하지 못한 것은 물론 쌀밥 한 번 제대로 먹어 본 적이 없었다.

그런데 어찌된 일인지 황희가 세상을 떠난 후 치러진 막내딸의 혼사만은 공주님 혼례 못지않았다고 한다.

허나 이도 알고 보면 황희가 생전에 쌓아 놓은 음덕의 결과였다.

황희가 병석에 누워 일어날 기미가 보이지 않자 그의 부인은 아직 출가를 못 시킨 막내딸의 혼사가 은근히 걱정되었다.

지금까지도 딸들에게 혼수를 제대로 못해 보냈는데 그나마 남편마저 죽고 나면 하나 남은 딸의 혼례를 어찌 치러야 하는가 싶어 부인은 한숨이 절로 나왔다.

"대감께서 기력을 회복하셔서 그나마 살아 생전에 막내를 출가시켜 주셔야죠. 이대로 가시면 제가 어찌하오리까?"

하루는 부인이 황희의 머리맡에 앉아 눈물 섞인 넋두리를 했다.

"부인, 너무 걱정하지 마시오. 바우라는 광대가 알아서 다 해줄 것이오."

황희는 기운 없는 목소리로 대답했다.

부인은 황희의 엉뚱한 소리에 이러다 정신마저 잃게 될지도 모른다는 생각이 들어 더 이상 그런 이야기는 입밖에 내지 않았다.

황희는 그로부터 얼마 지나지 않아 세상을 떠났다.

그후 몇 해가 흐른 뒤 황희의 부인은 겨우 막내딸의 혼인 날짜를 잡게 되었다. 하지만 혼수를 마련할 돈이 없어 걱정으로 하루하루를 보내고 있었다.

그 무렵 나라에서는 경사가 겹쳐 하루는 임금이 큰 연회를 열었다.

연회에서는 전국 각지에서 모인 유명한 광대들이 임금을 위시한 문무 백관들 앞에서 한바탕 신나게 놀이판을 벌이게 되었는데, 줄타기 재주가 뛰어난 바우라는 광대도 참석하게 되었다.

놀이판이 신명 나게 벌어지는 가운데 드디어 바우의 차례가 되었다. 그런데 한참 신나게 줄을 타며 흥을 돋우던 바우가 갑자기 해괴한 짓을 벌이기 시작했다.

그는 허리춤에 찼던 수건을 들고 양쪽 엉덩이에 번갈아 갖다 대며 큰소리로 사설을 늘어놓는 것이었다.

"이것은 돌아가신 황희 정승 댁 정경마님과 막내따님이 서로 속옷을 번갈아 입는 모습으로……."

이를 본 임금은 진노하여 신하들에게 즉시 바우를 잡아 무릎을 꿇리라 명했다.

한 신하가 호통을 쳤다.

"네 이놈! 네가 감히 한 나라의 정승이셨던 분의 가실들을 욕보인단 말이냐?"

"천부당만부당하신 말씀이십니다. 어찌 소인처럼 미천한 것이 그리 할 수 있겠사옵니까? 다만 소인은 황희 정승께서 세상을 뜨신 후 그 식솔들의 생계가 어려워 이번 막내따님의 혼사에 혼수도 변변히 준비하지 못한다 하기에 이를 상감 마마께 알려드리고자 주제넘은 짓을 하였사옵니다. 소인을 죽여 주옵소서."

이 말을 들은 임금은 바우의 뜻이 장하다 이른 후 황희의 막내딸의 혼수를 공주의 것 못지않게 준비해 보내라 명했다.

혼수를 가져온 신하에게서 모든 사정을 전해들은 황희의 부인은 감읍해 마지않았다.

황희의 부인은 그때서야 죽기 전 병석에서 했던 남편의 말이 생각났다.

"어찌 이런 일이 있을 줄을 미리 아셨단 말입니까, 대감!"

황희의 부인은 이 모든 일이 지하에 계신 황희 정승이 일생 동안 쌓아온 음덕 때문이라고 생각하며 남편의 명복을 빌고 또 빌었다.

안평대군의 풍류

세조 재위 시절, 평양에 명옥이라는 유명한 기생이 있었다.

미색이 많기로 유명한 평양에서도 둘째 가라면 서러워할 만큼 아름다운 데다 가무는 물론이고 시문 서화에도 뛰어나 그녀를 한번 본 남자들은 하나같이 넋을 잃고 말았다.

소문을 듣고 온 남자들이 명옥을 한번 취해 보고자 안달이었으나, 명옥은 그 명성에 걸맞게 아무나 만나 주지 않았다. 그녀는 최소한 자신과 시문 서화를 겨룰 만한 실력을 갖춘 양반 정도는 되어야 겨우 자리를 같이하였다.

이런 명옥의 소문은 멀리 한양에까지 퍼져 당대 제일의 풍류 남아 안평대군의 귀에까지 들어갔다.

'평양에 그런 기생이 있단 말이지! 그렇다면 내가 안 볼 수 없지.'

안평대군이 한참 평양 갈 생각에 잠겨 있던 어느 날 문밖에서 최성달이라는 사람이 뵙기를 청한다는 전갈이 왔다.

"들라 하게."

잠시 후 문을 열고 들어온 사내는 갓 스물이 넘은 듯 보이는 젊은 이였다.

"처음 뵙겠사옵니다. 소인 최성달이라 하옵니다."

최성달은 안평대군에게 공손히 절을 하였다.

"소인 익히 대감의 필명을 듣고 한번 뵙고자 찾아왔습니다."

"그런가? 잘 왔네. 우리 글이나 지으며 사귀어 보세."

안평대군은 문갑에서 지필묵을 꺼내 먼저 글을 썼다.

"자, 자네도 한번 써보시게."

"소인은 그다지 잘 쓰지 못하옵니다."

이렇게 말하며 최성달은 붓을 받아 글을 써내려갔다.

안평대군은 최성달의 글을 유심히 살펴보았다.

'으흠, 그다지 신통하지 못하군.'

최성달의 글씨는 정갈하기는 했으나 별다른 느낌이 없었다. 실망한 안평대군은 그와 몇 마디 더 나누고는 작별을 고하였다.

"내 급히 갈 곳이 있어 더 이상 지체할 수가 없구려. 아쉽지만 다음에 또 오시겠소?"

"예, 그럼 오늘은 이만 물러가겠습니다."

최성달은 인사를 한 후 방을 나갔다.

안평대군은 최성달이 나가자 다시 붓을 들었다. 이왕 간 먹이라 한 자 더 써보고 싶었던 것이다.

'이 정도야 누구나 쓸 수 있지.'

안평대군은 최성달이 글을 써놓은 종이를 걷어내며 생각했다.

"아니! 이게 뭐지?"

기묘하게도 그 밑에 깔린 종이에 최성달의 글씨가 또렷이 박혀 있었다.

'거 참, 먹이 배인 모양이군.'

안평대군은 다시 종이를 걷었다. 그런데 그 밑에 있는 종이도 마찬가지였다. 그렇게 너덧 장에 최성달의 글씨가 한 판에 박은 듯 또

렷이 박혀 있었다.

"이런 내가 사람을 잘못 보았군. 여봐라! 지금 나가신 손님을 어서 다시 뫼셔 오너라!"

하지만 최성달은 이미 멀리 떠나고 없었다.

그러던 며칠 후 최성달이 다시 찾아왔다. 안평대군은 그를 보자 마루까지 나가 반갑게 맞이했다.

"자네야말로 진정 명필일세그려. 내 전날은 자네를 몰라보고 그만 결례를 범했네. 미안허이."

"아닙니다 나리. 소인이 어찌⋯⋯."

이렇게 해서 안평대군은 최성달을 가까이 두게 되었다. 그리고 그렇게 벼르던 평양 유람에도 그를 데리고 갔다.

안평대군의 일행이 평양에 도착하자 그의 행차를 미리 알고 있었는지 평양감사까지 마중을 나왔다.

안평대군은 평양을 두루 둘러보았다. 그러나 안평대군이 그 무엇보다 보고 싶었던 것은 조선 제일을 자랑하는 평양의 경치가 아니라 바로 기생 명옥이었다.

'알아서 연회를 준비하겠지.'

안평대군이 기대했던 대로 평양감사는 그들을 연광정으로 안내했다. 그곳에는 이미 많은 음식과 기생들이 대기하고 있었다.

'그럼, 그렇지. 어디 누가 명옥인고⋯⋯.'

안평대군은 연광정에 오르며 기생들을 죽 살폈다.

'오호! 저 아이로구나!'

안평대군의 눈길은 단번에 한 기생에게 멈추었다.

'역시 듣던 대로다. 내 여기까지 온 보람이 있구나.'

안평대군은 흡족한 마음에 저절로 입이 벌어졌다.

기분이 좋아진 안평대군이 마음껏 풍류를 즐기니 연회는 점점 재미를 더해 갔다.

기생들은 모두 그런 안평대군을 흠모의 눈길로 바라보았다. 하지만 정작 안평대군이 마음을 두고 있는 명옥이만은 웃는 듯 마는 듯한 표정을 지으며 가만히 앉아 있었다.

안평대군은 명옥이 자신에게 눈길 한번 주지 않자 초조해졌다. 그 때 최성달이 연광정에 올랐다.

안평대군은 최성달을 이끌어 자신의 옆자리에 앉혔다.

"자, 여기 최공의 글씨가 범상치 아니하니 우리 같이 즐겨 봅시다."

안평대군은 최성달 앞에 지필묵을 대령케 했다.

최성달은 먹을 간 뒤 연광정에 모인 사람들을 한번 둘러보더니 단번에 글을 써내려갔다.

안평대군은 살며시 명옥을 바라보았다. 과연 명옥은 최성달의 글씨에 관심이 있는 듯했다. 최성달이 글을 다 쓰고 나자 명옥은 미소를 지으며 아예 그 옆으로 자리를 옮겨 앉았다.

"서방님의 글을 보아하니 악기에도 능숙하실 것 같사옵니다."

명옥이 밝은 목소리로 최성달에게 말을 걸었다.

"글쎄, 잘하지는 못하오만……."

최성달이 말끝을 흐리자 명옥은 안평대군에게 말했다.

"대군 나리, 나리께서 허락해 주신다면, 소녀 최 서방님의 거문고 장단에 맞춰 노래 한 곡 하고자 하옵니다."

명옥이 생긋 한 번 웃어 보이자 안평대군은 넋이 나간 듯 흔쾌히 허락했다.

"그거 좋은 생각이구나. 그리해 보겠소, 최공?"

"그럼, 미련한 솜씨나마 해보겠습니다."

이에 명옥이 먼저 소리를 시작하자 뒤이어 최성달이 거문고 줄을 당겼다.

명옥의 노랫소리는 애원하는 듯했고 최성달의 거문고 소리는 그것을 청아하게 반기는 듯했다.

두 사람의 소리는 절묘한 조화를 이루며 연광정을 가득 채웠다. 지나는 구름도 그 소리에 멈추는 듯했다. 안평대군을 비롯하여 그곳에 둘러앉은 사람들은 한동안 넋을 잃고 듣고 있었다.

마침내 그들의 연주가 끝났다.

"대군 나리, 제가 이렇게 절경을 자랑하는 평양을 구경하고 연광정까지 와서 실컷 놀아 보았으니 제가 원하는 바를 다 이루었습니다. 모두 나리의 은혜 덕임을 평생 잊지 않겠사옵니다. 다만 제 갈 길이 바빠 한양으로 돌아가실 때는 모시고 갈 수 없으니 예서 먼저 물러남을 용서해 주시옵소서."

최성달은 안평대군에게 절하더니 돌연 연광정을 내려가 뒤도 안 돌아보고 저만치 사라지는 것이었다.

최성달의 뒷모습을 보는 명옥의 기색이 좋지 않더니 그녀는 황급히 안평대군에게 말했다.

"소녀 일전에 앓았던 병이 아직 낫지 않았는지라 지금 다시 통증이 오니 더 이상 참을 수 없어 아뢰옵니다. 황공하오나 소녀 먼저 물러남을 용서하옵소서."

명옥은 안평대군이 뭐라 말하기도 전에 일어나 연광정을 내려가 치맛자락을 쥐고 최성달의 뒤를 쫓아갔다.

이에 안평대군은 기가 막혔지만 어쩌지 못하고 그저 명옥의 뒷모습만 노려볼 뿐이었다.

명옥을 한번 안아 보고자 한양에서 여기까지 왔는데 정작 명옥이 조선 제일의 명필이자 호방한 풍류를 자랑하는 자신은 거들떠 보지도 않고 자기가 데려온 최성달에게 빠져 그를 따라가니 안평대군의 체면이 말이 아니었다.

안평대군은 노기로 얼굴을 붉힌 채 앉아 있었다.

"아니! 저 아이가……."

갑자기 사람들이 소리쳤다. 사람들이 가리키는 곳을 보니 부벽루 아래 절벽으로 꽃 같은 것이 떨어지고 있었다.

사연인즉 명옥이 정신없이 최성달을 쫓아갔으나 부벽루에 이르러 최성달이 홀연히 사라진 것이다. 명옥은 최성달을 찾아 헤맸으나 결국 발자국조차 찾지 못하자 그만 절벽 아래로 뛰어내려 세상을 버린 것이다.

안평대군은 명옥과 최성달의 인연을 괴이하게 생각하며 고개를 흔들었다.

"어찌 이런 일이……. 괴이하도다. 괴이해."

안평대군의 귓가에는 아직도 명옥과 최성달이 어우러 낸 가락이 울려 퍼지고 있었다.

기백의 무인 유응부

조선 제5대 임금인 문종이 승하한 후 불과 12세의 나이 어린 단종이 보위를 계승하자 숙부인 수양대군은 왕위를 찬탈하고 어린 조카(단종)를 강제로 영월로 유배보냈다.

이에 성삼문, 박팽년, 유성원, 하위지, 이개 등 집현전 학사들과 무관 유응부 등은 새로이 등극한 세조를 폐하고 단종을 복위시킬 계획을 세웠다. 그러나 같이 거사를 공모한 김질의 밀고로 뜻을 이루지 못하고 처참한 말로를 맞게 되는데 후세 사람들은 이들을 일컬어 사육신이라 하여 추모하였다.

그 중 유응부는 어려서부터 기골이 장대하고 무술이 뛰어나 일찍이 무과에 급제하여 벼슬길에 올랐다.

불의를 보면 참지 못하고 청렴 결백을 제일로 여긴 그는 과연 무관 출신답게 기백이 있었다.

명나라에서 온 사신을 위한 연회가 대궐에서 성대하게 베풀어지던 날이었다. 유응부는 이날 밤을 거사를 도모할 절호의 기회라고 여겼다.

세조를 비롯하여 여러 문무 백관들이 거나하게 술에 취해 흥이 오를 무렵, 유응부는 박팽년과 성삼문 곁으로 은근히 자리를 옮겨 앉았다.

"오늘 밤이오! 오늘 밤이 하늘이 내린 기회가 아니겠소?"

낮지만 힘이 들어간 유응부의 말에 박팽년과 성삼문은 적이 놀라는 표정이었다.

"모두들 술에 취해 있는 데다 밤늦도록 연회가 열릴 테니 대궐 경비가 허술할 것이오. 그러니 오늘 밤 당장 해치웁시다! 이대로 오래 끌다가는 언제 또 이런 기회가 올지 모르오!"

그러나 성삼문은 내키지 않는 투로 말했다.

"아무래도 오늘 밤은 아니 될 것 같소. 명나라 사신까지 와 있는데 괜히 일을 벌였다간 거사가 성공한다 해도 명나라의 미움을 사게 될지 모르지 않소?"

박팽년도 거들고 나섰다.

"그렇소, 나도 같은 생각이오. 자칫 잘못해서 일을 그르쳤다가는 삼족이 멸하게 될 것이오."

그러나 유응부는 물러서지 않았다.

"무슨 말이오? 아니 그럼 공들은 그만한 결심도 없이 거사를 도모한단 말이오?"

"그건 절대 아니오! 이미 목숨을 바치기로 한 몸 죽음인들 두렵겠소. 다만 좀더 신중을 기하자는 것이오."

"나 역시 박공의 말에 동감이오. 굳이 오늘 밤이 아니더라도 기회는 머지않아 다시 올 것이오. 그만 흥분을 가라앉히시오."

유응부는 앞에 놓인 술잔을 연거푸 들이켰다.

"듣기 싫소! 기회란 아무 때나 찾아오는 게 아니오."

"이보시오……!"

박팽년이 더 뭐라고 말하려 하자 유응부는 자리를 박차고 일어나며 비장하게 말했다.

"우리 무인들에게는 싸움에서 터득한 직감이라는 게 있소이다. 한 번 놓치면 필시 두 번 다시 기회는 오지 않는 법이오!"

유응부는 짐짓 큰소리로 호탕하게 웃으며 자신의 자리로 돌아갔다. 그러고는 계속해서 술만 마셨다.

유응부의 직감이 적중했던 것일까?

며칠 후 그들은 다시 만나 거사일을 정하였으나 그날이 오기도 전에 발각되고 말았다. 거사를 모의한 이들 중 한 명인 김질이 동지들을 배반하고 밀고한 것이었다.

유응부를 비롯한 집현전의 다섯 학사들도 모두 잡혀 엄한 문초를 받았다.

그러나 모두들 의연한 태도로 끝까지 자신들의 뜻을 굽히지 않고 왕실의 정통성을 주장하며 세조의 폐위와 단종의 복위를 부르짖었다.

유응부도 모진 고문을 당했으나 끝내 굴하지 않았다. 그는 벌겋게 달아오른 인두가 살갗을 파고들 때도 남아다운 기상으로 호방하게 웃으며 큰소리를 질렀다.

"이놈들아! 인두가 식었구나! 뭣하는 게냐? 어서 더 달구지 않고! 하하하……!"

군사들이 시뻘건 불 속에서 금방 꺼낸 인두로 다시 살을 지지면 유응부의 목소리도 더욱 커졌다.

"이놈들! 그것도 인두질이라고 하는 게냐? 그 정도로는 돼지 비계 한 점도 못 굽겠구나. 하하하……!"

주위는 살이 타들어 가는 냄새와 매캐한 연기가 코를 찔러 구역질이 날 정도였으나 고문은 조금도 멈출 기미가 보이지 않았다.

결국 혹독한 고문을 견디다 못한 유응부는 죽어도 씻지 못할 한을 가슴에 품은 채 불귀의 객이 되고 말았다. 집현전의 다섯 학사들도 모두 형장의 이슬로 사라졌다.

유응부가 얼마나 청렴 결백했는지는 생전의 일화를 보면 어렴풋하게나마 짐작할 수 있다.

유응부는 벼슬이 2품 재상의 반열에 올랐는데도 밥상에 고기 한 점 없이 늘 채소와 나물 몇 가지로 반찬을 삼았으며 방문 대신 언제나 멍석을 발처럼 치고 살았다고 한다.

이를 보다못한 아우가 하루는 유응부를 찾아와 탄식하듯 말했다.

"형님께서 벼슬길에 올라 이제 재상까지 되셨는데 어찌하여 밥상에 기름진 고기 반찬 한 점 없고, 방문도 없이 사시사철 멍석을 치고 사십니까?"

그러자 유응부는 이렇게 말했다.

"지금의 내 녹봉으로 고기 반찬을 먹는다면 이는 필시 녹봉 외에 헐벗는 백성의 고혈을 짜낸 것이고, 호화로운 발을 치고 산다면 그 역시 아첨하는 무리들에게 부당한 뒷돈을 받은 것이라네."

아우가 말을 잃고 앉아 있는데 유응부의 마지막 말이 사육신으로 청사에 길이 기록될 앞날을 예견하듯 뒤를 이었다.

"나는 예전에도 그래 왔지만 앞으로도 신하된 자의 도리를 지키고 불의와 야합하느니 차라리 명예롭게 죽는 길을 택할 것이다!"

방안에서 잠시 자신의 신수를 점쳐 보던 홍계관은 얼굴빛이 어두워졌다.

'어허, 이런 억울한 일이……!'

한숨을 쉬던 홍계관은 또 한 번 신중하게 점을 쳤다.

'옳거니, 나를 살려 줄 사람은 황씨 성을 가진 사람이구나!'

홍계관은 사람의 앞날을 예측하는 신통한 능력으로 종종 사람의 화를 면하게 해주어 그 이름이 널리 알려져 있었다.

그날은 홍계관 스스로 자신의 신수를 점쳐 보았는데 훗날 자신이 사형당할 운세라는 점괘가 나왔던 것이다.

'황씨 중에 형조판서에 오를 만한 인물을 찾아봐야겠구나.'

홍계관은 다음날부터 황씨 성을 가진 사람을 유심히 살피며 다녔다. 하지만 그가 만나는 황씨들 중에는 형조판서에 오를 만한 인물이 없어 매번 실망에 실망만 거듭했다.

그러던 어느 날 황희 정승에게 아들이 여럿 있다는 소식을 듣게 되었다. 홍계관은 그 길로 황 정승 댁을 찾아갔다.

홍계관은 황 정승을 찾아뵙고 아드님들의 신수를 봐주러 왔노라 공손하게 아뢰었다.

홍계관의 명성을 익히 들어 알고 있던 황 정승은 곧 아들들을 불러모았다.

황 정승의 큰아들부터 차례로 신수를 살피던 홍계관은 셋째 아들 황수신黃守身을 보고서야 적이 안도의 한숨을 쉬었다.

홍계관은 황수신 앞에 무릎을 꿇고 앉아 절을 하며 말했다.

"도련님, 도련님께서는 앞으로 형조판서의 자리에 오르시게 될 것이옵니다. 그런데 그때 분명 소인이 사형당할 처지에 놓여 도련님 앞에 나타날 것입니다. 하오니 지금 이 자리에서 저를 살려 주시겠다는 각서 한 장만 써주십시오."

황수신과 다른 형제들은 홍계관의 엉뚱한 말에 한바탕 웃음을 터뜨렸다.

"자네가 이 나라 제일 가는 명복이라 들었거늘 그것이 헛소리인가 보이. 우리는 학문에 둔하여 아버지께서 과거를 보지 말라 하셨으니, 우리들 중 그 누가 벼슬을 한단 말인가?"

"아니옵니다. 분명 벼슬길에 나가실 것이옵니다. 하오니 소인의 청을 거절하지 말아 주십시오."

홍계관은 형제들의 비웃음에도 아랑곳하지 않고 각서를 써줄 것을 청했다. 그러나 황수신은 그런 일은 없을 것이라며 홍계관의 말을 들어주려고 하지 않았다.

보다못한 황 정승이 아들을 꾸짖었다.

"홍계관의 점이 맞고 틀리고가 중요한 것이 아니다. 다만 자신의 목숨을 놓고 그리 간청하는데 너는 어찌하여 그렇게 냉정하게 대한단 말이냐! 그것이 선비의 도리란 말이냐?"

이리하여 홍계관은 황 정승의 도움으로 황수신에게 각서 한 장을 받았다.

그로부터 몇 년의 세월이 흐른 후 홍계관의 소문은 대궐에까지 알려졌고, 마침내 세조의 귀에까지 들어갔다.

세조는 원래 미신을 믿지 않을 뿐더러 무당이나 점쟁이를 혹세무민하는 자들이라 하여 경계했다. 그런 세조에게 홍계관의 존재가 달가울 리 없었다. 세조는 마침내 홍계관을 잡아들이라는 명을 내렸다.

임금 앞에 끌려온 홍계관은 무릎을 꿇고 엎드렸다.

"그래, 네가 점을 잘 친다는 홍계관이냐?"

세조가 근엄하게 물었다.

"소인의 점이 잘 맞는지는 모르겠사오나 이름이 홍계관인 것은 맞사옵니다."

홍계관은 조심스럽게 대답했다.

세조는 내관들에게 미리 준비해 둔 헝겊 주머니를 가져와 홍계관 앞에 내놓으라고 명했다.

"그렇다면 이 주머니에 무엇이 몇 개나 들어 있는지 맞춰 보아라."

"……."

홍계관은 잠시 중얼거리더니 아뢰었다.

"집안 구석구석을 기어 다니며 때때로 도둑질을 하고, 목숨을 보전하기 위해 구멍을 찾아 다니는 것으로 보아 쥐가 분명합니다. 그리고 그 수는 셋이옵니다."

홍계관이 쥐라는 것을 맞추자 세조는 내심 놀랐으나 그 수가 틀리자 홍계관을 다그쳤다.

"분명, 이 속에 쥐가 세 마리 있단 말이냐? 만일 틀릴 경우 네 목숨이 온전치 못할 것이니라!"

"소인의 말이 맞지 않다면 전하께 거짓을 아뢴 죄로 어찌 목숨이 아깝다 하겠사옵니까?"

홍계관이 자신 있게 말하자 세조는 내관에게 헝겊 주머니를 열게 했다. 그러나 주머니 속에는 쥐가 한 마리밖에 들어 있지 않았다.

"이런 사악한 놈 같으니! 네놈이 무슨 명복이라고 백성들을 현혹시키고 과인을 속인단 말이냐! 당장 능지처참하여도 시원치 않을 놈이로다!"

세조는 홍계관을 즉시 형조로 넘겨 참형에 처하라고 명했다. 홍계관은 졸지에 죽은 목숨이 되었다.

옥에 갇힌 홍계관은 조용히 자신의 앞날을 점쳐 보더니 안도의 한숨을 쉬며 빙그레 미소를 지었다.

이윽고 형조판서가 홍계관을 문초하기 위해 왔다.

홍계관은 주머니 속에 고이 간직해 온 각서 한 장을 꺼냈다.

"나리, 전날의 약조를 기억하시겠는지요?"

형조판서는 느닷없는 각서에 의아해했으나 곧 그것이 지난날 자신이 홍계관에게 써준 것임을 기억하고는 놀라지 않을 수 없었다.

홍계관을 문초하러 온 형조판서는 다름 아닌 황수신이었던 것이다.

"허허, 놀랍구려. 까마득히 잊고 있었거늘. 과연 명복은 명복이구려!"

황수신은 그 길로 세조를 알현하고 지난날의 일을 아뢰었다.

"허허, 과연 놀랍기는 하오만 오늘은 분명 홍계관의 점괘가 틀리지 않았소?"

"전하, 혹 쥐가 암컷일지 모르니 뱃속을 확인하여 보옵소서."

황수신의 말에 세조 또한 일리가 있다고 여겨 내관에게 쥐의 배를 갈라 보라고 명했다. 그랬더니 과연 쥐의 뱃속에는 새끼 두 마리가 들어 있었다.

세조는 홍계관의 점괘에 감탄하며 즉시 그를 방면하였고, 자신의 과오를 막아 준 황수신을 신임하여 더 높은 벼슬을 제수했다.

이렇듯 홍계관의 점괘는 정확하기로 유명하였으나 틀리는 점괘도 있었으니 그것은 바로 사람의 수명이었다.

하루는 상진 상 정승尙震 尙 政丞이 홍계관을 찾아와 물었다.

"지난날 자네가 내 수명을 말해 주기를 모년 모월이라 하지 않았는가? 헌데 그날이 한참 지나도록 이렇게 멀쩡하게 살아 있으니 자네의 점이 틀리지 않았는가?"

"나리, 인명이라는 것은 자신이 하기에 따라 달라질 수 있는 것이옵니다. 혹 나리께서 덕을 베푸신 일은 없으신지요?"

홍계관이 웃으며 말했다.

"글쎄, 내가 무슨 덕을……. 지난날 길을 가다 순금으로 만들어진 금잔을 주워서 주인을 찾아준 적이 있었지. 그 주인 말이 자신은 대전수라간별감大殿水喇間別監인데 자식의 혼사가 있어 어배御盃 한 쌍을 몰래 갖다 쓰고는 돌려놓으러 가던 중 잃어버려 노심초사하고 있던 중이라 하면서 나에게 생명의 은인이라고 감사하다고 한 적이 있었지."

"나리, 다른 사람의 목숨을 살리신 일이니 그 정도면 충분히 수명을 연장하고도 남음이 있습니다."

신숙주를 살린 한명회

　세조의 부름을 받고 어전으로 들어간 신숙주는 이미 자리를 하고 있는 한명회와 구치관 옆에 정좌했다.

　어전에는 주안상이 차려져 있었는데 세조의 얼굴이 불그스레한 걸로 보아 이미 몇 잔의 대작이 있은 모양이었다.

　"과인이 경들을 부른 것은 다름이 아니라 날씨도 좋고 해서 그간 정사에 바빴을 경들의 노고도 치하할 겸 부른 것이니 마음 편히 즐기도록 하시구려."

　"성은이 망극하옵니다, 전하!"

　세 사람은 한 목소리로 고개를 숙였다.

　"또한 이 자리는 이번에 새로 임명된 영상과 우상을 축하하기 위한 자리이기도 하니 두 분은 특히 많이 들도록 하오!"

　"황공하옵니다, 전하!"

　세조는 얼마 전 영의정에 우의정에 있던 신숙주를, 우의정에 이조판서였던 구치관을 임명했다. 그리고 좌의정은 한명회를 유임시켰다.

　"과인은 이제부터 경들과 함께 놀이를 할 것이오. 지금부터 과인이 한 사람씩 호명할 터인즉 잘못 대답하는 사람은 큰잔으로 벌주

한 잔을 내릴 것이오."

얼굴에 웃음을 잔뜩 머금은 세조가 장난기 어린 표정으로 말했다.

"자, 그럼 먼저, 신 정승!"

"예, 전하!"

신숙주가 즉시 대답했다.

"저런! 과인은 이번에 새로 임명된 신新 정승을 부른 것이오. 그러니 영상이 아니라 우상이 답했어야지. 자, 벌주 한 잔 드시오. 하하하!"

세조는 벌주를 내리며 몹시 즐거워했다. 신숙주는 단번에 벌주를 들이켰다.

"구 정승!"

신숙주가 술잔을 비우자 세조가 다시 호명했다.

"예, 전하!"

이번에는 신숙주와 구치관이 동시에 대답했다.

"허허허! 이번에는 옛 구舊자를 쓴 구 정승을 부른 것인데 구 정승이 답하였으니 우상이 벌주 한 잔 드셔야겠소."

구치관이 벌주를 마셨다.

"신 정승!"

세조가 부르자 이번에는 두 사람 다 대답을 하지 않았다.

"이보시오, 신 정승."

세조가 다시 한번 호명했으나 신숙주와 구치관은 서로의 얼굴만 쳐다보며 어찌할 바를 몰라했다.

"어허, 그럼 구 정승!"

역시 누가 대답해야 할지 몰라 서로 눈치만 보고 있는데 세조는 호탕하게 웃으며 말했다.

"하하하! 과인이 부르는데 아무도 답하지 않다니 이 무슨 무례한 짓이오? 두 사람 다 벌주를 들도록 하시오!"

세조의 호명은 계속되었고 어느 누가 대답을 하든 세조는 트집을 잡아 벌주를 주니 나중에는 두 정승 모두 거나하게 취하고 말았다.

"아무래도 경들 가운데 누가 성姓을 바꾸지 않고는 계속해서 벌주를 드셔야겠소. 이렇게 경들만 벌주를 먹으니 과인에게는 술잔이 돌아오지 않는구려. 자, 경들 중 누가 과인에게 벌주를 주시겠소?"

신숙주와 구치관이 많이 취한 것을 알고 세조는 스스로 벌주를 자청하고 나섰다.

"전하, 어찌 신하된 몸으로 전하께 벌주를 올릴 수 있겠사옵니까? 또한 지금 소신들로서는 아무리 생각해도 전하의 벌주를 피할 방도가 없는 듯하옵니다. 다만 소신이 전하와 팔씨름을 한다면 혹 이길 승산이 있는 듯하옵니다만……."

신숙주가 취기 어린 목소리로 아뢰었다.

"그렇소? 그럼 어디 경의 팔 힘이 얼마나 센지 한번 볼까?"

원래 팔 힘이 센지라 팔씨름이라면 자신이 있었던 세조는 자신만만하게 말하며 신숙주의 손을 맞잡았다.

세조와 신숙주는 그렇게 일곱 번을 겨루었으나 모두 세조가 승리하였다.

세조는 더욱 흥에 겨워 호탕한 웃음을 터뜨렸다.

"하하하! 영상이 호언장담하여 혹시나 했더니 역시 글만 읽을 줄 알았지 힘은 안 되겠소이다."

"전하, 소신이 지금까지는 감히 전하와 대적하기 어려워 일부러 져드린 것이옵니다. 한 번만 더 기회를 주신다면 이번에는 절대 양보하지 않을 것이옵니다."

신숙주는 다시 한번 대적할 것을 청하고 나섰다.

"허허 그렇게 지고도……. 좋소이다, 한 번 더 해봅시다. 이번엔 과인도 봐주지 않을 것이니 손목이 다치지 않도록 조심하시오."

세조는 다시 손을 내밀어 신숙주의 손을 잡았는데 세조가 미처 손에 힘을 주기도 전에 신숙주가 재빨리 세조의 팔을 한쪽으로 넘겨 버렸다.

"이런! 영상……."

세조가 몹시 분한 듯 소리치자 한명회와 구치관이 놀라 신숙주의 옆구리를 찔렀다.

세조의 안색은 점차 굳어졌다.

"전하, 영상이 아무래도 술이 과한 모양입니다. 이제 밤도 깊었사오니 그만 침소에 드시는 것이 좋을 듯하옵니다."

한명회가 급히 사태를 마무리했다.

"알았소. 경들도 그만 물러가 쉬도록 하시오. 음……."

어전을 물러 나온 세 사람은 각자의 집으로 향했는데 다른 날과는 달리 한명회가 신숙주를 집에까지 데려다주었다.

술에 취한 신숙주를 하인들이 부축하여 방으로 들어가자 한명회는 집사에게 한 가지 당부를 했다.

"이보게. 내 말 잘 듣고 그대로 행해야 하네."

"예, 나리."

"지금 자네 대감의 방에 있는 초와 촛대를 모두 치우도록 하게나. 자네도 알겠지만 자네 대감은 새벽에 일어나 책을 읽는 버릇이 있으니 내일 새벽에도 술이 깨면 그리할 것이네. 하지만 그리했다간 큰일이 날 것이야. 그러니 무슨 일이 있어도 새벽에 일어나 글을 읽지 못하도록 초와 촛대를 모두 치워 놓아야 하네."

세조의 안색이 굳어진 것이 영 께름칙했던 한명회는 나름대로 생각이 있어 집사에게 그리 이른 것이었다.

한편 세조는 생각하면 생각할수록 신숙주가 괘씸하였다.

'아무리 술에 취했기로서니……. 영상이 평소 내게 안 좋은 감정을 갖고 있지 않고서야 어찌 그리 무엄하게 행동한단 말인가! 혹시, 술 핑계를 대고 일부러 나를 시험한 것은 아닐까?'

한번 시작된 세조의 의심은 꼬리에 꼬리를 물기 시작했다.

'아니 되겠군. 영상이 진짜 술에 취해 그런 것인지 알아봐야겠어.'

세조는 동이 틀 무렵 내관을 불러 즉시 신숙주의 집으로 가서 신숙주의 동태를 살피고 오라 일렀다.

그 시각, 잠에서 깨어난 신숙주는 머리가 조금 아팠으나 평소 습관대로 책을 읽고자 불을 밝히려 하였다.

그런데 늘 촛대가 있던 자리에는 자리끼만 놓여 있을 뿐 아무리 더듬어도 촛대를 찾을 수가 없었다.

그렇다고 이 시각에 하인을 깨울 수도 없는 노릇이고 해서 하는 수 없이 신숙주는 도로 자리에 누워 억지로 잠을 청했다.

한편, 신숙주의 집에 도착한 내관은 집안이 어둠에 쌓여 조용한 것과 신숙주의 방에 불이 꺼져 있는 것을 확인하고는 대궐로 돌아갔다.

내관은 자신이 본 바를 소상히 세조에게 아뢰었다.

"과연 영상이 몹시 취하긴 취했나 보구먼. 평소 같으면 이 시각에 책을 읽고 있을 터인데……. 그러면 그렇지! 영상이 내게 일부러 그럴 리가 없지."

세조는 잠시나마 신숙주를 의심한 자신을 책망하며 흐뭇한 미소를 짓고는 깊은 잠에 빠졌다.

평소 아무리 가까운 사람이라도 늘 경계하고 의심의 눈초리로 바라보는 세조의 성격을 익히 알고 있던 한명회로서는 비록 취중이라 해도 신숙주의 실수는 세조에게 용납되기 어려울 것이라는 점을 미리 간파했던 것이다.

그래서 그와 같은 기지를 부려 자칫 잘못했다가는 어려움에 처할 수도 있었던 신숙주를 위험에서 구한 것이다.

세조와 원각사

세조는 온 몸에 든 피부병이 점점 심해지자 금강산 진주담으로 치료를 하러 가게 되었다.

진주담의 물은 여름에는 시원하고 가을, 겨울에는 따뜻하여 그 물에 목욕을 하면 피부병이 완치된다는 소문이 있었다.

그날도 세조는 진주담에 조용히 앉아 사색에 잠겨 있는데 한 소년이 계곡을 따라 올라오는 것이 보였다.

이윽고 진주담까지 올라온 소년은 명상에 잠겨 있는 세조 앞에 멈춰 섰다.

"웬 소년인고?"

세조가 묻자 소년이 빙그레 웃었다.

"난 문수보살이오."

그렇게 말하는 소년의 뒤로 둥근 후광이 무지개처럼 드리워 있었다.

세조는 깜짝 놀라 일어나 큰절을 올렸다.

"내 그대가 참회하는 소리를 여러 번 들었소. 그대가 죽인 억울한 원혼들을 위해 불경도 많이 외더군. 허나 이런 곳에서 목욕을 한다고 나을 병이 아니지. 쯧쯧."

문수보살은 세조를 딱하다는 듯 바라보았다.

"이 병이 나을 수 있는 일이라면 무엇이든 하겠소이다. 방법을 가르쳐 주시오."

"……."

문수보살이 말이 없자 세조는 마음이 다급해졌다.

"그리 서 계시지만 말고 방법을 알려주시오."

"큰 사찰을 하나 지으시오. 큰 사찰을……."

문수보살은 그 한마디를 남기고는 어디론가 사라졌다.

세조는 멍하니 앉아 있다가 이내 정신을 차렸다.

'문수보살의 말처럼 큰 사찰을 지어야겠구나. 그것만이 내가 살 수 있는 길이다. 왜 진작 그 생각을 못 했을꼬?'

조선의 이념은 유교에 바탕을 두고 있었기에 당시만 해도 불교가 그리 흥하지 못했다.

비록 세조가 천수경을 외우며 불교에 의존하고 있었으나 그것은 한 나라의 임금으로서 불교를 신봉한다기보다 어디까지나 한 개인의 일에 불과했다.

그런 까닭에 신하들도 세조가 불교를 가까이하는 것을 그다지 큰 문젯거리로 삼지 않았다.

진주담에서 내려와 숙소로 돌아온 세조의 귀에 또다시 문수보살의 목소리가 들렸다.

"임금이 되어 보니 그리 좋은가?"

깜짝 놀란 세조가 주위를 살펴보니 아무도 없었다.

"조카를 죽이면서까지 얻은 임금의 자리가 어떠한가 말이다!"

문수보살의 목소리가 여전히 들려 왔다.

"이 몸이 어리석고 어리석어 그 같은 천륜을 범하는 큰 죄를 지었사옵니다. 잘못하였소이다! 내가 잘못하였소이다!"

세조는 자리에 엎드려 흐느꼈다.

"쯧쯧, 그것이 어찌 그대 혼자만의 잘못이겠소. 그대를 보필하는 신하들이 자신들의 욕심을 앞세워 그리 된 것이지. 허나 그렇다고 그대에게 죄가 없는 것은 아니네. 어찌 되었든 그들과 동조를 하였으니 그 죄과는 치러야 하지 않겠는가? 한시바삐 큰 사찰을 지어 참회하도록 하시게."

문수보살의 목소리는 그뒤에도 여러 번 세조의 귓전을 울렸다.

'그래, 당장 궐로 돌아가 큰 사찰을 지어야겠다.'

세조는 그 길로 금강산에서 돌아와 전국에 포고령을 내렸다.

"지금부터 전국에 수많은 사찰을 신축토록 하라. 또한 백성들은 있는 정성을 다해 스님들을 대하고 존경해야 할 것이다. 그리고 한양에도 큰 사찰을 지을 것이니 그리 알고 준비토록 하라."

세조의 포고령이 내려지자 불교를 신봉하는 이들은 크게 기뻐하고 환영했지만 유생들은 그와 같은 포고령을 거두어 달라고 연일 상소문을 올렸다.

하지만 세조의 결심은 흔들리지 않았다. 오히려 상소를 자주 올리는 이들을 멀리 귀양 보내어 더 이상 그러한 상소를 올리지 못하도록 일침을 놓았다.

그런데 사찰 신축이 본 궤도에 오르면서부터 세조의 피부병이 점차 회복되어 갔다. 병이 조금씩 나아가자 세조는 사찰 신축에 더욱 심혈을 기울였다.

한양 한복판에서는 날마다 사찰을 신축하는 데 쓰이는 돌과 목재를 다듬는 소리가 끊이지 않았고 불심에 가득 찬 백성들은 신명이 나서 너나할것없이 사찰 신축을 한 마음으로 도왔다.

'원각사' 라 이름 지어진 그 사찰은 그렇게 수년의 세월이 지나서야 비로소 그 웅장한 모습을 드러냈다. 그 절에는 특히 탑 구석구석에 부처님의 여러 모습이 새겨져 있는 거대한 13층 석탑이 있었는데 흡사 사람의 솜씨 같지 않았다.

원각사가 완공된 후 세조는 여러 고명한 대사들을 모시고 매일같이 법회를 열었다.

세조를 두고 어린 조카를 죽이고 왕위를 빼앗은 왕이라고 비난하던 백성들은 점점 불심이 깊은 어진 임금이라고 칭송하기 시작했다.

원각사를 지음으로 해서 세조는 백성들과 한마음이 될 수 있었고 불안하던 정국은 점차 안정되어 갔다.

의숙공주와 김 총각의 인연

"공주 마마, 송구하지만 조금만 쉬어 가면 안 될는지요?"

앞서 걸어가는 공주를 붙들고 유모가 숨을 몰아쉬며 말했다.

"미안하구려. 유모, 많이 힘들지? 내가 급한 마음에……."

"아니옵니다. 마마, 이 늙은 것이 기력이 다해 괜히 마마께 폐를 끼쳐 드려서 그저 송구할 따름입니다."

공주는 그렇게 말하는 유모의 손을 잡고 근처 바위에 기대어 앉았다.

"그러나저러나 이렇게 행선지도 없이 마냥 걸어갈 수는 없는 노릇인데……."

"마마, 잠시만 기다리시면 제가 어디 묵을 곳을 찾아보겠습니다."

공주와 유모는 서로의 얼굴을 측은하게 쳐다보며 잠시 말을 잊었다.

하늘은 바야흐로 진달래 빛 고운 색깔로 물들어 가고 있었지만 두 사람의 마음속에선 처연하고 쓸쓸한 생각이 진달래 꽃잎처럼 하염없이 지고 있었다.

그때 마침 지게를 지고 산에서 내려오던 젊은이가 두 사람을 발견하고는 잠시 머뭇거리다가 가까이 다가왔다.

"제가 참견할 일은 아닐지 모르나 이곳 사람이 아닌 듯한데……, 혹 누구를 찾아오셨습니까?"

갈 곳이 없어 고민하던 유모는 젊은이가 내심 반가웠다.

"어쩌다 길을 잃어 이곳까지 왔소이다. 이제 날도 저물어 가는데…… 이 근처에 어디 하룻밤 묵을 곳이 없겠소?"

유모는 젊은이를 유심히 살펴보며 물었다.

"저런, 여기서 마을까지 가려면 한참을 더 가야 하는데……. 괜찮으시다면 저희 집에서라도 하룻밤 묵어 가시지요."

말하는 품이나 행동거지가 산에서 나무나 하고 사는 여느 나무꾼과는 다른 젊은이였다. 유모는 곧장 공주를 모시고 젊은이를 따라 나섰다.

젊은이의 집은 산기슭에 있었는데 방안에는 서책들이 한쪽 벽면을 가득 메우고 있었다.

젊은이는 두 사람을 방으로 안내한 후 서둘러 밥을 지어 상을 차려 내왔다.

"혼자 살고 있어 그다지 먹을 만한 것이 없소이다. 부족하지만 한 끼 허기를 면하는 데는 도움이 될 것입니다."

공주와 유모는 새벽부터 제대로 먹지도 못하고 사람들의 눈을 피해 한양에서 이곳 속리산까지 종일 걸어왔는지라 밥 한 그릇을 맛있게 먹어치웠다.

"고맙습니다, 도련님. 보아하니 이런 산골에 사실 분은 아닌 듯한데 어찌 이런 산중에 혼자 살고 계신지요?"

"허허, 그리 보이십니까? 실은 제 조부님의 함자가 김자 종자 서자 이십니다. 지금의 임금에게 억울하게 죽임을 당하셨지요."

그는 어린 임금 단종을 보호하려다 아들과 함께 세조에게 무참히 죽임을 당한 김종서 대감의 친손자였다.

"그로 인해 집안은 풍비박산이 나고 저 혼자서만 이곳까지 피신해 온 것입니다."

젊은이의 말에 공주는 입술을 꼭 깨물며 눈물을 흘렸다.

'아버지, 이 많은 업보를 어찌하시렵니까?'

그 모습을 본 젊은이는 의아한 듯 물었다.

"제가 무슨 잘못이라도……? 갑자기 왜 눈물을 흘리시는지……."

공주의 눈물을 닦아 주던 유모는 그제야 속사정을 말했다.

"실은 이분은 공주 마마이십니다. 그런데 그만 전하의 노여움을 사서……."

공주는 천성적으로 품성이 착하고 마음씨가 고왔다. 그녀는 아버지 세조가 무자비하게 왕위를 찬탈하고 그것도 모자라 나이 어린 단종을 죽이려 하자 그냥 지켜볼 수가 없었다.

"아바마마, 어찌 어린 조카를 죽이려 하십니까? 이는 혈육간에 있을 수 없는 일이옵니다. 부디 통촉하옵소서, 마마!"

공주가 피눈물을 토하며 간청했지만 세조는 오히려 공주를 나무랐다.

"네가 관여할 일이 아니니 썩 물러가거라!"

"아바마마! 자식된 도리로서 그릇된 일을 하시는 아버지를 어찌 그냥 두고 볼 수 있단 말입니까? 제발 소녀의 말을 저버리지 말아 주소서!"

매일같이 공주의 간언은 계속되었고 진노한 세조는 마침내 공주에게 무거운 벌을 내릴 생각까지 하게 되었다.

일이 이렇게 되자 불안한 사람은 정희왕후였다.

세조와 공주 사이에서 어찌할 바를 모르고 있던 차에 공주가 목숨까지 잃을지 모른다고 판단한 정희왕후는 조용히 공주의 유모를 불렀다.

"지금은 공주의 앞날을 누구도 장담할 수 없으니 당분간 네가 공주를 데리고 멀리 피신해 있도록 하라."

정희왕후는 약간의 패물을 챙겨 공주와 유모를 몰래 대궐 밖으로 내보내고 세조에게는 공주가 급작스레 죽었다고 말했다.

그렇게 해서 공주와 유모는 대궐을 떠나 무작정 이곳 속리산까지 오게 된 것이었다.

유모의 말을 들은 젊은이는 사뭇 비탄에 잠긴 어조로 말했다.

"어쩐지 처음 뵙기에도 예사 분이 아니라고 느꼈는데 그런 사연이 있었군요. 허 참! 이 무슨 기이한 인연인지 알 수 없으나 갈 데를 정하실 때까지 저희 집에서 편히 지내십시오. 세인들의 눈을 피하기엔 여기가 그만일 겝니다."

공주는 아무 말 없이 그저 고개만 숙이고 앉아 있었다.

유모는 젊은이에게 감사의 뜻으로 가지고 있던 패물을 내밀었다.

"고맙습니다. 이것으로 보답이 될지 모르나 부디 사양치 말고 받아 주십시오."

"이런 귀한 패물을 내놓았다간 금방 신분이 들통날지 모릅니다. 나중에 세상이 잠잠해지면 그때 받도록 하겠습니다."

젊은이는 조용히 방을 나갔다.

그날부터 젊은이의 집에서 살게 된 공주와 유모는 부족한 생활이었지만 평화로운 나날을 보냈다.

공주는 무엇보다 젊은이가 학문에 조예가 깊고 인품 또한 훌륭하여 점차 마음이 끌렸다. 젊은이 역시 공주의 심성에 끌려 그녀를 마음에 두고 있었다. 이를 눈치 챈 유모의 주선으로 어느 날 두 사람은 정화수 한 사발을 떠놓고 조촐하게나마 혼례를 치렀다.

세월이 지나 슬하에 자식도 생겨나고 세상도 조금씩 평화로워짐에 따라 젊은이는 유모가 갖고 있던 패물을 팔아 집과 땅을 장만하여 농사를 지으며 그럭저럭 편하게 지낼 수 있게 되었다.

그러던 어느 날이었다.

"마님! 마님!"

유모가 성급히 대문 안으로 뛰어 들어오며 소리쳤다.

"무슨 일이오? 어찌 그리 급하게 뛰어오오?"

유모의 다급한 목소리를 들은 공주가 방문을 열고 내다보았다.

"내일 전하께서 이곳을 지나가신다 합니다!"

공주는 가슴이 철렁 내려앉았다.

몇 년을 죽은 목숨으로 살아왔지만 부모에 대한 그리움은 날이 갈수록 가슴에 사무치고 또 사무쳤던 것이다.

그 무렵 세조는 몹쓸 병을 얻어 전국의 유명한 사찰을 돌아다니며 자신이 저지른 죄과를 부처님께 참회하고 있었는데 때마침 속리산에 있는 법주사를 찾아가는 길에 공주가 사는 마을을 지나치게 된 것이었다.

다음날 공주는 먼발치에서나마 아버지의 모습을 보려고 대문 안에 몸을 숨기고 문틈으로 밖을 내다보고 있었다.

이윽고 저 멀리서 천천히 어가의 행렬이 다가왔다. 그런데 웬일인지 공주의 집앞에 이르러서 그 행렬이 멈추더니 세조를 수행하던 한 신하가 집앞에서 놀고 있는 공주의 아이들을 세조에게 데리고 가는 것이었다.

멀리서 보기에도 자신을 닮았다고 생각하여 데려오라고 명했던 세조는 아이들을 가까이에서 보고는 더욱 기이하다는 듯이 말했다.

"허허, 참으로 나를 많이 닮았구나. 내 눈이 잘못되었는가?"

"아니옵니다, 전하! 정말 신기한 일이옵니다."

세조가 아이들의 얼굴을 이리저리 살피며 매만지는 모습을 본 공주는 차마 터져 나오는 울음을 참을 수 없었다.

"흑흑……!"

갑작스러운 울음 소리에 세조는 두리번거리며 신하에게 물었다.

"이게 웬 울음 소리인고?"

신하도 영문을 몰라 주위를 살피는데 공주의 아이들 중 큰아이가 대답했다.

"우리 어머니의 울음 소리입니다."

"네 어머니의 울음 소리?"

문득 이상한 생각이 든 세조가 아이들의 집으로 들어갔다.

"무슨 연유로 그리 우느냐?"

세조는 마당에 엎드려 서럽게 우는 공주에게 물었다.

한동안 말을 잇지 못하고 눈물만 흘리던 공주가 천천히 고개를 들어 세조를 바라보았다.

"아니, 넌?"

"아바마마! 소녀 지난날 아바마마의 노여움을 피해 이곳으로 도망을 와 이렇게 살고 있사옵니다. 이 불효 자식을 용서하옵소서, 아바마마! 흑흑……."

세조는 얼른 다가가 바닥에 엎드려 흐느끼는 공주를 품에 안았다.

"난 이제껏 네가 죽은 줄로만 알았다. 모든 것이 다 이 죄 많은 아비의 허물이니라. 이 아비가 잘못했느니라……."

세조는 방으로 들어가 못다한 이야기를 나누었다.

"그래……, 이 아이들의 아비는 누구이냐?"

공주는 잠시 망설였으나 아이들의 아버지를 속일 수는 없는 노릇이었다.

"옛날 정승을 지냈던 김종서 대감의 손자이옵니다. 지금은 잠시 집을 비웠습니다."

세조는 뜻밖에도 담담하게 말했다.

"그 정도 재목이면 훌륭한 부마를 얻은 셈이다. 내 한양으로 올라가서 너희를 부를 터이니 이제부터 나와 함께 지내렴."

세조는 공주의 손을 부여잡고 따뜻하게 말했다.

밤늦게 집으로 돌아와 공주에게서 낮에 있었던 일을 전해 들은 김종서의 손자는 잠시 생각에 잠겼다가 자리에서 벌떡 일어났다.

"부인, 이제 와서 한양에 가본들 누가 나를 반겨 주겠소? 조정은 여전히 지난날의 반정 공신들이 세력을 잡고 있소. 지금 내가 나선다면 공연히 문제만 일으킬 뿐이오."

"……."

"내일이라도 대궐에서 사람들이 온다면 아니 갈 수도 없을 터, 그 전에 우리가 먼저 이곳을 떠납시다."

세상의 일이란 어느 누구도 앞날을 장담할 수 없다는 것을 잘 알고 있는 공주였기에 조용히 남편을 따라 짐을 꾸리기 시작했다.

다음날 이른 새벽, 공주는 남편을 따라 아이들과 함께 먼길을 떠났다.

홍윤성의 벼슬길

오늘도 여전히 홍윤성을 꾸짖는 숙부의 목소리가 온 집안을 들썩거리게 했다.

홍윤성의 숙부는 어려서부터 계속되어 온 그의 망나니짓에 더는 참을 수가 없었다.

비록 지금은 가세가 기울었다고는 하나 조상 대대로 학문을 숭상하고 고고한 선비의 가풍을 이어온 명문이라면 명문인 집안이었다.

그런데 홍윤성이 학문에는 조금도 뜻을 두지 않고 나이가 들면서 점점 엉뚱한 짓만 일삼자 숙부는 그대로 보고 있을 수만은 없었던 것이다.

"네 이놈! 네가 그러고도 우리 홍씨 가문의 후손이라 할 수 있겠느냐?"

하지만 홍윤성의 귀에는 숙부의 그 같은 꾸짖음이 들어오지 않았다.

'제기랄! 조금만 더 있었더라면 그 계집을 품을 수 있었는데……'

홍윤성은 손에 넣을 뻔한 계집을 놓친 것이 그저 안타까울 뿐이었다. 더구나 그 계집은 기생도 아닌 이제 갓 스물을 넘긴 청상과부였다.

"내 이제껏 너의 행실을 보고도 가만 있었다만 이번만은 그냥 지나칠 수 없느니라. 당장 이 집을 나가거라, 이놈!"

숙부는 홍윤성이 뉘우치는 기색이 전혀 없는 것이 더욱 화가 나서 소리쳤다.

홍윤성은 숙부의 말이 채 끝나기도 전에 자리에서 일어났다.

'그럼 그렇지! 자기 자식도 아닌데 무슨 상관이 있으랴. 이제 이곳의 계집들도 싫증이 날 만큼 났으니 넓은 한양 땅에 가서 한껏 놀아 보리라!'

홍윤성은 자신의 방으로 돌아와 대충 짐을 꾸렸다. 짐이라고 해봤자 괴나리봇짐 하나면 족했다.

뒤도 돌아보지 않고 대문을 나서는 홍윤성을 숙모가 달려 나와 붙들었다.

"애야, 어디를 가려고 이러는 게냐? 지금은 네 숙부가 노여워 그런 것이니 개의치 말고 조금만 기다리거라. 지금이야 사람들이 쑥덕거리지만 소문은 금방 사라지는 것이란다. 며칠만 참고 기다리면 될 게야."

숙모는 어려서부터 자기 손으로 키운 조카가 못내 안쓰러워 다독거려 주었다.

"아닙니다. 저도 이제 제 갈 길을 가야지요. 숙모님, 그럼 안녕히 계십시오."

홍윤성은 숙모의 말을 들은 척도 않고 집을 떠났다.

그러나 한양에 도착한 홍윤성의 생활은 그야말로 비참하기 이를 데 없었다.

수중에 돈 한 푼 없는 건달을 누가 좋아하겠으며 거기에다 아는 사람조차 하나 없으니 날마다 품팔이로 먹고사는 일상은 배고픔을 겨우 면할 정도로 빠듯하기만 했다.

홍윤성이 한양에 온 지 몇 달이 지난 어느 날, 하루 품을 끝내고 돌아가던 홍윤성의 귓전에 지나가는 선비들의 얘깃소리가 들렸다.

"자네, 홍계관에게 가보았는가?"

"아, 장안에 소문이 파다한 족집게 복사卜師말인가?"

"가보았는가?"

"아직 가보지는 못했지만 언제 한번 가봐야지."

"그럼 내일 나와 함께 가세나. 홍계관에게 내게도 벼슬길에 나갈 운이 있는지 물어 보고 만약 없다면 난 그 길로 고향으로 내려갈 생각이네."

"나도 동감이네. 홍계관이 그리 말한다면 어느 누가 억지를 부릴 수 있겠는가?"

선비들의 말을 들은 홍윤성은 불현듯 호기심이 생겼다.

'홍계관이라는 자가 그리도 용한 점쟁이란 말인가? 그렇다면 나도 한번 내 앞날을 물어 봐야겠는걸.'

다음날 홍윤성은 낡은 옷이나마 깨끗이 빨아 입고 홍계관의 집을 찾아갔다.

유명한 점쟁이라 돈을 많이 벌어서인지 홍계관의 집은 다른 집보다 화려했다.

"이리 오너라! 이리 오너라!"

홍윤성은 목소리를 가다듬고 호기롭게 외쳤다.

"뉘시오?"

대문을 연 하인은 홍윤성의 아래위를 훑어보더니 인상을 찌푸리며 도로 문을 닫으려 했다.

그러나 홍윤성은 완력으로 자신을 막는 하인들을 뿌리치고 집안으로 들어가 무턱대고 홍계관을 찾았다.

아들과 함께 사랑방에서 얘기를 나누고 있던 홍계관은 뜻밖의 소란에 문을 열고 밖을 내다봤다. 그러더니 홍윤성을 보자마자 갑자기 버선발로 뛰어나와 하인들을 꾸짖으며 그를 정중하게 사랑방으로 모셨다.

홍윤성은 생각지도 못했던 환대에 어리둥절해져 연거푸 헛기침만 하고 있었다.

"귀하신 어르신께서 누추한 저희 집을 찾아 주시니 황망하여 어찌할 바를 모르겠습니다."

홍계관의 말을 들은 홍윤성은 놀라 되물었다.

"귀하신 분이라니, 누굴 말하시는 겁니까? 혹여 사람을 잘못 본 게 아닙니까?"

"아닙니다. 나리께서는 장차 높은 벼슬에 오르실 분이십니다. 그러니 어찌 귀하지 않다고 하겠습니까?"

"그 말 참말이오?"

홍윤성은 홍계관의 말이 믿어지지 않았다.

"저는 지금까지 허튼 소리를 한 적이 없으니 믿으셔도 됩니다."

홍계관은 연신 허리를 굽히며 말했다.

"그렇다면 언제쯤 내게 그와 같은 벼슬길이 열린단 말이오?"

"이제 며칠 후면 그리 될 것입니다."

"며칠 후라? 그럼 내가 어찌하면 되겠소?"

홍윤성은 며칠 후라는 말에 가슴이 뛰었다.

"먼저 저와 약조하실 것이 있습니다."

홍계관의 목소리가 긴장되었다.

"약조라니? 무슨 약조를 하라는 것이오?"

"다름이 아니라 지금부터 십 년 후면 나리께서는 형조판서에 오르실 것입니다."

"형조판서?"

홍윤성이 눈을 크게 떴다.

"예. 그때 제 아들이 죄를 지어 극형을 당할 위기에 놓일 것이니 부디 저를 생각하시어 나리께서 제 아들을 살려 주십시오."

홍계관은 눈물까지 흘리며 부탁했다.

"걱정 마시오. 훗날 내가 진정 그리 된다면 오늘의 이 약조를 꼭 지키겠소!"

다급한 마음에 홍윤성은 그러마고 얼른 약조를 했다.

"그럼, 이젠 내가 어떻게 해야 하는지 알려 주시오."

"음……. 모월 모일 정오경에 한강으로 가십시오."

"한강?"

"예. 그곳에 가시면 나리께서는 벼슬을 얻으실 수 있을 것입니다. 다만 한 가지 너무 과한 욕심은 삼가십시오. 그보다 덕을 널리 베푸는 데 힘쓰십시오. 그러면 나리의 앞날은 창창할 것입니다."

"벼슬길에 오른다는데 그런 일쯤 뭐가 어렵겠는가?"

홍윤성은 기분이 좋아져 홍계관의 집을 나왔다.

며칠이 지나 홍계관이 일러 준 날이 되자 홍윤성은 일찌감치 한강으로 나갔다. 마침 한강에서는 수양대군이 배를 띄워 놓고 뱃놀이를 하고 있었다.

수양대군은 측근인 권람과 한명회 등과 더불어 기생의 노랫가락에 맞춰 흥겹게 술을 마시고 있었다.

당시 수양대군의 권력은 임금인 단종을 능가하고 있었던 만큼 뱃놀이의 규모도 장대하고 화려했다.

'거 참, 부럽구먼. 난 언제나 저렇게 놀 수 있으려나?'

홍윤성이 부러운 눈길로 수양대군의 뱃놀이를 바라보고 있는데 난데없이 어디선가 십여 명의 괴한들이 창과 칼을 들고 배 위로 뛰어올랐다.

배 안은 순식간에 아수라장이 되었고 모두들 몸을 피하느라 정신이 없었다.

"수양대군을 죽여라!"

괴한들의 두목인 듯한 자가 큰소리로 외쳤다. 그때 홍윤성은 재빨리 강물로 뛰어들어 배를 향해 헤엄을 쳤다.

홍윤성이 배에 오른 순간 괴한들 중 한 명이 막 수양대군을 칼로 내리치려 하고 있었다. 홍윤성은 몸을 날려 괴한의 가슴을 발로 차 강물 속으로 떨어뜨렸다.

이를 본 괴한들은 일제히 창칼을 들고 홍윤성에게로 달려들었다.

그러나 어려서부터 힘이라면 누구에게도 지지 않았던 홍윤성은 단번에 괴한들을 들어 차례로 강바닥에 처넣어버렸다.

괴한들을 모두 물리친 홍윤성은 수양대군에게 달려갔다.

"나리! 괜찮으십니까?"

수양대군은 홍윤성의 부축을 받으며 천천히 자리에서 일어났다.

"괜찮네, 자네 덕에 내가 목숨을 건졌구먼."

홍윤성은 미소 짓는 수양대군을 바라보며 홍계관의 말을 떠올렸다.

'이것이었구나, 이것이야! 과연 홍계관이로군!'

그날 이후 홍윤성은 수양대군을 호위하는 임무를 맡게 되었다.

그리고 몇 년 후 마침내 수양대군이 왕위에 오르자 홍윤성의 벼슬길은 탄탄대로를 달려 마침내 홍계관의 예언대로 형조판서에까지 오르게 되었다.

그런 어느 날, 홍윤성이 직접 죄인들을 문초하고 있었는데 죄수 한 명이 그를 보더니 큰소리로 외치는 것이었다.

"소인을 몰라보시겠습니까? 소인의 부친이 바로 홍계관이옵니다!"

그 소리에 놀란 홍윤성이 가만히 돌이켜보니 그 옛날 홍계관과 했던 약조가 생각났다.

"오, 그래? 자네 아버지는 지금 어찌 지내느냐?"

"아버지는 몇 해 전 돌아가셨습니다. 돌아가시기 전 하시는 말씀이 제가 옥사를 치르게 될 때가 올 터이니 그때 꼭 대감마님께 제가 홍계관의 아들이라는 것을 말씀드리라 하셨습니다."

"홍계관이 죽었다?"

홍윤성은 홍계관이 죽었다는 말에 가차없이 그 아들을 처형시켜 버렸다.

홍윤성은 자신의 권세만 믿고 날로 포악하고 거만해져 자신의 비위를 거슬리는 자가 있으면 그자리에서 죽이기 일쑤였고 욕심이 많아 재물을 치부하는 데 수단과 방법을 가리지 않았다.

어릴 적 자신이 돌봐 준 조카가 높은 벼슬아치가 되었다는 소식을 들은 홍윤성의 숙부는 지난날의 정을 생각해서라도 박대하지는 않을 것이라 여기고 한양으로 그를 찾아왔다.

"너도 알다시피 집안 사정이 워낙 어렵구나. 네게 못할 말이지만 우리 아이에게 벼슬 자리 하나 마련해 줄 수 없겠느냐?"

숙부의 말에 홍윤성은 눈살을 찌푸렸다.

"숙부님께서 갖고 계신 논을 주면 한번 생각해 보지요."

"너란 놈은 여전하구나! 내 너를 어찌 길렀는데……. 식솔들이 겨우 논 몇 마지기로 그나마 목숨을 연명하고 있거늘 그것마저 빼앗으려 든단 말이냐!"

숙부는 매정한 홍윤성의 태도에 화가 나 그만 돌아가려 했다.

"아니 숙부님, 그냥 가시렵니까?"

홍윤성은 아무렇지도 않은 듯이 말했다.

"네놈의 성질이 고약한 것은 익히 알고 있었다만 예나 지금이나 하나도 변한 것이 없구나! 에잇, 천하에 못된 놈 같으니! 빼앗을 것이 없어 숙부의 것까지 넘보려 하느냐!"

"이 늙은이가 노망이 들었나. 이 자리가 어디라고 함부로 망발이야! 아직도 내가 누군지 모르는 모양인데 내 가르쳐 주지!"

홍윤성은 차고 있던 칼을 뽑아 그대로 숙부를 찔러 죽였다. 홍윤성은 주변을 한 번 살펴보고는 아무도 없는 것을 확인하자 숙부의 시체를 뒷산에 끌고 가 내팽개쳐 버렸다.

그러나 세상에 비밀은 없는 법이다.

홍윤성의 숙부가 온 것을 알고 차를 내가던 계집종이 문틈으로 이 광경을 목도했던 것이다. 그 일은 입소문을 타고 장안에 쫙 퍼지고 말았다.

한편 시골에서 남편이 오기만을 기다리던 홍윤성의 숙모는 한 달이 넘도록 소식이 감감하자 직접 남편을 찾아 한양으로 올라왔다.

한양에 당도한 그녀는 지나가는 한 노인을 붙잡고 홍윤성의 집을 물었다.

"저, 홍윤성 대감의 집을 가려면 어디로 가야 하는지요?"

노인은 계집종도 동반하지 않은 허름한 차림의 여인이 홍윤성의 집을 묻자 눈살을 찌푸렸다.

"지금 그 차림으로 홍 대감을 찾아가려는 게요?"

"집이 어딘지만 가르쳐 주십시오."

"홍 대감 집에 가려면 손에 뭐라도 하나 들고 가야지 그렇게 빈손으로 갔다간 문전 박대를 당하고 말 것이오."

노인의 말에 홍윤성의 숙모는 미소를 지었다.

"걱정해 주셔서 고맙습니다만 전 홍 대감의 숙모 되는 사람이니 그런 걱정은 안 하셔도 됩니다. 그러니 집이나 가르쳐 주십시오."

노인은 그 말이 믿어지지 않는 듯 되물었다.

"아니, 댁이 홍 대감의 숙모란 말이오?"

"예, 그렇습니다."

"저런 쯧쯧, 아직 모르나 보구먼……."

노인은 안됐다는 듯이 그녀를 바라보았다.

"무슨 말씀인지……."

노인은 차마 말하기가 어려웠지만 잘못했다간 숙모 되는 이도 죽을지 모른다는 생각이 들어 세간에 떠도는 소문을 들려주었다.

홍윤성의 숙모는 그 자리에 맥없이 주저앉고 말았다.

"세상에 이런 일이…… 조카가 어찌 숙부를……."

그녀는 오가는 행인들의 시선에도 아랑곳없이 실성한 여자처럼 대성 통곡을 했다.

며칠을 앓아 누워 있다 가까스로 정신을 수습한 그녀는 사방 팔방으로 뛰어다니며 임금에게 상소를 올릴 방도를 찾았으나 홍윤성의 세도 앞에서는 그 어떤 방도도 소용이 없었다.

홍윤성의 숙모는 임금을 직접 알현하고 고할 방법밖에 없다고 판단하고 죽기를 결심하고 대궐 문 앞에서 임금이 궐밖으로 행차하기만을 기다렸다.

처음에는 미친 여자라고 멀리 내쫓던 대궐 문지기들도 사정을 전해 듣고는 가엾게 여겨 끼니때마다 먹을 것을 챙겨다 주었다.

그녀는 밤이면 거적을 덮고 잠을 청하고 낮이면 대궐 문 앞을 서성이며 한시바삐 임금의 얼굴을 보기를 기원했다.

지성이면 감천이라더니 어느 날 궐문이 열리며 마침내 임금을 태운 어가가 나타났다.

홍윤성의 숙모는 큰소리로 곡을 하며 다짜고짜 어가를 향해 내달렸다.

너무나 섧게 들리는 곡소리에 세조는 어가를 멈추게 하고 여인을 가까이 불렀다.

"무슨 일로 그리 슬피 우느냐?"

"전하! 소인의 원한을 풀어 주옵소서!"

홍윤성의 숙모는 세조 앞에 무릎을 꿇고 앉아 과거에 있었던 일부터 남편이 죽은 얘기까지 낱낱이 아뢰었다.

"홍윤성이 그리도 간악한 자였단 말이더냐? 더군다나 인륜을 저버린 죄는 결코 용서할 수 없는 일이로다!"

세조는 어가를 돌려 대궐로 다시 들어가 홍윤성을 불러 그 죄를 숨김없이 문초한 후에 극형을 내렸다.

이로써 지난날 홍계관과의 약조를 헌신짝처럼 버리고 권세를 빌미로 사리사욕을 탐하였으며, 자신을 키워 준 숙부마저 죽인 패륜아 홍윤성은 처참한 죽음을 맞았다.

신숙주와 청의 동자

신숙주는 고요한 눈길로 천장을 올려다보았다. 그러고는 잠시 눈을 감고 깊은 숨을 몰아쉬었다. 모든 일들이 마치 어제의 일처럼 아련하면서도 생생하게 되살아났다.

기억 속의 일들은 황당한 것이었고 또 아무에게도 말하지 않은 비밀이었다. 신숙주는 그 모든 것을 하늘이 자신을 도우려 한 뜻이었다고 생각하니 마음이 한결 편안해졌다.

'이젠 말해도 되지 않을까……? 어쩌면…… 자식들은 내 말을 믿어 줄지도 몰라.'

신숙주는 가만히 눈을 떴다. 그리고 자신의 임종을 지키기 위해 모인 자식들을 찬찬히 둘러보았다. 거기에는 아직도 처음 만났던 그날의 모습 그대로 자신을 응시하고 있는 어린 동자도 함께 있었다.

청색 옷을 입은 동자는 누구보다 숙연하고 슬픈 표정으로 신숙주의 머리맡에 다소곳이 자리를 잡고 앉아 있었다.

날이 희끄무레하게 밝아오기도 전에 과장科場이 마련된 경복궁 앞은 전국 각지에서 올라온 선비들로 북새통을 이루었다.

신숙주도 다급히 과장을 향해 발걸음을 재촉했다. 아직도 주위는 어둑어둑했지만 어느 누구 하나 입을 여는 이가 없었다. 그만큼 모두들 긴장하고 있었다. 그들 모두 신숙주와 마찬가지로 잠자리에서 이리저리 뒤척였을 뿐 제대로 잠을 이룬 이는 아무도 없었다.

마침내 궐문이 열리자 선비들이 앞다퉈 안으로 들어가기 시작했다.

선비들 무리에 휩쓸려 경복궁 안으로 들어가려던 신숙주는 일순전신을 덮쳐 오는 공포 때문에 그 자리에 우뚝 멈춰 서고 말았다.

그는 자신의 눈을 의심했다. 선비들이 들어가는 곳은 경복궁이 아니라 커다랗고 흉측하게 생긴 괴물의 아가리 속이었다. 괴물은 능청스럽게도 큰 아가리를 벌리고 선비들을 하나둘씩 한 입 가득 삼키고 있었다.

신숙주는 몇 번이고 두 눈을 비비며 그 참혹한 광경을 지켜보고 있었다. 너무 놀란 나머지 비명조차 나오지 않았다. 그런데 이상하게도 어느 누구 하나 비명을 지르거나 도망치지 않았다. 오히려 한 자리에 우뚝 서서 갈 길을 방해하는 신숙주를 이상한 눈초리로 힐끔거릴 뿐이었다.

신숙주가 거의 기절할 지경이 되어 뒷걸음질을 치려는데 누군가 뒤에서 그의 옷소매를 잡아당겼다.

깜짝 놀란 신숙주가 고개를 돌리니 거기에는 아래위로 청색 옷을 입은 동자가 천진한 표정으로 그를 바라보고 있었다.

동자는 신숙주에게 뭐라 말할 겨를도 주지 않고 손가락으로 괴물을 가리키며 말했다.

"너무 놀라지 마십시오. 저기 보이는 저 괴물은 제가 선생님을 만나 뵙기 위해서 만든 환영입니다."

"나를 만나기 위해서 네가 거짓으로 꾸민 환영이라고?"

동자는 대답 대신 고개를 끄덕였다. 신숙주는 두려운 마음으로 다시 고개를 돌려 괴물이 있는 쪽을 바라보았다. 그러자 과연 거기에는 흉측한 괴물의 모습은 온데간데없이 사라지고, 그제야 막 떠오르기 시작하는 태양 빛을 받아 청명하게 빛나는 경복궁의 현판이 울긋불긋한 단청을 배경으로 아름답게 걸려 있었다.

신숙주는 자신의 눈을 의심하며 한동안 그 모습을 바라보다가 정신을 차리고 꾸짖는 듯한 목소리로 동자에게 물었다.

"너는 누구냐? 그리고 무슨 일로 그런 해괴한 짓을 벌였단 말이냐?"

동자는 천연덕스럽게 대답했다.

"저는 그저 선생님께서 후일 큰 인물이 될 것을 미리 알고 있는 터라 평생 선생님을 곁에서 모시고자 온 것이옵니다."

신숙주는 할말을 잃고서 잠시 생각에 잠겼다.

비록 나이 어린 동자라고는 하지만 좀 전에 자신이 보았던 그런 환영을 만들어 낼 수 있는 것으로 보아 평범한 소년 같지는 않았다. 더구나 말하는 투로 보나 청색 옷을 입은 기이한 차림새로 보나 비상한 동자임이 분명했다.

그런데 무엇보다 신숙주를 놀라게 한 건 동자의 다음 말이었다.

"선생님, 저를 받아 주십시오. 선생님께서도 제가 범상치 않은 아이라는 걸 아셨을 것입니다. 보십시오. 이렇게 제가 선생님과 말을 주고받은 지 한참이 됐는데도 주위 사람들은 저를 전혀 알아보지 못하고 있지 않습니까?"

번뜩 정신을 차린 신숙주가 주위를 둘러보니 과장으로 향하는 선비들 중 어느 누구 하나 동자를 알아보지 못하는 듯했다. 그들은 아까부터 허공에다 대고 혼자 중얼거리고 있는 신숙주를 마치 몇 번 과거에 낙방해서 미쳐버린 사람쯤으로 생각하는 듯 그저 힐끔거리며 피해 가고 있었다.

신숙주는 당황해하면서도 잠시 생각에 잠겼다.

'사람의 눈에 보이지 않는다면 이는 귀신이 분명할 텐데······. 혹시 귀신을 잘못 건드려 해나 입지 않을까?'

신숙주의 생각을 알고 있다는 듯이 동자가 빙긋 웃으며 공손하게 말했다.

"선생님, 그런 걱정일랑 마십시오. 저는 선생님을 도우려고 하는 것이지 해를 끼치려는 게 아닙니다. 그것만은 제가 약속할 수 있습니다."

신숙주는 하는 수 없이 고개를 끄덕일 수밖에 없었다. 일단 과거를 치른 다음에 생각해도 될 문제라는 판단이 들었기 때문이다. 또 과장에 들어가야 할 시간이 다가오고 있었고 이대로 계속 동자와 말을 나누었다간 정말로 주위 사람들에게 미친 사람 취급을 당할 게 뻔했다.

"이만 과장으로 들어가십시오, 선생님. 그리고 오늘 꼭 좋은 일이 있을 것입니다."

동자는 그렇게 말하며 신숙주를 돌려 세웠다. 그리고 꼭 두세 걸음 뒤처져 그림자처럼 소리 없이 뒤를 따랐다. 동자의 걸음걸이에선 발소리조차 나지 않았다.

그때부터였다. 동자는 평생 신숙주를 따라다니며 좋은 일과 궂은 일을 미리 가려 주었다. 집안의 대소사는 물론이고 조정의 일도 동자의 말을 따르면 모든 것이 순조로웠고 평탄했다.

심지어 신숙주가 일본에 사신으로 가게 되었을 때에도 동자가 미리 안전한 뱃길을 일러 주어 고생을 하지 않았고 또 일본에서의 일도 무사히 끝마치고 귀국할 수 있었다.

주위 사람들이 신숙주를 일러 앞일을 미리 예견하는 범상치 않은 인물이라고 말하는 것도 실상은 동자의 뜻에 따라 행동한 덕분이었다.

동자는 언제나 다른 사람 앞에는 모습을 드러내지 않았고 먹는 것도 신숙주가 먹다 남긴 것들만 조금씩 먹었다. 그러나 이상하게도 그 음식들의 양은 조금도 줄어들지 않았다.

그래서 신숙주는 동자에 대해 어느 누구에게도 말할 수 없었다. 그는 설령 말한다 해도 어느 누가 그 말을 믿어 줄까, 하는 심정에 때로 속이 답답하기도 했다.

그렇지만 동자는 신숙주와 처음 만나 약속한 것을 지금껏 단 한 번도 어기지 않았다. 언제나 신숙주에게 힘이 되어 주었고 안팎의 바람을 든든하게 막아 주었다.

신숙주는 다시 한번 깊은 숨을 몰아쉬었다. 그는 자식들이 애타게 자신을 부르는 소리에 눈을 뜨고 유언 끝에 이런 말을 남겼다.

"나중에 내 제삿상을 차릴 때는 반드시 그 옆에 따로 작은 상을 하나 더 보도록 해라. 그것만이 내가 그 아이에게 해줄 수 있는 유일한 보답이 될 것이야……."

신숙주는 이 말을 마지막으로 눈을 감았다. 그와 동시에 청색 옷을 입은 동자의 모습도 홀연히 사라졌다.

그후 신숙주의 제삿날이 되면 자식들은 아버지의 유언에 따라 아버지의 제삿상 옆에 작은 상을 하나 더 마련했다.

비운의 영웅 남이 장군

　　남이 장군은 세조 재위 시절에 이시애의 난을 평정하고 야인을 정벌한 공로를 인정받아 27세의 나이에 병조판서에까지 오른 당대의 호걸이었다.

　　태종의 넷째 따님인 정선공주의 아들이기도 한 그는 기골이 장대하고 기상이 높아 일찍부터 세조의 총애를 한 몸에 받았다.

　　그러나 동서고금의 역사를 돌이켜보더라도 영웅이 있으면 그 주변에는 반드시 그를 시기하고 질투하는 사람이 있게 마련이다. 마찬가지로 남이 장군의 옆에는 유자광이라는 자가 있었다.

　　유자광은 남이 장군과 함께 북방의 야인들을 정벌하여 공을 세웠으나 남이 장군이 병조판서에 오를 때 그는 고작 병조참지에 제수되었다. 이는 유자광이 서자라는 이유도 있었지만 근본적으로 그의 공이 남이 장군의 공에 미치지 못했기 때문인데, 그는 이에 불만을 품고 있었다.

　　유자광은 이 일을 늘 마음에 두고 항시 남이 장군을 시기하며 모해할 기회만 노리고 있었다.

　　세조가 죽고 예종이 즉위하자 왕족인 남이 장군의 권세에 위기를 느낀 훈구 대신들의 직접적인 견제가 시작되었는데 유자광이 이 기회를 놓칠 리가 없었다.

하루는 남이 장군이 대궐에서 숙직을 하다가 바람도 쏘일 겸 대궐 마당에 나갔는데 밤하늘에 갑자기 혜성이 꼬리를 물고 나타났다 사라졌다.

"아니, 세상에 무슨 일이 일어나려고 이런 해괴한 일이······."

"글쎄, 혜성이 나타나는 것은 드문 일인데, 뭔가 일이 있어도 크게 있을 모양인가 보구려."

혜성을 본 사람들은 이를 불길한 징조라며 저마다 한마디씩 수군거렸다.

그러나 남이 장군은 오히려 호탕하게 웃으며 말했다.

"허허! 혜성이 나타난 것을 어찌 불길한 징조로만 생각하는 것이오! 내가 보기엔 저 혜성이야말로 오래된 것이 사라지고 새로운 것이 나타나 나라를 이롭게 할 징조 같소이다."

남이 장군이 그렇게 말하자 사람들은 더 이상 말을 잃고 헛기침만 해댔다.

허나 사람들 틈에 끼여서 이 말을 듣고 있던 유자광은 사악한 웃음을 띄웠다.

다음날 유자광은 입궐하자마자 예종을 알현하고 아뢰었다.

"전하, 입에 담기 어려운 말이오나 역모의 기미가 있기에 아뢰옵니다."

"무엇이라! 그것이 대체 무슨 말이오?"

예종이 크게 놀라 물었다.

"소신이 보기에 남이 장군이 역모를 꾀하는 것 같사옵니다."

유자광이 굽실거리며 말했다.

"아니! 남이 장군이 말이오?"

"예. 어젯밤 하늘에 혜성이 나타난 것을 보고 모두들 나라일을 걱정하고 있었는데 남이 장군만은 태연하게 혜성이 나타난 것은 옛 것이 사라지고 새것이 날 징조라 하니, 이는 곧 이 나라를 뒤엎고 새로운 나라를 세우려는 뜻이 아니고 무엇이겠습니까?"

"음……!"

예종이 심상치 않은 표정으로 생각에 잠기자 유자광은 더욱 간교한 어조로 아뢰었다.

"그것뿐만이 아닙니다."

"그것뿐만이 아니라니?"

예종의 눈이 휘둥그레졌다.

"예전에 남이 장군이 야인을 정벌하고 돌아오면서 시조를 한 수 지었었는데 그때부터 사악한 뜻이 있었던 것 같사옵니다."

"시조를?"

"예, 전하."

유자광은 품에서 종이 한 장을 꺼내 예종에게 바쳤다.

백두산 돌은 칼을 갈아 없애고〔白頭山石磨刀盡〕
두만강 물은 말을 먹여 없애리라〔豆滿江水飮馬無〕
사나이가 스물에 나라를 얻지 못하면〔男兒二十未得國〕
훗날 누가 그를 대장부라 하겠는가〔後世誰稱大丈夫〕

그러나 여기에는 유자광의 무서운 계략이 숨어 있었다.

남이 장군은 원래 남아이십미평국男兒二十未平國이라 했는데 유자광이 평국平國을 득국得國으로 바꿔버린 것이었다.

시조를 읽은 예종은 두 손을 떨며 소리를 질렀다.

"무엇이라? 스무 살에 나라를 얻지 못하면 대장부가 아니라! 어허, 이는 그냥 넘어갈 일이 아니로다!"

예종은 남이 장군이 역모를 꾸미고 있다고 확신하게 되었다.

그 순간 유자광의 얼굴에는 회심의 미소가 스쳐 지나갔다.

"선왕께서 남이 장군을 총애하셨기에 과인 역시 철석같이 믿고 또 믿었거늘 내가 호랑이 한 마리를 키운 꼴이 되었구나! 어허……, 공이 나를 살렸구려."

"황공하옵니다."

예종은 당장 남이 장군을 잡아들이라 명했다.

결국 남이 장군은 물론이고 영의정 강순을 위시한 그의 측근까지 모두 참수를 당했다.

일국의 명장으로 나라를 위해 충성을 다했던 남이 장군은 유자광의 사악한 혓바닥이 부린 계교로 인해 결국 스물 여덟이라는 젊은 나이에 억울한 죽임을 당하게 되었던 것이다.

손순효의 재치

조선 제9대 임금인 성종은 훌륭한 인재를 고루 등용한 것은 물론 그들을 아끼고 사랑하는 마음이 각별한 왕이었다.

성종은 인재들 한 사람 한 사람을 모두 아끼고 소중히 여겼는데 그 중에서도 손순효를 가장 가까이하고 그 재주를 아꼈다.

손순효는 당대의 문장가로서 그 명성이 자자했지만 한 가지 흠이라면 술을 너무 좋아하는 것이었다.

평소에는 말도 없는 사람이 술만 들어가면 가슴속에 품었던 광기가 되살아나는 듯 그야말로 말술을 마시며 사람이 돌변했다.

주사가 심한 손순효를 다른 신하들은 가까이하려 하지 않았으나 성종은 언제나 변함없이 자애롭게 대했다.

한번은 성종이 명나라에 급히 국서를 보낼 일이 있어 손순효를 찾았다.

왕명을 받은 신하는 다급하게 손순효의 집으로 달려갔으나 손순효는 집에 없었다. 게다가 집안 사람들 중에도 그 행방을 아는 이가 없었다.

촌음을 다투는 어명인지라 신하는 물론 집안 사람들이 모두 손순효를 찾아나섰다.

한참을 수소문하고 다닌 끝에야 마침내 손순효를 찾아낸 그들은 아연 실색하지 않을 수 없었다.

그는 평소 잘 들르던 주막집에서 만취한 채 널브러져 있었다. 술을 얼마나 많이 먹었던지 얼굴은 주독이 올라 시뻘겠으며 아무리 몸을 잡아 흔들어도 깨어날 기미조차 보이지 않았다.

한참 뒤에야 겨우 정신을 차리고 자리에서 일어난 손순효의 몰골은 나라의 녹을 먹는 벼슬아치라고는 믿어지지 않을 만큼 초라했다.

"나리, 황급히 입궐하시라는 어명이옵니다."

"……?"

손순효는 술이 덜 깬 몽롱한 표정으로 그저 멍하니 어명을 전하는 신하의 얼굴만 바라보고 있었다.

"나리! 어명이 내리신 지 한참이 지났습니다! 한시바삐 입궐하셔야 할 줄로 압니다! 서두르십시오, 나리!"

신하가 당황한 나머지 소맷자락을 잡아 끌자 손순효는 그제서야 겨우 정신을 수습하고 대궐로 향했다.

'이를 어쩐단 말인가? 어명을 받고도 술에 취해 한참을 지체했으니 아무리 성은이 크시다 한들 이번에는 그냥 넘어가기 힘들 것 같은데…….'

대궐에 당도하여 내전으로 들어가는 손순효의 마음은 애가 닳아 금방이라도 숨이 멎을 것 같았다.

"전하! 찾아계시옵니까?"

손순효는 내전에 들어가 이마가 땅에 닿도록 엎드렸다. 금방이라도 성종의 불호령이 떨어질 것 같아 차마 얼굴을 들어 용안을 쳐다볼 용기가 나지 않았다.

"어디서 오는 길이기에 이리 늦었소?"

성종은 전후 사정을 다 알면서도 넌지시 물어 보았다.

"그것이……, 저…… 소신이 그만……."

"또 술을 드신 게요?"

성종의 목소리에는 조금씩 노기가 서리기 시작했다.

"전하! 소신의 불충을 용서하여 주옵소서."

손순효는 고개를 들지 못하고 잘못을 빌었다.

"지금껏 술이 덜 깬 걸 보니 어지간히 많이 마셨나 보구려."

"……."

"과인이 그토록 과음하지 말라고 일렀거늘, 경은 과인의 말이 귀에 들어오지 않는 모양이구려!"

"전하! 그것이 아니라……."

성종은 소리나게 무릎을 쳤다.

"변명은 그만두시오!"

"황공하옵니다, 전하!"

"지금 중요한 국서를 명나라에 보내야 하는데, 그래 가지고 어디 붓이나 제대로 잡을 수 있겠소?"

"전하! 하명만 하옵소서. 소신이 미련한 글재주나마 성심을 다해 써 올리겠나이다."

성종은 반신반의하면서도 붓과 먹을 가져오라고 명했다.

손순효가 종이를 펼치고 붓을 잡자 성종은 천천히 국서의 내용을 읊었다.

얼마 후 손순효는 국서를 적은 종이를 성종에게 올렸다. 성종은 국서를 받아 들고 조용히 읽어 내려갔다.

'음……, 과연 손순효로구나! 명필에 명문이로다.'

성종은 마음속으로 감탄했다. 손순효가 비록 술이 과한 것이 흠이긴 하나 이만한 문장은 신하들 중에서 찾아보기 힘들었다.

국서를 다 읽은 성종은 손순효를 바라보며 노기가 누그러진 어투로 말했다.

"과인이 또 한 번 당부를 하오. 부디 술을 줄이도록 하시오."

"망극하옵니다, 전하!"

며칠이 지났다. 손순효는 다시 성종의 부름을 받고 어전으로 나갔다.

성종은 한껏 부드러운 표정으로 손순효에게 은으로 만든 잔을 하사했다.

"과인의 성의니 받도록 하오."

"황공하옵니다, 전하!"

손순효는 성종이 직접 건네주는 은잔을 받았다.

"앞으로는 그 잔으로 하루에 술을 석 잔씩만 마시도록 하오."

"명심하겠사옵니다."

은잔을 받아 들고 집으로 돌아온 손순효는 한마디로 기가 찰 노릇이었다. 성종이 하사한 은잔이 겨우 간장 종지만했기 때문이다. 말술을 먹는 손순효가 그 잔으로 그것도 하루에 석 잔만 먹어서는 간에 기별도 가지 않을 게 뻔한 일이었다.

그러나 어명을 어길 수도 없는 일이라 무슨 좋은 방법이 없을까 궁리에 궁리를 거듭하던 손순효는 마침내 은세공 하는 곳을 찾아가 성종이 하사한 은잔을 최대한 얇게 펴서 큰 대접으로 만들었다.

그러고는 집으로 돌아와 날마다 그 잔에 술을 넘치도록 따라 석 잔씩 마셨다.

결국 어명을 어기지 않고도 술을 먹고 싶을 만큼 먹을 수 있었던 것이다.

얼마 후 성종이 국사를 의논할 일이 있어 손순효를 따로 불렀는데 손순효의 얼굴에는 예전과 같이 발갛게 주독이 올라 있었다.

성종은 손순효가 자신의 명을 어겼다고 생각하니 조금씩 부아가 났다.

"경은 과인의 말이 허튼소리로 들리나 보오?"

성종의 말에 손순효는 깜짝 놀라 아뢰었다.

"전하! 어인 말씀이시옵니까?"

성종은 불쾌한 심기를 숨기지 않고 말했다.

"과인이 며칠 전 은잔을 주며 그 잔으로 하루에 석 잔만 마시라고 일렀거늘 얼굴을 보아하니 그렇지가 않은 것 같기에 하는 소리요!"

"아니옵니다, 전하! 소신은 전하의 어명을 받들어 그 잔으로 하루에 꼭 석 잔만 마셨습니다."

성종은 더욱 노기 띤 얼굴로 말했다.

"그런데도 얼굴이 그 모양이란 말이오?"

"전하! 그게 실은…… 잔의 크기가 좀 커져서……."

성종은 더욱 화가 났다. 자신이 하사한 잔은 술고래인 손순효가 서른 잔을 마셔도 끄떡 없을 만큼 작지 않은가?

"그래요? 그렇다면 그 잔 한번 다시 봅시다! 여봐라!"

성종은 내관으로 하여금 손순효의 집에 가서 자신이 하사한 은잔을 가져오라고 명했다.

그런데 잠시 후 내관이 가져온 잔은 대접만한 은잔이었다.

"아니……, 이 잔이 과인이 하사한 잔이란 말이오?"

성종은 기가 막혀 말이 나오지 않았다.

"전하! 소신, 죽을죄를 지었사옵니다. 전하께서 하사하신 잔으로 술을 먹자니 양에 차지 않고 그렇다고 어명을 어기는 불충을 저지를 수도 없는 일이라 소신이 은세공 하는 곳을 찾아가 잔의 크기를 조금 늘였습니다."

몸둘 바를 몰라하는 손순효의 말을 들은 성종은 그저 어이가 없어 큰소리로 웃음을 터뜨렸다.

손순효의 말대로라면 어명은 어명대로 지키고 술은 술대로 맘껏 마신 것이니 가히 틀린 말이 아니었던 것이다.

"허허허! 경은 문장에만 능한 줄 알았더니 재치 또한 뛰어나구려, 허허허……!"

"송구스럽사옵니다, 전하!"

손순효는 머리를 조아렸다.

한바탕 호탕하게 웃음을 터뜨린 성종은 다정한 목소리로 손순효에게 말했다.

"잘 들으시오. 혹 앞으로 국정을 돌보는 과인의 눈이 흐려지거든 경이 이 은잔을 닦듯 맑게 해주고 또 백성들의 소리를 듣는 귀가 좁아지거든 경이 이 은잔을 크게 늘렸듯 부디 과인의 귀를 크게 열어주기 바라오."

"성은이 망극하옵니다, 전하!"

곧 이어 성종은 큰소리로 명을 내렸다.

"여봐라! 술상을 들여라! 과인도 오늘은 이 은잔으로 술 한잔 마셔야겠다. 허허허……!"

성종과 문지기 귀원

　멀리 인왕산에서 불어오는 바람은 올해도 구중궁궐 깊은 심처에 어김없이 찾아와 대궐 마당 곳곳에 노란 민들레를 점점이 수놓듯 뿌려 놓았다.

　한가로이 유영하는 연못의 잉어들은 은빛 햇살에 반짝이는 몸빛이 예년보다 곱절은 아름답고 화사하게 빛나 보였다.

　비원 근처에서 날아온 것일까?

　날개에 꽃가루를 잔뜩 묻힌 노랑나비 한 마리가 성종의 시야에 들어 왔다.

　'어느새 이렇게 천지간에 봄이 찾아왔던고!'

　성종은 정자에 앉아 읽던 책을 덮고는 하명을 내렸다.

　"과인이 비원으로 가려 하니 채비를 하라."

　성종은 어가를 마다하고 천천히 대궐 마당을 거닐었다. 참으로 오랜만에 느껴보는 감흥이었다.

　"참으로 보기 좋구나. 지금쯤이면 비원에도 꽃들이 만발했을 것이로다."

　성종은 비원에 다다라 한가로이 꽃구경을 하다가 작은 정자에 올라 잠시 쉬었다.

"여봐라! 지필묵을 대령하라."

봄기운을 타고 파릇파릇 잎새를 틔우는 나무를 바라보는 성종의 마음에 한 줄기 시상詩想이 실바람처럼 흘렀다.

내관들이 준비한 지필묵을 옆에 두고 성종은 조심스레 글을 써 나갔다.

푸른 옷감으로 봄 버들을 만드니〔錄羅剪作三春柳〕
붉은 옷감은 이월의 꽃을 만드네〔紅錦裁成二月花〕

거기까지 붓을 놀린 성종은 시상이 막히는지 잠시 고개를 들어 먼 하늘을 우러렀다.

'음……. 다음은 어찌 이어가야 한다?'

성종은 벼루 위에 조용히 붓을 내려놓았다.

"오늘의 봄 흥취는 예서 끝나는가 보구나. 과인이 다음에 와서 계속 이을 것이니 이 종이를 정자 기둥에 붙여 놓도록 하라."

성종은 두어 번 헛기침을 하고는 봄빛이 완연한 비원을 떠났다.

농익은 꽃들의 향기가 대궐을 온통 노곤하게 만드는 어느 오후, 성종은 며칠 전 정자에서 못다 쓴 글을 생각해 내고는 비원을 다시 찾았다.

시든 꽃을 대신하여 물오른 나무들이 한껏 푸른 나뭇잎으로 그늘을 드리우는 모습을 보며 성종은 아련한 추억에 잠기는 사람처럼 가슴이 먹먹해졌다.

무언가 뭉클한 감성이 이번에는 시를 끝낼 수 있으리라는 느낌을 주었다.

성종은 정자에 올라 나무 기둥에 붙여 놓았던 종이를 찾았다.

그런데 어찌 된 일인지 자신이 짓다 만 글이 완성되어 있었다.

대신들을 시켜 봄빛을 다투게 한다면〔若使公候爭此色〕
평민의 집에는 채 봄이 가지도 못하리〔韻光不到野人家〕

시구를 읽는 성종의 표정이 점차 놀라움으로 변해 갔다.
"일찍이 보지 못한 명필에 명문이로구나!"
성종의 입에서는 절로 감탄사가 흘러나왔다.
"여봐라! 이곳을 지키는 문지기를 들라 하라!"
성종은 그 글이 누구의 솜씨인지 알고 싶었다.
잠시 후 내관을 따라 문지기가 들어왔다.
"근자에 이곳을 다녀간 사람이 있었더냐?"
성종이 물었다.
"아무도 없었사옵니다."
문지기가 공손하게 아뢰었다.
"그렇다면 저 글은 누구의 솜씨란 말이냐?"
성종이 답답하다는 듯이 문지기를 채근했다.
"황공하옵니다만 그 글은 소인이 쓴 것이옵니다. 순찰을 돌다 채
완성되지 않은 글이 있기에 전하의 글인지도 모르고 아무 생각 없이
써놓았습니다. 전하, 죽을죄를 지었나이다."
"뭐라, 네가 쓴 것이라고?"
문지기의 대답에 성종은 깜짝 놀랐다.
"그래, 정녕 저 글을 네가 지었단 말이냐?"
성종은 믿을 수 없어 다시 물었다. 한낱 문지기의 재주로 보기에
는 너무나 뛰어난 솜씨였다.

"전하, 소인의 죄를 용서하여 주옵소서!"

문지기는 땅에 머리를 조아리며 애원했다.

"과인이 이렇게 묻는 것은 너를 책망하기 위함이 아니니라. 명필에 명문장이라 이를 칭찬하고자 함이니라. 이름이 무엇이냐?"

성종은 부드러운 목소리로 문지기를 안심시켰다.

"예, 소인 귀원이라 하옵니다."

"귀원이라? 어디에서 왔느냐?"

"영월에서 왔사옵니다."

"이만한 실력이면 이런 곳에서 문지기나 하며 지낼 인물은 아닌 것 같은데 무슨 연유라도 있는 게냐?"

그제서야 마음이 놓인 문지기는 차분한 목소리로 아뢰었다.

"소인은 고향인 영월에서 과거를 보기 위해 한양으로 왔으나 그만 낙방하고 말았습니다. 그러나 이대로는 도저히 가족들 볼 면목이 없어 내년을 기약하며 이곳에 머물기로 했습니다. 그런데 과거 시험을 준비하는 동안 밥벌이를 해야겠기에 이 일을 자청하고 나선 것입니다."

문지기의 얘기를 들은 성종은 안타까운 표정을 지었다.

"어허! 그냥 문지기로 두기에는 아까운 실력이로다. 과인이 적당한 자리를 마련해 줄 터이니 이 일은 그만두고 학문에만 정진하도록 하라. 알겠느냐?"

성종은 흐뭇한 미소를 지었다.

"성은이 망극하옵니다, 전하!"

문지기 귀원은 꿈인지 생시인지 분간할 수 없었다. 오로지 성은에 감읍하여 눈물만 흘릴 뿐이었다.

이후 성종은 마음속에 감흥이 일어 시상이 떠오를 때면 귀원을 불러다 놓고 글 짓는 것을 즐겼다.

문지기 귀원은 타고난 재주를 바탕으로 열심히 학문에 정진하였기에 비록 우연한 기회였을망정 자신의 운명을 바꿀 수 있었던 것이었다.

월산대군의 부인 박씨

세조의 뒤를 이은 예종이 몸이 약하여 왕위에 오른 지 오래지 않아 병석에 누우니 나라의 대신들 사이에 대통을 이을 왕손에 대한 의견이 분분하였다.

물론 예종에게도 아들은 있었지만 너무 어렸기 때문에 누가 왕위를 잇게 될지 아무도 예측하지 못하였다.

게다가 예종은 세조의 둘째 아들이었으나 형 의경세자가 일찍 죽고, 그의 아들인 월산대군과 자을산군의 나이가 어려 대신 왕위에 오른 것이었다. 그런데 예종이 임종을 눈앞에 두고 있는 지금 그의 아들은 너무 어렸기 때문에 죽은 의경세자의 아들들이 왕위의 물망에 오르고 있었다.

"내가 이 나라의 국모가 될 수 있단 말인가?"

월산대군의 부인 박씨는 기대에 부풀어 있었다. 동생인 자을산군보다는 형인 월산대군이 왕위를 물려받는 것이 당연한 것처럼 여겨졌기 때문이다.

박씨 부인은 가슴이 설레었다. 예종이 병으로 누워 있으므로 그런 생각을 한다는 것이 황공하기는 했지만 그래도 쉽게 떨칠 수는 없었다.

그러나 궐내 사정은 그녀의 뜻을 이루기에는 여의치 않았다. 우선 시할머니 정희왕후의 마음이 자을산군에게로 가 있었다.

그러던 어느 날 대신들이 모여 누워 있는 예종을 알현하였다.

"전하! 부디 종사를 이을 분을 하루 속히 정하셔야 하옵니다."

대신들은 간곡히 여쭈었으나 예종의 입은 열리지 않았다.

"전하……!"

그때 정희왕후가 들어왔다.

"전하께서는 이미 제게 하명하시기를 자을산군에게 보위를 물리겠다 하셨소. 이것은 선왕께서도 말씀하셨던 바이니 우리 왕실은 그대로 따르기로 하였소. 그러니 대신들은 그렇게 아시고 준비하도록 하시오."

죽은 의경세자의 둘째 아들 자을산군은 나이는 월산대군보다 어리나 총명하기로 치자면 형을 능가하고도 남았다. 하여 어려서부터 할아버지 세조는 물론 할머니 정희왕후도 자을산군을 누구보다 총애하였다.

일이 이렇게 되자 서운한 것은 월산대군의 부인 박씨였다. 물론 왕실의 어른들이 자신의 지아비보다 시동생을 더욱 총애했다는 것을 모르는 바 아니었으나 그래도 일말의 희망을 버리지 못했던 것이다.

하지만 이제는 어찌할 도리가 없었다. 그저 왕위를 대신하여 경운궁(덕수궁의 옛이름)을 얻은 것으로 그나마 위안을 삼을 수밖에 없었다.

박씨 부인은 덧없는 꿈을 모두 접고 그저 지아비를 모시며 여염집 아낙처럼 지냈다.

처음에는 간혹 대궐에 들어가 성종 내외를 볼 때마다 느껴지는 쓸쓸함을 지울 수 없었다.

'내가 어찌 이런 망측한 생각을 한단 말인가? 천벌을 받을 일이야. 천벌을……'

박씨는 스스로 마음을 다스리려 애를 썼다. 성종 또한 자신이 형의 자리를 빼앗은 것만 같아 마음이 편치 않은지라 수시로 월산대군을 불러들여 잔치도 하고 시문도 나누며 형제애를 돈독히 하였다.

이런 성종의 정성으로 월산대군이나 그의 부인 박씨는 불편한 마음을 없애고 대궐에 일이 있을 때마다 들어가 정성으로 도와 주기까지 하였다.

그러던 어느 날 월산대군이 시름시름 앓더니 갑작스럽게 세상을 떠나고 말았다.

박씨에게는 청천벽력 같은 일이었다. 더욱이 그때까지 자식 하나 없었으니 박씨 부인은 더욱 쓸쓸한 나날을 보내게 되었다.

"어찌도 그리 무정하게 가시는 게요. 이 몸은 어찌하라고……, 흐흐흑."

부인은 며칠을 앓아 누웠다. 하지만 사람의 일이란 어찌할 수 없는 일, 그녀는 자리를 털고 일어나 그저 궐에 계시는 시어머니 소혜왕후를 찾아뵙고 이야기 나누며 하루하루를 보냈다.

그 당시 소혜왕후는 투기가 심한 왕비 윤씨와의 사이가 극도로 좋지 않아 심기가 불편하였다. 이에 큰며느리인 박씨 부인을 자주 불러 의논을 하기도 하였다.

박씨 부인은 중간에서 좋은 말로 고부간의 화해를 도모했으나 결국 윤씨는 폐비된 후 죽음을 당하고 말았다.

그후 성종에 이어 연산군이 왕위에 오르니 그는 폐비 윤씨의 아들이었다.

연산군은 우연히 자신의 친모 윤씨 이야기를 듣고는 분함을 참

104

지 못했다.

그는 폐비 논의에 찬성한 이들을 일일이 찾아내 모두 죽이는 한편 이미 죽은 이들은 부관 참시를 하는 등 한바탕 칼바람을 일으켰다.

그뒤 연산군의 성격은 괴팍해지고 더욱 난폭해졌다.

이런 연산군을 보며 제일 안타까운 것은 박씨 부인이었다. 어려서 친어머니도 없이 남의 집에서 자라는 것이 안타까워 연산군을 볼 때마다 다정하게 대해 주었다.

그런 연산군이 지금 왕위에 올라 기댈 사람 하나 없이 번민하는 것이 너무도 안타까웠던 것이다.

그러던 어느 날 연산군이 박씨 부인을 불러들였다.

"큰어머니, 아무래도 세자를 큰어머니께서 돌봐 주셔야겠습니다. 지금은 그 누구도 믿을 수 없어요. 제가 믿는 사람은 큰어머니뿐입니다."

연산군의 말에 박씨 부인은 기꺼이 세자의 보육을 맡았다.

그날부터 그녀는 세자를 보육하기 위해 궐내에 기거하였다. 세자는 박씨의 손에서 무럭무럭 자라났다.

부인은 자신에게 자식이 없는지라 세자를 키우게 된 것이 더없이 행복하였다.

"세자께서 잠이 드셨느니라. 어서 자리에 눕혀드려라."

세자는 그날도 박씨 부인과 노닐다 잠이 들었다. 박씨 부인은 세자를 침소에 눕히게 하고는 자신의 방으로 돌아왔다.

부인은 고단하여 잠시 자리에 누웠는데 깜박 잠이 들고 말았다. 얼마나 잤을까. 갑자기 가슴이 답답해진 그녀가 몸을 뒤척이며 잠이 깼는데 뭔가 무거운 것이 자신을 누르고 있는 것이었다.

"아악!"

소스라치게 놀라 눈을 떠보니 웬 남정네가 술 냄새를 풍기며 자신을 덮치고 있는 것이 아닌가! 힘껏 밀쳐 보았지만 도저히 힘으로는 당할 수 없었다.

"누, 누구냐!"

박씨 부인은 겨우 소리쳤다.

"납니다. 나요."

남정네의 목소리를 알아들은 박씨 부인은 싸늘하게 굳어져 더이상 움직일 수 없었다.

연산군이었다. 박씨 부인은 연산군의 행실을 익히 들었었지만 이런 일을 저지를 줄은 몰랐다. 어찌 조카가 큰어머니를 범할 수 있단 말인가!

해는 여전히 떠올라 새아침을 고하였다.

하지만 궐밖을 헤매고 있는 박씨 부인에게 있어 새로운 것은 아무 의미가 없었다. 그녀의 발길은 자신도 모르게 월산대군의 묘지로 향하였다.

박씨 부인의 눈앞에 지아비의 비석이 보였다.

'어찌 더러운 몸으로 이곳을 찾아왔단 말인가! 흐흐흑……'

월산대군의 묘지를 뒤로 한 박씨 부인은 무작정 헤매었다.

'내 어찌 이 몸으로 더 살기를 바랄꼬! 서방님, 부디 이 소녀를 용서하소서.'

며칠 후 박씨 부인은 싸늘한 주검으로 발견되었다.

장순손의 운명

　연산군은 종묘에서 제사를 지낸 뒤 대궐로 들어오자마자 곧바로 큰 잔치를 벌였다.

　종묘에서 제사를 지내는 날이면 사약을 받아 죽은 어머니 윤씨 생각이 더욱 간절했었기에 연산군은 술과 여자로써 그 생각을 떨쳐 버리려 했던 것이다.

　한껏 멋을 부린 기생들이 자리를 잡고 앉아 풍악 소리에 맞춰 여흥을 돋우며 연산군의 술잔에 술을 따랐다.

　상에는 과일을 비롯한 온갖 산해진미가 가득 차려져 있었는데 그 한가운데는 제사 때 쓰였던 돼지 머리도 올려져 있었다.

　술판이 무르익어 감에 따라 연산군은 흥에 겨워 어깨춤을 추며 마냥 즐거워하고 있는데 갑자기 연산군 옆에서 술을 따르던 나이 어린 기생이 난데없는 웃음보를 터뜨렸다.

　"호호호……."

　"이게 무슨 소리냐?"

　연산군이 정색을 하며 소리치자 기생은 금방 입을 다물고 고개를 숙였다.

　"갑작스레 무엇을 보고 웃는고?"

연산군이 기생을 보고 말했다.

"황공하옵니다, 전하!"

기생은 겁에 질려 몸을 덜덜 떨고 있었다.

"무엇 때문에 웃느냐고 내 묻지 않았느냐?"

연산군은 기생이 대답을 하지 못하고 머뭇거리고만 있자 버럭 화를 내며 소리쳤다.

"화…… 황공하옵니다, 전하! 어릴 적 소녀가 살던 상주에 장순손이라는 사람이 있었사온데 그 인물이 꼭 돼지 머리를 닮아 사람들이 모두 그를 '돼지 머리'라며 놀렸었지요. 지금 상 위에 있는 돼지 머리를 보니 그때 일이 생각 나 웃음을 참지 못하였나이다. 부디 용서하옵소서."

기생은 벌벌 떨며 겨우 아뢰었다.

"무엇이라! 네년이 이 자리에서 감히 딴 사내를 생각했다는 게냐? 이는 분명 네가 그놈을 사모했다는 증거가 아니냐? 그렇다면 내 그놈을 그냥 둘 순 없지!"

연산군은 당장 장순손을 잡아 한양으로 끌고 오라 명했다.

특별한 죄명도 없이 마른하늘에 날벼락 격으로 하루아침에 당한 일이라 장순손은 당황하고 억울하였으나 임금의 어명이라 하니 어찌할 수가 없었다.

장순손은 울고불며 매달리는 가족들과 어이없어하는 친구들을 뒤로하고 전신이 오랏줄에 묶인 채 포졸들에 둘러싸여 한양으로 압송되었다.

장순손은 한양에 당도하면 곧 죽을 목숨인 것을 짐작하고 아들에게 후사를 신신당부하고 집을 나섰다. 비록 지방의 한직에 나와 있을지언정 연산군의 포악 무도함은 익히 들어 알고 있었던 것이다.

어느덧 장순손과 포졸들이 상주 땅을 벗어나 한양으로 가는 분기점에 이르렀는데 가는 길이 두 갈래로 나뉘어져 있었다.

이 길을 누구보다 잘 알고 있는 장순손이기에 그 갈림길에 서자 잠시 옛 생각이 아련히 떠올랐다.

옛날 과거를 보러 갈 때였다. 그때 그는 이 두 갈래 길에서 망설이다가 크고 편한 길을 제쳐두고 험하지만 지름길을 택했고 결국 그해 과거에서 장원 급제를 하는 영예를 안았다.

그후 그는 늘 이 두 갈래 길에 설 때면 편한 큰길보다 험한 지름길이 자기에게 행운을 안겨 준다고 믿어 왔었다.

그러나 지금은 지름길을 택하는 것이 자신의 명을 단축하는 길이라는 것을 장순손은 잘 알고 있었다.

포졸들이 어느 길로 가야 할지 정하지 못하고 두리번거리는 사이 장순손에게 들고양이 한 마리가 지름길 쪽으로 잽싸게 달려가는 게 보였다.

그 순간 장순손은 불현듯 그 길이 자신의 운명의 길이라는 예감이 들었다.

"보시오. 저쪽 길이 지름길이니 그리로 가는 것이 어떻겠소?"

장순손의 말에 포졸들은 연산군의 명령이 하도 성화 같으니 한시바삐 서두르는 것이 좋을 듯하여 그 말을 따르기로 하고 험하기는 하지만 지름길로 접어들었다.

한편 한양에서는 연산군의 분노가 극에 달해 있었다. 그는 장순손을 한양까지 끌고 올 필요 없이 올라오는 길에 목을 베어 그 머리만 가져오라고 명했다.

연산군의 어명을 받은 신하는 급히 상주로 말을 달렸다.

그러나 장순손과 그를 압송하는 포졸들이 지름길을 택하였으니 대로를 따라 말을 달리는 그 신하와 맞닥뜨릴 일이 없었다.

그렇게 장순손과 압송하는 포졸들이 아무것도 모르고 한양을 향해 길을 재촉하고 있을 무렵, 한양에서는 연산군의 폭정을 견디다 못한 신하들이 반정을 일으켜 연산군을 폐위시키고 중종을 새로운 왕으로 옹립하였다.

당연히 장순손에게 내려졌던 어명도 연산군의 폐위와 함께 거둬졌다.

나이 어린 기생의 철없는 웃음으로 하마터면 목숨을 잃을 뻔한 장순손은 중종 반정으로 인해 극적으로 기사 회생했다.

임사홍과 갑자사화

"저것은 누구의 글씨요?"

술에 취해 흥청망청하던 연산군이 돌연 눈을 가느다랗게 뜨고 병풍에 씌어진 글을 가리키며 물었다.

그 순간 여흥에 취해 있던 임사홍의 표정이 굳어졌다.

'아뿔싸! 내 진작 저 병풍을 치웠어야 했는데……!'

임사홍이 당황하여 미처 대답을 못 하는 사이 연산군은 천천히 병풍에 쓰인 글씨를 읽어 내려갔다.

요순 임금과 같이 나라를 다스리면 천하는 절로 태평해지는 것을 어찌하여 진시황제는 백성을 괴롭히는가〔祖舜宗堯自太平 泰皇何事苦蒼生〕

나라 안에 일어나는 화는 모르고 공연히 오랑캐만 막으려 만리장성을 쌓았네〔不知禍起蕭墙內 虛築防胡萬里城〕

병풍의 글은 다름 아닌 임사홍의 아들 임희재가 지은 것이었다.

· 임사홍에게는 아들이 네 명 있었는데 이들 중 둘은 임사홍 자신의 입지를 확고히 하기 위한 수단으로 왕실의 공주나 옹주와 혼인을 시켰다.

희재를 제외한 아들 셋은 부전자전이라는 말처럼 아비를 닮아 갖은 악행을 서슴지 않고 저지르는 패륜아들이었다. 특히 넷째 아들 숭재는 어느 대감의 첩을 빼앗아 연산군에게 바치기도 하였다.

그러나 희재만은 자신의 아비와 달리 소신 있는 선비의 길을 가며 연산군의 횡포를 가차없이 비판하곤 해서 일찍이 귀양살이를 한 적도 있었다.

희재는 특히 문장이 탁월하고 글씨 또한 잘 썼는데 지금 연산군이 보고 있는 병풍의 글씨도 희재가 직접 쓴 것이었다.

임사홍은 머릿속이 아득해졌다. 그 동안 자신이 쌓아 온 입지가 한 순간에 무너질 위기에 처한 것이다.

"어허, 어찌 대답이 없는 것이오? 대감이 쓴 것이오?"

연산군은 심기가 뒤틀린 듯 임사홍을 노려보며 언성을 높였다.

"아……, 아니옵니다. 실은 소신의 자식 희재가 쓴 것이옵니다."

"대감의 아들이? 어허, 대감에게 그런 아들이 있었소? 쯧쯧, 글솜씨는 둘째 치더라도 내용이 영 거슬리는구려! 이는 분명 과인을 두고 하는 말이 아니오?"

연산군은 한 손으로 술상을 내리치며 소리쳤다.

"황공하옵니다, 전하!"

"어찌 그런 불경스러운 자식을 그대로 두었단 말이오!"

"송구하옵니다, 전하! 그렇지 않아도 소신 역시 그놈이 탐탁치 않아 조만간 불러다 경을 칠 작정이었사옵니다."

임사홍은 떨리는 목소리로 아뢰었다.

"공의 생각이 그러하다면 더 이상 미룰 일이 아니지. 내 친히 그놈의 목을 베어 주리다. 어서 당장 그놈을 잡아오시오!"

"예, 전하!"

임사홍은 연산군이 자신의 아들을 죽인다는 소리에도 개의치 않고 즉시 희재를 잡아 대령했다.

연산군은 입가에 냉소를 머금으며 임희재를 단칼에 베어 죽였다.

그러나 눈앞에서 자식의 목이 떨어지는 것을 보고서도 이미 출세욕에 눈이 먼 임사홍은 모른 척 고개를 돌릴 뿐이었다.

그후 점점 세도가 높아진 임사홍은 그간 눈엣가시처럼 여겨 왔던 조정의 중신들과 선왕의 후궁들을 제거하고 정권을 장악할 계략을 세웠다.

그날도 연산군은 어김없이 임사홍의 집에서 계집을 끼고 흥청망청술을 마시고 있었다.

"전하! 오늘은 유난히도 모후母后 생각이 간절하옵니다. 아마도 전하께서 모후를 많이 닮아 그러한 모양이옵니다."

임사홍은 연산군의 기색을 살피며 조심스럽게 말문을 열었다.

"그러하오? 과인이 어마마마를 그리 많이 닮았소? 하지만 듣자하니 어마마마는 방자하고 교만한 데다 투기까지 심했다고 하더이다. 그래서 그런 일까지 당한 것이 아니오?"

연산군은 씁쓸하게 말했다.

"아니옵니다, 전하! 어찌 그런 말씀을……. 모후께서는 정숙하고 온화한 분이셨습니다. 일이 그리 된 것은 다 모함을 받아서이옵니다."

임사홍은 눈물까지 흘리며 말했다.

"모함이라니? 과인이 모르는 일이 있단 말이오?"

"아뢰옵기 황공하오나……, 모후께서 사사賜死를 받게 되신 것은……."

"어서 말해 보시오, 어서!"

임사홍이 일부러 망설이는 척하자 연산군은 다급하게 재촉했다.

"실은……, 선왕의 총애를 받던 엄 귀인과 정 귀인 때문이옵니다."

"무엇이라, 엄 귀인과 정 귀인? 그럼 그들이 내 어머니를 모함했단 말이오!"

"황공하옵니다만 그러한 줄 아옵니다. 그리고 그 당시 폐비廢妃를 적극 주청한 자들이 아직도 조정에서 활개를 치고 있으니 이 어찌 황망한 일이 아니겠사옵니까?"

술잔을 쥐고 있던 연산군의 손아귀가 부르르 떨렸다.

"내 어찌 그것들을 살려두겠소! 당장 그것들부터 쳐죽이리다. 대감은 모후의 폐비를 찬성한 놈들의 이름을 한 놈도 빼지 말고 적어 올리시오!"

임사홍의 얼굴에는 회심의 미소가 떠올랐다.

임사홍은 미리 작성해 두었던 살생부를 연산군에게 바쳤고, 조정에는 한 차례 피바람이 불었는데 이것이 바로 갑자사화甲子士禍이다.

연산군은 우선 엄 귀인과 정 귀인을 자신이 직접 잔인하게 때려 죽이고 정 귀인의 소출들마저 귀양을 보낸 후 사사하였다.

또한 폐비를 찬성한 중신들을 모조리 죽이고, 이미 세상을 떠난 자들은 부관 참시하였으며, 그 가족들도 죽이거나 멀리 유배를 보냈다.

연산군과 임사홍의 횡포가 날로 심해지자 마침내 반정의 불길이 치솟아 올랐다.

연산군 12년, 전 이조참판 성희안과 전 경기 관찰사 박원종, 이조판서 유순정 등이 주축이 된 반정 세력은 대궐을 장악하고 성종의 둘째 부인인 정현왕후의 아들 진성대군을 옹립하였으니 이것이 중종반정이다. 이로써 연산군의 12년 폭정은 막을 내리게 되었다. 이후 연산군은 강화도 교동으로 유배당한 뒤 쓸쓸한 최후를 맞이하였다.

또한 자신의 아들과 수많은 인명을 일시에 죽음으로 몰아넣은 임사홍도 결국 비참한 종말을 맞았다.

허물어진 개혁의 꿈

"주초위왕走肖爲王이라?"

"보옵소서, 전하. 이 나뭇잎에 새겨진 글자가 너무도 선명하지 않사옵니까?"

중종은 다시 한번 유심히 나뭇잎을 들여다보았다.

벌레들이 잎을 갉아먹은 자리가 자세히 보면 볼수록 글자 모양을 하고 있었다.

"전하! 주초위왕이라 함은 무슨 뜻이옵니까? '조씨가 왕이 된다'는 말이 아니옵니까?"

경빈 박씨는 중종 앞에 얼굴을 바짝 들이대고 목소리를 낮춰 속삭였다.

"음……!"

중종은 여전히 믿을 수 없다는 표정으로 손바닥에 놓인 나뭇잎을 뚫어지게 쳐다보았다.

"전하! 이 무슨 해괴한 변괴란 말입니까?"

"조씨가 왕이 된다……, 주초위왕이라……."

경빈 박씨는 중종의 눈치를 살피다가 조심스럽게 말했다.

"소첩의 미련한 소견인지는 모르오나 이는 필시 하늘이 내린 계시가 아닌가 하옵니다."

"하면, 조씨라 함은 누구를 말함일꼬……?"

"……."

경빈 박씨는 잠시 말을 끊었다. 이 시점에서 자기가 나선다면 오히려 의심을 살지 모르기 때문이었다.

중종은 깊은 생각에 잠겼다.

'주초위왕이라? 조씨가 왕이 된다?'

나뭇잎에 패인 자국처럼 중종의 이마에도 어두운 골이 패였다.

다음날 중종은 경빈 박씨가 나뭇잎을 주웠다는 비원을 찾았다.

과연 비원의 나뭇잎 여기저기에 희미하나마 눈으로 확연히 식별할 수 있을 만한 글자 모양의 흔적들이 있었다.

중종은 직접 손으로 그 흔적들을 매만지며 글자를 한 자 한 자 읽어 내려갔다.

'주초위왕.'

분명 곤충들이 갉아먹은 자리였다. 인위적으로는 도저히 그렇게 만들 수 없었다.

'조씨가 왕이 된다면 과연 누구를 말하는 것일까?'

중종은 어젯밤부터 뇌리 속에서 떠나지 않는 조씨 성을 가진 신하 한 사람을 애써 외면하며 지우려 하였다. 그러나 그럴수록 그 신하의 이름이 더욱 또렷하게 되살아났다.

조광조. 자신이 가장 신임하고 총애하는 명석한 두뇌를 가진 젊은 인재 조광조의 이름이 뇌리를 스칠 때마다 중종은 그런 생각을 하는 자신이 싫어져서 더욱 괴로웠다.

중종은 비원을 한 바퀴 돌아 느릿느릿 어전으로 돌아왔다.

나뭇가지 사이로 불어오는 바람은 시원했지만 바람에 흔들리는 무수한 나뭇잎들은 모두가 하나같이 조광조의 이름을 소리쳐 부르는 듯 해서 중종의 마음은 한없이 무거웠다.

한편 중종이 비원에서 조광조를 떠올리며 번민하고 있는 동안, 경빈 박씨의 처소에는 심정과 남곤이 들어와 있었다.

"마마, 전하께서는 뭐라 하셨사옵니까?"

"혹 의심하거나 미심쩍어 하시지는 않으셨는지요?"

심정과 남곤이 앞다투어 아뢰었다.

"그러신 것 같지는 않았소이다."

"하오면……."

경빈 박씨의 입가에 보일 듯 말 듯 희미한 미소가 엿보였다.

"아마도 전하께오선 꿈에도 생각지 못하실 것이옵니다. 쥐도 새도 모르게 한 일입니다. 나뭇잎에 새겨 넣은 것도 아니고 벌레들이 갉아먹은 자국이 아닙니까?"

심정은 여전히 불안했다.

"아직 안심하기에는 이릅니다, 마마."

"그렇사옵니다. 조광조 그자를 죽이기 전까지는 한시도 마음을 놓을 수 없는 일이옵니다."

남곤도 한마디 거들고 나섰다.

"그렇게도 불안하십니까? 두고보십시오. 조광조의 목숨은 이제 경각에 달렸습니다."

경빈 박씨가 확신에 찬 목소리로 심정과 남곤의 불안한 마음에 쐐기를 박았다.

중종이 폭군 연산군을 몰아내고 보위에 오른 지 10년.

29세에 문과에 급제하여 벼슬길에 나선 조광조는 대사헌이라는 막중한 책무를 맡아 위로는 임금을 보필하고 아래로는 백성들의 안위를 위해 헌신했다.

조광조는 중국의 요순 임금 시대의 태평성대를 꿈꾸며 그것을 재현해 보려 했던 것이다.

조광조의 정치 성향은 다분히 개혁적이었다. 그는 부당하고 불합리하다고 판단되면 즉시 중종에게 직언하여 고칠 것은 고치고 폐할 것은 폐하도록 했다.

중종은 조광조를 신임하고 아꼈기에 그의 말이라면 될 수 있는 한 받아들이고 수용하려고 했다.

조광조가 고려 말기의 정몽주는 충신이니 공자묘에 종사從祀해야 한다고 아뢰었을 때나, 사육신의 정당함을 아뢰고 그 충절을 높이 기려야 한다고 했을 때나, 선왕 때부터 있었던 소격서昭格署를 미신의 본거지라 하여 폐해야 한다고 주청했을 때에도 중종은 이 모든 것을 조정 원로 대신들의 반대를 무릅쓰고 받아들였다.

조광조는 개혁의 강도를 더욱 강화하여 탐관오리를 가려 파직시키고 부정 부패를 저지르는 관리들을 발본색원하여 낱낱이 그 죄를 중종에게 아뢰었다.

중종은 그런 조광조의 개혁 정치에 든든한 배후 역할을 할 만큼 그를 절대적으로 신임했다.

그러나 조광조는 비록 유림의 탄탄한 기반을 바탕으로 열렬한 지지를 받았지만 조정의 원로 대신들에게는 눈엣가시 같은 존재였다.

그런 조광조가 중종에게 원로 대신들 중 공적이 없는 대신의 훈작을 없애야 한다고 주청하자 대신들의 반발은 극에 달했다.

중종도 그 점에 대해서는 쉽사리 조광조의 청을 받아들일 수 없었다.

원로 대신들은 연산군을 폐위시키고 중종을 옹립한, 이른바 반정 공신들인 데다 이미 십 년 전에 내린 훈작이었기 때문에 이제 와서 그 일을 재론한다는 것은 여간 걸끄럽지가 않았던 것이다.

중종이 원로 대신과 조광조 사이에서 갈등하고 있을 때 조광조를 없앨 기회만을 엿보고 있던 원로 대신들은 조광조를 제거할 흉계를 꾸미고 있었다.

심정과 남곤, 홍경주 등은 경빈 박씨와 희빈 홍씨를 사주하여 궁녀들에게 비원 뜰에 있는 나뭇잎에 과일즙으로 주초위왕이라는 글자를 쓰게 했다.

며칠이 지나자 과일즙이 묻은 자리를 벌레들이 갉아먹어 나뭇잎에 는 주초위왕이라는 글자가 새겨지게 되었고 이것을 경빈 박씨가 중종에게 보였던 것이다.

그런 줄은 꿈에도 모르는 중종은 조광조를 의심하는 자신의 마음과 힘든 싸움을 벌이다 결국 조광조를 유배 보냈다.

조정의 원로 대신들은 여기에 만족하지 않고 날마다 중종을 알현하여 조광조에게 사약을 내릴 것을 간언했고 다른 신하들도 조광조가 젊은 세력들을 규합하여 역모를 꾸미고 있다고 입을 모았다.

그러나 조광조를 아끼던 중종은 쉽게 결단을 내리지 못하고 있었다.

이렇게 조정의 공론이 들끓는 사이 조광조를 살리기 위해 전국의 유생들이 일제히 상경해 도성 앞에 모여 매일같이 상소를 올렸다.

조광조를 지지하는 세력에 위기감을 느낀 중종은 결국 그에게 사약을 내렸다.

중종을 잘 보필하여 중국의 요순 시절과 같은 태평성대를 이루려 했던 조광조의 꿈은 한낱 물거품으로 사라졌다.

이 땅에 진정한 개혁 정치를 이루어 부정과 부패를 척결하고 권력을 등에 업고 부당한 세도를 부리는 자들을 권좌에서 몰아내려 했던 조광조의 야심에 찬 계획도 허망하게 사라져버렸다.

조광조의 죽음과 더불어 그를 따르던 신진 세력들도 모두 죽거나 화를 입었으니 이것이 바로 기묘사화이다.

퇴계의 잠자리

1

퇴계 이황과 마주앉아 차를 나누던 선비는 무슨 말을 할 듯 말 듯 하며 연신 입술을 달싹거리고만 있었다.

퇴계는 그 모습이 적잖이 신경 쓰여 차 맛을 제대로 음미할 수가 없었다.

두 사람은 한참을 멀뚱히 앉아 창호지를 은은하게 비춰 들어오는 햇살만 바라보고 있었다. 그러다 문득 입술만 달싹거리며 머뭇거리던 선비가 속에 있는 말을 털어놓았다.

"허허, 이제 선생도 새로 부인을 들이셔야 하지 않겠습니다. 겨울이 지난 지가 언제인데 아직까지 겨울옷을 입고 계신단 말입니까? 챙겨 드릴 사람이 없어 그런 것 아니겠습니까?"

"글쎄요, 허허. 나 같은 사람에게 누가 오려고 하겠습니까?"

퇴계는 삼십 중반에 아내와 사별한 뒤 몇 해가 흐른 지금까지도 아직 혼자 몸이었다. 때문에 근래에 그를 찾아오는 손님들은 하나같이 퇴계에게 새 장가 들기를 권유했다.

몇십 명의 제자를 거느리고 있어 접객이 빈번한 터라 손님을 접

대할 때나 제사를 치를 때면 퇴계 역시 안주인의 손길이 필요하다는 것을 절감하고 있던 차였다.

그러나 자신이 직접 아내감을 구하기도 민망하여 속으로 걱정만 하고 있던 터에 제자가 다니러 왔다가 불쑥 말을 꺼냈다.

"사모님이 돌아가신 지도 몇 해나 지났으니 이제 스승님도 새로 사모님을 들이셔야 될 텐데 걱정입니다."

"글쎄, 자네가 참한 규수를 중매하면 내 새 장가를 들지."

퇴계는 웃으며 농담처럼 말했다.

"정말이십니까? 스승님. 진정 제가 중매를 하오리까?"

제자는 뜻밖의 대답에 조금 놀라며 되물었다.

"허허 그렇다니까? 말로만 그러지 말고 어디 참한 규수가 있으면 중매를 서게나."

"그렇다면……, 아랫마을에 사는 최 진사 어른을 아시옵니까?"

"최 진사? 알다마다."

"그분에게 나이가 들었긴 하나 시집 안 간 딸이 하나 있다고 합니다."

"그래? 올해 몇이라고 하더냐?"

퇴계는 선뜻 내키는 듯 물었다.

"스물여덟이라고 합니다."

"음, 나이가 꽤 들었군. 그런데 어째서 아직까지 시집을 못 갔다 하더냐?"

"흠이 조금 있다고 합니다."

"흠이 있다고?"

퇴계는 조금 긴장하며 물었다.

"좀 모자라고 주책스런 면이 있다고 하더이다."

제자는 조심스럽게 말했다.

"허허, 그래? 하지만 좀 모자라는 게 잘났다고 건방 떠는 것보다야 훨씬 낫지 않겠는가?"

퇴계는 웃으며 말했다.

"그렇게 생각하신다면 제가 당장 중신을 서겠습니다, 스승님."

퇴계가 별 대답 없이 입가에 미소만 짓고 있자 제자는 그 모습을 승낙의 표시로 받아들였다. 그리고 그 길로 최 진사를 찾아가 의중을 물어 보았다.

최 진사는 그렇지 않아도 딸자식이 나이가 차도록 시집을 못 가는 것이 못내 걱정스럽던 터에 퇴계 같은 고명한 학자가 자신의 딸을 거두어 준다고 하자 두말 없이 흔쾌히 승낙했다.

그렇게 해서 퇴계는 제자의 중신으로 최 진사의 딸을 부인으로 맞아들였다.

서툰 솜씨나마 부지런히 집안을 꾸려 나가던 최씨 부인은 어느 날 남편 퇴계의 두루마기를 손수 지어 내놓았다.

"아니 이것을 부인이 직접 지었단 말이오."

"그렇습니다, 서방님."

퇴계는 혼례를 올리기 전부터 아내가 조금 모자란다는 것을 익히 알고 있었기에 별다른 기대를 하지 않은 데다 새 장가를 들고 처음이자 참으로 오랜만에 새옷을 받고 보니 여간 기쁘지 않았다.

"수고했소. 정말 고맙구려."

퇴계는 부인이 기특한 마음까지 들었다.

"어서 입어 보십시오."

최씨 부인은 부끄러운 듯 얼굴을 붉히며 고개를 한쪽으로 돌렸다.

퇴계는 흐뭇한 미소를 띠우며 개진 두루마기를 펼쳐 들었다.

그 순간 퇴계는 한동안 입을 다물지 못했다. 최씨 부인이 지은 두루마기의 소매가 한쪽은 길고 한쪽은 짧을 뿐 아니라 앞깃도 짧고 또 엉뚱한 자리에 붙어 있어 도저히 입을 수가 없었다. 게다가 풀을 먹인다고 먹인 것이 여기저기 밥풀이 그대로 붙어 있었다.

퇴계는 어이가 없어 껄껄껄 웃음을 터뜨렸다.

"그리도 좋으십니까, 서방님?"

최씨 부인은 퇴계의 속은 알지 못하고 그렇게 말하며 따라 웃었다.

퇴계는 아무 말 않고 그 두루마기를 입으며 또 한번 껄껄 웃음을 터뜨렸다.

2

"스승님들은 아무래도 뭐가 달라도 다르시겠지?"

"글쎄, 그런 것이야 사람 본능인데 우리 같은 사람들과 별반 다를 것이 있겠나?"

"그래도 우리 스승님들 같은 유명하신 도학자들께서는 보통 사람과는 생각하는 것이나 행동하시는 것이 다르지 않나."

퇴계의 제자와 율곡의 제자들이 한자리에 모여 세상 돌아가는 이야기를 하던 끝에 어느새 스승의 잠자리 이야기까지 하게 되었다.

호기심 많은 한 제자가 퇴계와 율곡 선생은 도학자이니 잠자리도 보통 사람들과 다른 점이 있지 않을까 하고 먼저 말을 꺼낸 것이다.

"그럼 우리 이러면 어떻겠나? 직접 확인해 보는 걸세."

"확인을 한다고? 어떻게 말인가?"

"사람 참, 척하면 모르겠나. 밤에 몰래 훔쳐보면 되잖은가."

장난기 심한 한 제자가 이렇게 제안하자 다른 제자들도 모두 박수까지 치며 찬성했다.

그들은 몇 사람씩 정해서 각자의 스승이 부인과 방사하는 날 밤 몰래 안방을 엿본 후 다시 이야기하자고 의견을 모았다.

율곡의 제자들은 며칠 동안 스승의 거동을 살피다가 어느 날 밤, 율곡이 안방으로 들어가자 재빨리 행동을 개시했다.

밤도 제법 깊어 주위에 인기척이라곤 제자들의 숨죽인 발걸음 소리뿐이었다.

제자들은 다시 한번 주변을 살핀 후, 얼른 안방 창가에 매달려 침 묻힌 손가락을 창호지에 살짝 찔러 구멍을 뚫었다.

과연 율곡은 도학자답게 잠자리에서도 품위를 잃지 않고 점잖게 부인을 상대하며 신음 소리 한 번 내지 않았다.

한참 동안 그 광경을 훔쳐보던 제자들은 율곡이 일을 끝내고 자기 자리에 돌아와 눕자 그제서야 자신들의 거처로 되돌아왔다.

"역시 도학자는 다르시구면."

제자들은 하나같이 스승의 행동에 탄복했다.

한편 퇴계의 제자들 역시 기회를 노리다 마침내 어느 밤, 스승의 안방을 엿보게 되었는데, 제자들은 모두 놀라 벌린 입을 다물지 못했다.

평소 그처럼 근엄하고 학자다운 풍모를 잃지 않던 스승이 잠자리에서는 너무나 과감하고 일면 난잡하기까지 했다. 지금 방에 있는 사람이 도학자 퇴계라고는 도저히 생각되지 않았다.

퇴계의 제자들은 더 이상 그 광경을 보기 민망하여 얼굴만 붉힌 채 그곳을 떠났다.

다음날 퇴계와 율곡의 제자들은 다시 한자리에 모여 서로가 본 것을 이야기했다.

"두 분 모두 이 나라를 대표하는 도학자로서 명망이 높으시거늘 어째서 잠자리에서만은 그리도 다르단 말인가?"

한 제자가 이해할 수 없다는 듯이 말했다.

"아무래도 나이는 더 적으시나 우리 율곡 선생님이 진정한 도학자이신 것 같으이. 안 그런가?"

"맞는 말일세. 언제 어디서나 언행이 일치하신 분은 오로지 율곡 선생뿐인 것 같네."

율곡의 제자들은 자신들의 스승을 자랑스러워하며 말했다.

그러나 퇴계의 제자들은 할말이 없었다.

"거 참, 퇴계 선생님께서는 밤과 낮이 어찌 그리도 다르단 말인가?"

"나도 어이가 없네그려."

"아무래도 난 그냥 있을 수가 없네. 선생님께 가서 직접 여쭤 봐야겠네."

퇴계의 제자 중 한 사람이 벌떡 일어나며 말했다.

"자네 제정신인가? 이 일을 어찌 묻는단 말인가?"

"아닐세. 내가 모른다면 모를까 알게 된 이상 도저히 가만히 있을 수 없네. 도학자로서 두 분이 추구하시는 학문은 같은데 밤에는 왜 그리도 행동이 다른지 내 꼭 알아야겠네."

제자들은 의견이 분분했으나 그것도 지식의 한 부분이라는 데 생각을 같이하고 모두 퇴계를 찾아갔다.

"스승님, 말씀드리기 매우 송구스럽습니다만 한 가지 여쭙고 싶은 것이 있사옵니다."

퇴계에게 직접 물어 보겠노라고 먼저 나섰던 제자가 공손히 말했다.

"그래, 무엇을 알고 싶으냐?"

"참으로 불경한 말씀인 줄은 아오나 스승님과 율곡 선생께서는 같은 도학자이신데도 남녀의 성교에 있어서는 두 분의 행동이 어찌 그리 다른지 그 이유를 알고 싶습니다."

"다르다고? 그래 어떻게 다르단 말이냐?"

퇴계는 뜻밖의 질문에 조금 당황하며 자세히 물어 보았다.

제자들은 먼저 용서를 구한 뒤 그간 있었던 일을 전부 고했다.

"아니, 그런 것까지 엿보았단 말이냐? 허허허!"

퇴계 선생은 어이가 없었으나 이내 웃음을 터뜨렸다.

"송구하옵니다. 하지만 두 분의 행동이 다른 이유가 궁금하여 그냥 있을 수 없었습니다."

"그래……, 율곡은 뒤가 적적하기 이를 데 없겠군."

퇴계는 웃음을 멈추고 혼잣말처럼 말했다.

"적적하다니 그것은 무슨 뜻이옵니까?"

"남자와 여자가 교합하는 것은 음양이 서로 통하는 것을 말하느니라. 자네들은 구름도 바람도 없는 맑은 하늘에서 비가 오는 것을 본 적이 있는가? 먹구름이 몰려오고 천둥과 번개 그리고 바람이 불어야 비로소 비가 내리느니라. 자네들은 조용한 하늘에서 비가 내릴 수 있다고 생각하는 겐가?"

제자들은 퇴계의 말에 잠자코 귀를 기울였다.

"내가 부부간의 잠자리에 있어 난잡하다고 할지 모르나 음양이 교합하는 데 어찌 조용할 수 있겠느냐. 오히려 율곡이 그리 점잖게 교합을 한다는 것이야말로 음양 상생의 이치에 맞지 않는 것이니라.

모든 만물은 음양이 합하여 생성되거늘 혹여 율곡에게 후사가 없을까 걱정이 되는구나……."

퇴계는 음양 상생의 이치를 들어 남녀의 성교에 대해 차근차근 설명해 주었다.

그제서야 제자들은 잠시나마 스승을 불경스럽게 여긴 잘못을 뉘우쳤다.

퇴계 선생의 이러한 이론이 옳은지 틀린지는 알 수 없으나 퇴계의 말대로 그에게는 자식이 있었으나 율곡은 평생 자식이 생겨나지 않았다.

임백령의 연적

"아씨는 어디 간 게냐?"

"저…… 그게……."

"오늘도 윤 판서 댁에 간 게냐?"

임백령이 다그치자 여종은 우물쭈물하며 대답을 얼버무렸다. 그런 걸로 보아 옥매는 오늘도 분명 윤 판서가 벌이는 술판에 불려간 게 확실했다.

임백령은 댓돌 위에 아무렇게나 신발을 벗어 던지고 거칠게 방문을 닫고 방으로 들어갔다.

'괘씸한 윤 판서 놈 같으니……!'

임백령의 가슴 저 밑바닥에서부터 참을 수 없는 욕지기가 치밀어올랐다.

비록 옥매가 장락원掌樂院의 기생이라고는 하나 자신과 옥매가 서로 은애하는 사이라는 것은 이제 알 만한 이는 다 아는 사실인데도 번번이 제 집의 술판에 옥매를 불러들이는 이유는 대체 뭐란 말인가?

임백령이 가슴속 분을 삭이지 못하고 끙끙대고 있는데 방문을 열고 여종이 주안상을 마련해 들어왔다.

"나리, 아씨께서 지난번처럼 그리 늦지는 않을 것이라 말씀하셨습니다."

"내게 신경 쓰지 말고 가서 네 일이나 보거라."

술병을 소리나게 상에 내려놓으며 임백령은 여종에게 화풀이를 했다.

여종이 나가자 임백령은 생각에 잠겼다.

'어찌하면 윤 판서가 옥매를 제집 종 부리듯 멋대로 오라 가라 하지 못할까?'

그러나 아무리 임백령이 궁리에 궁리를 거듭해도 별 뾰족한 수가 떠오르지 않았다.

윤 판서는 지금은 승하하셨지만 장경왕후章敬王后 윤씨의 남동생으로 장차 이 나라 보위를 이어갈 세자마마의 외삼촌인 윤임이었다. 더군다나 윤임의 권세는 현재 최고의 세력가인 김안로와도 그 끈이 닿아 있어 감히 어느 누구도 건드릴 엄두를 못 내었다.

그런 윤 판서에 비한다면 이제 겨우 말단 관리에 불과한 임백령은 윤 판서가 부리는 세도 앞에서는 바람 앞의 등불과도 같이 언제 꺼질지 모르는 미미한 존재에 불과했다.

임백령은 자신의 신세를 한탄하며 내리 술잔을 비웠다. 그러다 문밖에서 기척이 들리면 옥매가 돌아왔나 싶어 얼른 방문을 열어 보기도 했다.

그러나 매번 마당을 쓸고 가는 밤바람에 뜰에 선 물푸레나무 가지들이 서로를 애무하듯 가볍게 부딪치는 소리였다.

임백령은 처음 옥매를 만났던 밤을 자연스레 떠올렸다.

임백령은 자신의 장원 급제를 축하해 주는 술자리에서 처음 옥매를 보았다. 그 순간 전신을 휩쓸고 지나간 짜릿한 전율은 평생 두 번 다시 경험하기 어려울 만큼 강렬하여 아직도 뇌리에 생생하게 남아 있었다.

옥매 역시 임백령의 수려한 용모와 글을 읽는 선비다운 학식과 성품에 반하여 둘은 동석한 다른 이들은 안중에도 없이 서로 다정한 속삭임을 주고받았다.

이윽고 자리가 파하여 사람들이 모두 돌아간 후 둘은 자연스레 옥매의 처소로 함께 들었다.

그리고 나란히 한 베개를 베고 누워 평생 부부의 연으로 살아갈 것을 맹세했었다.

임백령으로서는 옥매가 장락원의 기생인 것도 문제되지 않을 만큼 깊은 사랑에 빠진 것이었다.

그날부터 임백령은 아예 옥매의 집에서 숙식을 하며 지냈다. 옥매도 이런저런 핑계를 대며 되도록 바깥 출입을 삼갔다.

그런데 윤 판서는 자신의 집에서 술판이 벌어지는 날이면 어떤 억지를 갖다 붙여서라도 기어이 옥매를 불렀고 옥매도 장락원의 기생인 이상 그의 명을 거역하기는 어려웠다.

임백령은 벌써 술을 두 병이나 비우고 있었다.

'권력만 있으면 나는 새도 떨어뜨리는 더러운 세상!'

임백령은 또 한 번 가슴 저 밑바닥에서 끓어오르는 욕지기를 간신히 도로 삼켰다. 그러고는 맥없이 앉아 금방 비운 잔에 술을 따르고 있는데 방문을 열고 옥매가 들어왔다. 얼마나 시달렸던지 한눈에 보기에도 지친 기색이 역력했다.

"이렇게 늦게 오는 걸 보니 꽤 재미가 좋았나 보구먼!"

마음과는 다른 말이 불쑥 임백령의 입에서 튀어나왔다.

옥매는 자리에 앉더니 대답 대신 임백령의 손에서 술병을 뺏어

잔에 술을 따랐다.

"약주가 과하신 것 같습니다."

"무슨 상관이오? 나는 새도 떨어뜨린다는 세도가들에 비하면 나 같은 말단 관직에 있는 놈은 길가의 버러지보다 못한걸."

그러면서 임백령은 술을 냅다 들이켰다.

옥매가 잠자코 앉아 있자 임백령이 소리치듯 말했다.

"왜 아무 말이 없는 게냐? 명문 세도가들과 어울리다 보니 이제 나 같은 건 안중에도 없더란 말이냐?"

그러나 임백령은 그런 말을 한 것을 후회했다.

옥매가 울고 있었던 것이다. 소리 없이 옷고름으로 눈물을 닦아 내지도 못하고서 그저 머루같이 굵은 눈물 방울을 고운 치마폭으로 받고 있었다.

"아니, 옥매……."

임백령은 애간장이 끊어지는 듯해서 더는 말을 잇지 못하고 가만히 있었다.

옥매는 살포시 임백령의 품속으로 안겨들었다. 그러고는 임백령의 가슴에 머리를 기대었다.

"서방님, 잊으셨습니까? 서방님과 제가 처음 만나 운우의 정을 나누던 밤, 서방님과 제가 평생토록 부부의 연을 맺기로 한 맹세를 이젠 잊으셨다는 말씀이십니까?"

"……."

"서방님께서는 소녀가 윤 판서 댁에 좋아서 간다고 생각하십니까? 정녕 그리 생각하십니까?"

속으로 울음소리를 삼키던 옥매는 가느다랗게 흐느끼기 시작했다.

"잘못했소! 정말 미안하구려. 못난 나를 용서해 주시오!"

임백령의 눈가에도 안개의 입자처럼 습한 기운이 서렸다.

임백령은 품에 안긴 옥매의 등을 칭얼거리는 아기를 잠재우는 어미처럼 다독여 주었다.

두 사람의 애잔한 흐느낌 소리는 밤이 깊어 가자 조금씩 열에 들뜬 신음 소리로 변해 갔고 뜰에서는 여전히 물푸레나무 가지들이 서로를 가볍게 애무하듯 흔들리고 있었다.

그러나 채 며칠이 지나지 않아 두 사람은 이 밤보다 더 처절한 피눈물을 흘리며 생이별을 하였다. 윤임이 강제로 옥매를 끌고 가 첩으로 삼아버린 것이다.

옥매가 윤임의 첩으로 끌려간 후 임백령은 날마다 술에 취해 살았다. 그는 언젠가는 꼭 윤임에게서 옥매를 다시 데려올 것이라고 맹세했다.

그리고 어떻게 해서든지 윤임에게 복수하여 옥매와 자신의 가슴에 맺힌 한을 풀리라 절치 부심하고 있었다.

임백령이 그렇게 옥매에 대한 그리움과 윤임에 대한 원한으로 괴로워하며 하루하루를 보내던 어느 날, 윤원형이 비밀리에 한 통의 서찰을 보내 왔다. 내용인즉 의논할 일이 있으니 일간 만나자는 것이었다.

임백령은 생각에 잠겼다.

'그가 무엇 때문에 나를 만나자는 것일까.'

윤원형은 지금의 중전이신 문정왕후文定王后 윤씨의 오라버니로서 지금은 윤임 일파와 남곤 일파의 세력에 밀려 기를 펴지 못하고 있지만 일만 잘 풀린다면 승승장구할 인물이었다.

임백령은 이런저런 상념으로 밤늦도록 쉬이 잠을 이루지 못했다.

그러다 임백령은 사랑하는 옥매를 떠올리고는 일단은 어떻게 해서든지 신분 상승을 해야 한다는 결론을 내렸다. 잘만 하면 윤원형이 그 교두보 역할을 해줄지도 모른다는 일말의 기대감마저 가졌다.

다음날 퇴궐을 한 임백령은 밤이 이슥해지자 윤원형의 집으로 향했다.

청지기의 안내를 받아 안채로 들어가니 윤원형이 흡족한 미소를 띠고 앉아 있었다.

"어서 오시게. 기다리고 있었네. 허허허!"

"미관 말직에 있는 소생을 친히 불러 주셔서 몸둘 바를 모르겠습니다."

"아니라네. 내 일찍이 눈여겨본 바가 있어 이리 먼저 청한 것이네."

"……."

임백령이 대답을 못하고 머뭇거리는 것을 보고 윤원형이 밖을 향해 소리쳤다.

"뭣들 하는 게냐? 어서 주안상을 들이지 않고!"

"예, 미리 대령하여 기다리고 있었사옵니다."

문밖에서 여인의 다소곳한 음성이 들리더니 이어 문이 열리고 주안상을 받든 여종을 앞세우고 가녀린 여인이 사뿐히 걸어와 상 옆에 앉으며 말했다.

"난정이라 하옵니다. 변변치 않지만 많이 드십시오."

여인이 인사하자 임백령도 얼결에 따라 고개를 숙였다.

난정은 윤원형이 아끼는 애첩으로 자색이 출중한 데다 계교도 뛰어나 윤원형뿐만 아니라 중전인 문정왕후에게도 총애를 받는 여인이었다.

임백령이 보기에도 난정의 미모는 가히 출중했다.

"나가 있거라! 버릇없이……."

윤원형은 꾸짖듯 말했으나 눈빛은 귀여워 죽겠다고 말하고 있었다.

난정은 다소곳하게 자리에서 일어나 임백령에게 가볍게 목례하고 밖으로 나갔다.

먼저 윤원형이 임백령에게 술을 권하며 말했다.

"자, 받게나. 오늘은 자네가 내 집 손님이니 주인인 내가 먼저 권하겠네."

"예, 그럼."

임백령은 다소 당황한 몸짓으로 윤원형의 술잔을 받은 다음 공손하게 두 손으로 술을 따라 올렸다.

"자, 들게나! 오늘 맘껏 취해 보세그려!"

윤원형은 술잔을 들고 임백령에게 권했다.

그렇게 해서 술잔이 몇 차례 오고간 후 윤원형이 말했다.

"내 얘긴 들었네. 지금 자네 심정이 어떠할지 짐작이 가네."

"송구하옵니다, 대감."

"아닐세. 윤임이 제 세도를 내세워 사람으로서 못할 짓을 한 것이 어디 한두 번인가? 이는 이 나라 온 백성들이 다 알고 있는 일이야."

술잔을 다시 입술로 가져가는 윤원형의 얼굴에는 분노의 기색이 뚜렷했다.

"내가 자네를 긴히 만나자고 한 건 바로 윤임 같은 자를 그대로 두고 볼 수만은 없어서라네."

"하오면……."

임백령의 입술이 잠깐 떨렸다.

"윤임뿐만 아니라 같은 일파인 김안로를 비롯하여 경빈 박씨를 등에 업고 세도가 행세를 하고 있는 남곤과 심정 일파도 모두 차례로 쓸어버려야지."

그제야 지난 며칠간 임백령의 머릿속을 혼란스럽게 했던 상념들이 깔끔하게 정돈되는 느낌이었다.

'윤원형 대감의 야심 또한 만만치가 않구나. 지금 조정에서 윤원형 대감의 존재는 미약할 따름이지만, 경빈 박씨를 등에 업고 날뛰는 남곤, 심정 일파와 세자마마를 든든한 방패막이로 내세운 윤임, 김안로 일파의 세력 다툼은 어느 한 쪽이 이기든 지든 머지않아 결판이 날 것이고……, 그 다음 화살은 당연히 중전의 오라버니인 윤원형 대감에게로 쏠릴 것이다. 그렇다면 그때 윤원형 대감은 자신과 힘을 합쳐 저들에게 대항할 세력이 있어야 할 것이다. 윤원형 대감이 비밀리에 나를 불러 이런 말을 하는 이유는 바로 자신의 세력을 규합하기 위한……'

임백령은 윤원형 대감의 철저한 대비책에 놀라움과 함께 두려움마저 들었다. 결코 만만하게 볼 인물이 아니었던 것이다.

"왜 말이 없는 겐가? 내 말이 너무 심했는가? 허허허!"

"아닙니다, 대감! 소생이 대감을 도와 그와 같은 큰일을 할 수 있을지……."

윤원형이 다시 술을 권하며 말했다.

"그 말은 내가 사람을 잘못 보았다는 뜻인가?"

임백령은 술잔을 단숨에 들이켜고 대답했다.

"대감께서 미천한 소생을 그리 잘 보아 주셨으니 그 은혜에 보답하기 위해서라도 사력을 다하겠습니다."

윤원형이 임백령의 손을 덥석 잡으며 말했다.

"고마우이! 고마워!"

"대감! 소생 그저 대감만을 믿고 따르겠으니 부디 잘 이끌어 주십시오!"

두 사람의 밀담이 이 같은 결론에 이르자 처음부터 그때까지 방문 앞에 서서 조용히 듣고 있던 그림자 하나가 안심한 듯 소리 없이 방문 앞을 떠났다. 댓돌에 내려 신발을 꿰차고 마당을 가로질러 가는 그림자는 미풍에 치맛자락이 가볍게 땅에 끌리고 있었다.

"중전마마 문안 드리옵니다."

"어서 오시게나. 참으로 오랜만에 보는구먼."

난정은 큰절을 올리고 난 후 다소곳하게 앉았다.

"마마, 그간 별고 없으셨는지요."

"그렇게 궁금한 사람이 이제야 오시는가?"

중전인 문정왕후는 다소 화난 기색으로 말을 받았다.

"용서하옵소서, 마마. 죽을죄를 지었나이다."

"이 사람아 죽을죄라니, 그 무슨 당치 않은 소린가? 자네 앞에선 내 무슨 말을 못하겠네그려. 호호……."

중전인 문정왕후는 오라버니 되는 윤원형의 애첩인 난정을 이처럼 허물없이 농담을 주고받을 만큼 아끼고 예뻐했다.

천성적으로 타고난 미색에다 총명하고 밉지 않을 만큼의 애교까지 적당히 부릴 줄 아는 난정은 여러 사람들과 함께한 자리에서 언제나 분위기를 주도하여 화기애애하게 만들었다.

"그래, 오라버니는 잘 계신가?"

"예, 마마! 평안하시옵니다."

"암, 그럴 테지. 자네가 오라버니 곁에 있는데 내가 괜한 걱정을 했네."

"당치 않사옵니다, 마마."

난정은 머리를 조아렸다.

윤원형이 임백령과 밀담을 성사시킨 다음에도 윤원형의 집에는 야음을 틈타 행보를 옮기는 이들이 적지 않았다.

그들은 하나같이 윤원형의 말에 통탄도 하고 공감도 표하면서 술자리가 파할 무렵이면 어김없이 윤원형이 내미는 손을 굳게 잡았다.

그렇게 윤원형이 자신의 세력을 조금씩 규합해 가는 동안 난정은 주안상만을 준비하지는 않았다.

난정도 그에 못지않은 역할을 하고 있었다.

윤원형은 사람들의 이목 때문에 자신이 직접 중궁전을 찾지 못하는 대신에 난정을 보내 연락을 주고받고 있었던 것이다.

난정은 좀 전보다 표정을 더욱 밝게 하여 중전에게 아뢰었다.

"마마! 실은 마마께 드릴 말씀이 있어서 이리 찾아뵈었나이다."

"무슨 말인지 주저 말고 하게나."

"저, 그게 대감께서 긴히 마마께만 이 말씀을 드리라고 해서……."

난정은 말끝을 흐리며 난처한 표정을 지었다.

난정의 언행에서 뭔가를 눈치 챈 문정왕후는 안에 있는 궁녀들을 밖으로 내보냈다.

"무슨 말인가?"

난정은 다시 한번 주위를 살핀 후 문정왕후 앞으로 바짝 달라붙어 뭔가를 나직하게 속삭였다.

잠시 후 문정왕후의 얼굴에는 가벼운 경련이 일었다.

"우리가 살아남으려면 그 수밖에 없지."

문정왕후는 난정을 향해 엄중하게 말했다.

"이 일이 자칫 잘못되는 날에는 수십, 아니 수백의 명줄이 한날 한시에 끊어질지 모르니 한 치의 실수도 있어서는 안 될 것이야!"

문정왕후의 말에 난정은 간교한 미소를 띄우며 고개를 조아렸다.

난정이 중궁전을 다녀간 그 며칠 뒤에 세자의 생일이 있었다.

윤원형과 난정은 우선 세자의 생일을 이용하여 경빈 박씨와 그를 따르는 심정, 남곤 일파를 제거하려는 계획을 세웠다.

난정은 우선 궁녀를 매수하여 불에 그을린 쥐를 세자궁 뒤뜰 나뭇가지에 걸어 놓으라고 시켰다.

다음날 대궐은 발칵 뒤집혔고 이는 세자의 생일을 앞두고 세자를 죽이려는 음모라는 공론이 들끓었다.

또한 그러한 음모의 배후로 경빈 박씨를 지목했다.

당시 경빈 박씨에게는 장성한 아들 복성군福成君이 있었는데 만약 세자가 죽으면 뒤를 이어 보위를 이을 사람은 복성군밖에 없기 때문이었다.

결국 경빈 박씨와 복성군은 사약을 받았고 경빈 박씨를 비호하던 심정, 남곤 일파도 모두 죽임을 당했다.

그러나 윤임 일파는 중종 대왕이 승하한 후 인종仁宗이 등극하자 임금을 등에 업고 제 세상인 양 더욱 날뛰었다.

잠시 고삐를 늦추고 숨을 죽이고 있던 윤원형, 정순붕, 임백령 등은 인종이 보위에 오른 지 여덟 달 만에 인종을 독살하고 문정왕후 윤씨의 아들인 경원대군을 새로운 왕으로 추대하니 이가 곧 명종明宗이다.

그러나 명종은 나이가 열 살밖에 되지 않아 문정왕후 윤씨가 수렴 청정을 하게 되었다. 그녀는 곧바로 윤임, 김안로 일파를 역적으로 몰아 모조리 죽였다.

철인 이토정

"아니, 자네 꼴이 그게 뭔가?"

장인이 밤늦게 들어온 토정을 보고 내뱉은 첫마디였다.

토정의 모습은 그야말로 가관이었다.

분명 아침에는 새 옷을 입고 나갔는데 밤늦게 돌아온 토정은 거지 중에서도 상거지 모양이었다.

"죄송합니다, 장인 어른. 볼일을 보고 집으로 돌아오다가 이 추운 엄동설한에 찢어진 홑옷만을 입은 채 떨고 있는 사람들을 보았습니다. 차마 그냥 지나칠 수 없어 제 옷과 바꿔 입고 왔습니다."

"허허, 자네가 인정이 많다고는 들었지만 그 정도인 줄은 내 미처 몰랐네. 옷이야 또 지어 입으면 그만이니 너무 미안해할 것 없네. 허허허!"

처가 식구들은 인정 많은 토정을 칭찬해 주었다.

헐벗은 채 떨고 있는 사람들과 멀쩡한 자신의 새 옷을 바꿔 입은 토정은 오늘날까지도 사람들 사이에 유명한 『토정비결』을 지은 이지함이다.

명문가의 후손으로 태어난 토정은 학식이 뛰어남은 물론 모든 방면에 고루 탁월하였으나 일생 동안 보통 사람들의 상상을 초월하는 기행을 일삼은 것으로 더욱 유명하다.

또한 토정은 장사에도 재주가 있어 무인도를 개간하여 농사를 짓고 거기에서 수확한 곡식을 내다 팔아 많은 돈을 벌기도 했다.

하지만 그렇게 해서 번 돈을 매번 어려운 이들에게 다 나누어주고 집에는 한 푼도 가져가지 않아 토정의 집안은 항시 가난을 면치 못했다.

토정은 형식에 얽매이는 것을 싫어하여 제아무리 지위가 높은 고관대작의 집이라도 옷차림이나 시간에 구애받지 않고 제집처럼 드나들며 하고 싶은 말과 하고 싶은 행동을 다하였다.

하루는 토정이 이율곡의 집에 다니러 갔는데 마침 율곡의 집에는 당대의 내로라 하는 학자들과 관료들이 여럿 모여 있었다.

그때 이율곡은 나라에서 자신의 의견을 수렴해 주지 않자 병을 핑계로 공직을 사임하려 하고 있었다.

"더 이상 내가 조정에 머물러 있을 이유가 없지 않습니까?"

이율곡이 근엄하게 한마디했다.

"대감, 그래도 대감께서 계셔야……."

"아닙니다. 이 기회에 대감의 위상을 세우셔야 합니다. 그들이 그렇게 대감을 무시하는데 대감께서 뭐가 부족하여 그런 자리에 더 계신단 말입니까?"

사람들은 이율곡이 조정에 머물러야 하는지 물러나야 하는지에 대해 의견이 분분하였다.

그들은 한참을 더 입씨름을 하다가 결국 이율곡의 의견을 따르기로 결론을 지었다.

토정은 그들의 토론을 가만히 듣고 있다가 코방귀를 뀌었다.

"거 참, 옛날 성인이라는 분들도 형식에만 매달리더니 결국 몹쓸 것만 물려주었구먼."

방안에 있던 사람들은 토정의 말뜻을 이해하지 못해 서로 얼굴만 바라보았다.

"이공, 그건 또 무슨 말씀이시오?"

이율곡이 미소를 지으며 물었다.

"옛날 공자가 병을 핑계로 유비儒非를 만나 주지 않았고, 맹자 역시 병을 핑계로 제濟 선왕宣王을 만나 주지 않았소. 병을 핑계로 할 일을 아니하는 것은 천한 종들이나 하는 짓이거늘 공자와 맹자가 그리했다고 우리까지 그리해도 되는 것으로 아니, 이것이야말로 병폐를 물려준 것이 아니고 무엇이겠소!"

토정이 큰소리로 그렇게 대답하자 자리에 있던 사람들은 무안하여 더 이상 한마디도 대꾸하지 못했다.

토정은 이렇듯 지위 고하를 막론하고 누구 앞에서든 자신이 하고 싶은 말은 다 하였다.

이런 그를 두고 이율곡은 이렇게 평하였다.

"토정은 학식이 뛰어나나 등용할 만한 인재는 못 된다. 굳이 비교하자면 기이한 꽃이나 풀 같아서 두고 보기에는 좋으나 쌀과 콩 같이 중히 사용할 만하지는 않다."

이러한 율곡의 평은 토정의 귀에도 들어갔다.

"내가 쌀이나 콩이 못 된다면 도토리나 밤 정도는 될 터인즉, 전혀 쓸모 없지는 않을 것이리."

토정은 그렇게 말하며 이율곡의 평에 그다지 신경 쓰지 않고 대수롭지 않게 여겼다.

항시 초라한 행색으로 팔도강산을 돌며 빈민들을 구제하는 데 심혈을 기울이던 토정이 우연히 포천抱川 현감縣監 자리에 앉게 되었다.

토정은 처음 부임하는 날에도 여느 날과 마찬가지로 해진 도포에 짚신을 신고 등청했는데 새로 부임해 온 현감을 위해 관가의 아전들이 상을 차려 올렸다.

상에는 온갖 산해진미가 놓여 있었는데 그것을 본 토정은 이맛살을 찌푸렸다.

"나리, 이곳까지 오시느라 얼마나 고되셨습니까? 소인들이 정성껏 마련한 상이오니 어서 드시지요."

이방이 굽실거리며 말했다.

"……."

"나리, 뭐가 마음에 안 드시옵니까?"

토정이 아무런 반응을 보이지 않자 이방이 불안한 듯 물었다.

"지금 당장 이 상을 물리도록 하라."

이방은 놀라 그 즉시 상을 물리게 하고 더 좋은 음식을 차려 오게 했다. 그런데 토정은 이번에도 상을 물리라 했다.

토정이 상을 두 번이나 물리자 이방을 비롯한 아전들은 어찌할 줄을 모르고 굽실거리며 사죄하였다.

"나리, 소인들이 부족하여 더 이상 좋은 상을 차려 올리지 못하니 죽여 주옵소서!"

이방의 말에 토정은 빙그레 웃었다.

"이보시게. 이 고을에 잡곡밥과 나물국 같은 것은 없는가? 난 지금까지 기름진 음식을 먹어 보지 못해 그 음식들을 먹을 수가 없네. 난 잡곡밥에 나물국이면 족하네."

토정은 이렇게 현감이라는 지위를 내세우지 아니하고 백성들과 똑같이 먹고 똑같이 생활했다.

어느덧 토정이 임기를 마치고 전임을 가게 되었을 때는 마을 사람 모두 길을 막고 서서 유임할 것을 간청하며 울었다고 한다.

토정이 기이한 행동을 많이 한다고 하여 당시의 관료들에게는 좋지 않게 보였을지 모르지만 한평생 백성들과 함께 아파하고 괴로워하며 희노애락을 같이한 그의 삶은 훌륭한 귀감이 되고도 남는다.

백사의 기문, 율곡의 현답

최씨 부인은 노기 띤 얼굴로 아들 이항복을 엄하게 꾸짖었다.

"도대체 너는 언제까지 이렇게 철없는 아이처럼 살아갈 것이냐? 자고로 사내로 태어났으면 학문을 열심히 닦아 장차 나라를 위해 큰 동량이 될 포부를 가슴속에 품어야 하거늘 아직도 학문은커녕 장난 질이나 일삼으려고 하느냐!"

최씨 부인은 그 동안 벼르고 벼르다 더는 참지 못하고 항복을 크게 호통쳤다.

"이항복이라면 공부는 뒷전이고 허구한 날 기방이나 출입하는 천하에 난봉꾼이라는 소문이 장안에 파다하다. 네가 정녕 우리 가문을 욕되게 하려는 게냐? 네 행실이 이러하니 죽어서 조상님의 얼굴을 뵐 면목이 없느니라."

그 같은 꾸지람을 듣고 방을 물러 나온 이항복은 그날부터 며칠 동안 두문불출하며 지난 자신의 행동을 돌아보고 어머니의 질책을 되새기며 깊이 깨닫는 바가 있었다.

이항복은 다시 어머니 앞에 꿇어 앉아 진심으로 자신의 잘못을 뉘우쳤다.

"어머니, 용서하십시오! 소자 그 동안 어머니께 불충한 모습만

보여 드렸습니다. 그러나 이제부터라도 굳은 각오로 학문에만 힘쓰
도록 하겠습니다."

항복이 눈물까지 흘리며 말하자 최씨 부인은 노한 마음이 조금
누그러졌다.

이항복은 어머니에게 머리를 한 번 숙인 뒤 다시 말을 이었다.

"며칠 동안 곰곰이 생각해 보았는데 소자는 이제부터 학식과 덕
행이 두루 뛰어난 스승을 찾아 그 밑에서 수학하는 것이 좋을 듯하
옵니다. 하오나 지금 저로선 안목이 깊고 넓지 못하여 훌륭한 스승
님을 찾지 못하겠사옵니다. 어머니께서 아시는 분을 알려 주시면 당
장 그분을 찾아가 제자로 받아 주기를 청하겠습니다."

최씨 부인은 항복의 각오가 굳은 것을 보고 미소를 띠우며 말했다.

"네가 진정으로 그리 생각한다면 용서하겠다. 사람이 성현이 아
닌 바에야 어찌 과오가 없을 수 있겠느냐. 다만 그것을 깨닫고 같은
과오를 범하지 않으면 되느니라. 이제부터 남에게 부끄러운 짓은 삼
가고 열심히 학문에 정진하여 나라에 보탬이 되는 사람이 되어야 하
느니라."

최씨 부인은 아들의 손을 잡고 부드럽게 다독이며 말했다.

"그리고 스승을 찾으려는 네 생각이 기특하구나. 허나 늘 규중에
만 있는 내가 바깥일을 제대로 알겠느냐. 다만 네 아버지와 여러 어
른들이 말씀하시는 것을 잠깐 들으니 율곡 이이라는 분이 성품이 어
질고 학문도 깊다고 하더구나. 퇴계 선생이 세상을 떠난 지금 그분
을 따를 사람이 없다고 들었다. 많은 젊은이들이 그분 밑에서 학문
을 닦는다고 하니 너도 찾아가 배움을 청해 보려무나."

"알겠습니다, 어머니."

다음날 이항복은 의관을 갖추고 이율곡의 집으로 향했다. 가는

길에 그는 율곡이 대학자인지 확인해 보려고 사람들에게 물어 보니 그야말로 율곡에 대한 칭송이 대단했다.

그러나 이항복은 의구심이 가라앉지 않았다.

"아무리 명성이 높아도 사람들 말만으로는 알 수 없어. 겉으로는 공자 맹자를 줄줄 읊어도 실상은 아무것도 모르는 이가 허다하지 않은가. 게다가 글깨나 읽었다는 학자들도 벼슬길에 오르면 세도가의 집앞에서 머리를 굽실거리느라 여념이 없는 법인데……. 율곡 선생이 그 명성에 합당한 인물인지 확인해 보아야 할 텐데 무슨 방법이 없을까……."

잠시 생각에 잠기던 이항복은 이내 입가에 기묘한 미소를 띄웠다. 그는 장난기 어린 웃음을 한 번 터뜨리고는 빠른 걸음으로 율곡의 집으로 갔다.

율곡의 집에는 벌써 문하생들이 그득하게 모여 있었다.

이항복이 들어서자 그들의 시선이 일제히 그에게 집중되었다.

이항복은 보란 듯이 율곡이 있는 방으로 들어가 큰절을 올린 뒤 무릎을 꿇고 말했다.

"소생 이항복이라 하옵니다. 비록 지난날 학문을 도외시하고 못된 일만을 일삼다가 비로소 잘못을 뉘우치고 이제라도 고명하신 선생님의 밑에서 학문에 전념하고자 하옵니다. 부디 저를 너그럽게 받아 주신다면 소생 열심히 학문에 정진하여 그 은혜에 보답하겠습니다."

율곡은 따뜻한 미소를 지으며 이항복을 바라보았다.

"이항복이라 했는가?"

"예."

"자네 이름은 익히 들어 알고 있네. 난봉 부리기로 유명하다 들었네. 허허!"

"송구하옵니다."

한바탕 파안대소를 한 율곡은 이항복을 찬찬히 뜯어 보며 말했다.

"난 그저 자네보다 나이가 많을 뿐, 덕이 깊지 않고 아는 것도 많지 않네. 허나 자네가 묻는 것이 있으면 성심 성의껏 답해 줄 터이니 어려워하지 말고 친숙하게 대하게."

율곡이 한양 사람이라면 모르는 이가 없는 천하의 난봉꾼 이항복을 받아들이자 그 자리에 있던 사람들은 크게 놀라며 한마디씩 하느라 좌중은 곧 소란스럽게 웅성거렸다.

그러자 이항복은 주위를 한 번 둘러보고는 율곡에게 말했다.

"하오면 선생님, 처음 뵙는 자리에서 무례하다 생각하실지 모르겠습니다만, 소생이 여태껏 풀지 못하고 품어 온 의문이 하나 있기에 감히 여쭤 보려고 합니다."

"말해 보게. 내 아는 데까지 대답해 주겠네."

율곡은 한껏 부드러운 어조로 대답했다.

"이제껏 제가 기방을 드나들면서 늘 품어 온 의문이 한 가지 있사옵니다. 사람의 생식기를 일러 남자 아이의 그것은 자지라 하고 여자 아이의 그것은 보지라고 하다가, 어른이 되면 각각의 명칭이 남자는 좆, 여자는 씹으로 변하는 까닭이 무엇이온지 참으로 궁금하옵니다. 소생은 아둔하여 알 수가 없으니 선생님께서 명쾌히 가르쳐 주십시오."

이항복이 대학자 앞에서 이렇듯 당돌하고도 해괴한 질문을 하자 거기 모인 문하생들은 눈이 둥그레지며 아연실색했다.

그러나 율곡 선생은 크게 웃음을 터트렸다.

"하하하! 아니, 자넨 지금까지 그것도 모르고 기방을 드나들었

단 말인가. 잘 듣게. 우선 여자의 보지는 '걸어다녀야 감추어진다'
는 뜻의 보장지步藏之라는 말이 잘못 발음된 것이요, 남자의 자지는
'앉아야 감추어진다'는 뜻의 좌장지坐藏之를 잘못 발음한 것일세. 또
한 좃과 씹은 별다른 뜻이 있는 것이 아니라 다만 '마를 조燥'와 '습
할 습濕'을 뜻하는 것일세. 이제 알겠는가?"

율곡은 태연하게 대답하고는 다시 한번 호탕하게 웃음을 터뜨
렸다.

문하생들은 이항복의 질문에 이어 율곡 선생의 답변에 또 한번
크게 놀랐다.

"고맙습니다, 스승님. 소생 이제야 십 년 넘게 품어 온 의문이 풀
렸습니다."

이항복은 자신의 기이한 질문에 현명하게 답한 율곡에게 탄복하
며 말했다.

"소생 스승님께 한 가지만 더 여쭙겠습니다. 선생님께서는 옛 성
현 군자 가운데 어느 분을 가장 존경하고 본받으려 하시는지요?"

"우리들에게 있어 공자 외에 누가 있겠느냐만, 난 항시 은나라
대신 이윤과 북송의 대신 범중엄의 말씀을 생각하며 지낸다네. 이윤
께서는 '사람은 제각기 자신이 있어야 할 자리가 있으매, 자신의 자
리를 못 찾는 것만큼 어리석은 사람은 없다'고 하셨고, 범중엄께서
는 '관직에 오른 이는 응당 백성을 걱정해야 하고, 그 직함을 놓았을
때는 임금을 근심해야 한다. 또한 선비는 백성들보다 앞서서 걱정해
야 하며, 백성들이 즐거워한 후에 비로소 즐거움을 느껴야 한다'고
하셨네."

이항복의 눈빛이 예사롭지 않게 빛났다.

"입신 양명을 위해 학문을 하는 것은 당연하나 백성을 다스리는

자리에 있는 사람은 나보다는 남을 위하는 마음과 신념이 있어야 한다. 자네가 만일 백성을 다스리고자 한다면 이분들의 말씀을 항시 유념하여 따라야 할 것이다. 민심은 곧 천심이요, 백성이 없는 나라가 무슨 소용이 있겠는가. 이 점 잊지 말도록 하거라."

이항복은 율곡 앞에 엎드려 큰절을 올렸다.

"선생님, 지금 하신 말씀 항시 명심하며 학문에 임하겠습니다. 선생님은 제가 만난 그 어떤 분보다도 훌륭하시고 학문에 조예가 깊으십니다. 선생님의 문하생이 된 것을 무한한 영광으로 알고 성심성의껏 학문에 임하겠사옵니다."

이항복은 흡족한 마음으로 집에 돌아와 어머니께 말씀드렸다.

"어머니, 과연 율곡 선생님은 명현이셨습니다. 학문도 학문이거니와 너그럽고 나라와 백성을 사랑하는 마음 또한 깊은 분이셨습니다."

이항복은 그때부터 일체 기방 출입을 삼가고 율곡의 문하생이 되어 학문을 수련하는 데 정진했다.

그러나 이항복의 타고난 장난기는 벼슬길에 오른 후에도 여전하여 포복절도할 일화들을 생애 곳곳에 남겼다.

정여립의 모반

한 무사가 칼을 들고 노려보고 있었다. 금방이라도 그 칼로 목을 내려칠 것만 같아 사지가 떨려 왔지만 발이 땅에 붙은 것처럼 도망칠 수가 없었다.

자세히 보니 무사는 고려 때 무신의 난을 일으킨 정중부였다.

정중부가 큰칼을 들고 천천히 다가왔다.

"네 목을 내놓아라! 네 목을!"

달아나야 하는데 발이 땅에 붙어 꿈쩍도 할 수 없었다.

"네 이놈!"

정중부의 목소리가 귓전을 메아리쳤다.

"아악!"

식은땀을 흘리며 잠에서 깨어 보니 꿈이었다.

날은 서서히 밝아오고 있었다.

"나리! 감축드립니다. 지금 막 마님께서 옥동자를 낳으셨습니다!"

밖에서 들려 오는 하인의 목소리는 기쁨에 들떠 있었지만 흉한 꿈에서 막 깨어난 정희증은 불길한 징조를 떨칠 수가 없어 멍하니 허공을 노려볼 뿐이었다.

그도 그럴 것이 고려 때 무신인 정중부는 여러 무신들과 함께 반란을 일으켜 문신을 죽이고 임금을 폐한 뒤 독재 정치를 행하다 결국은 경대승에게 피살된 인물이다.

정희승은 지금 태어난 아들이 나중에 커서 정중부처럼 역적을 도모하다가 멸문지화를 당하지나 않을까 하는 예감이 들었던 것이다.

따라서 그는 아들이 태어났는데도 그다지 기뻐하지 않았다.

아니나 다를까 정여립이 커갈수록 불길한 예감은 서서히 현실로 나타났다.

정여립은 마음에 들지 않는 사람은 하인이든 누구든 가리지 않고 주먹질을 일삼았고 자기보다 높은 위치에 있는 사람에게는 꼬리를 흔드는 강아지처럼 굽실거리며 갖은 아부를 다했다.

그러나 학문에는 제법 뛰어나 일찍이 이율곡의 문하에 들어가 공부를 하게 되었는데 율곡이 정여립의 재주를 아껴 선조께 특별히 추천해 주었다.

율곡이 관직에 나아갈 수 있는 길을 열어 주자 정여립은 만나는 사람마다 율곡을 칭송했다. 그러나 율곡이 세상을 떠난 뒤 서인의 세력이 약해지고 동인의 세력이 커지자 정여립은 손바닥 뒤집듯 생각을 바꿔 동인 편에 서고는 스승인 율곡을 배척하기 시작했다.

이를 본 선조도 정여립을 간사한 자라 여기고 멀리하며 사소한 잘못에도 엄하게 꾸짖고 문책했다.

그러나 천성적으로 기질이 강한 정여립은 조금도 위축되지 않았다.

오히려 임금이 꾸짖자 돌아서면서 왕을 한 번 노려보고는 어전을 떠난 뒤 아예 벼슬을 내놓고 조상 대대로 살던 전주로 내려가버렸다.

그곳에서 정여립은 제자백가는 물론이고 병술까지 숙독하고는 후학을 가르치면서 사람들을 모아 강연을 하거나 시회를 열었다.

당시 정여립은 강연에서 획기적인 이론을 설파했다. 즉 한 임금만을 모신다는 주자학의 근본 이념에 반하는 의견을 내세우며 능력이 있는 사람이라면 얼마든지 임금이 될 수 있다고 주창했다.

하늘을 찌를 듯한 기백과 달변으로 그 당시로는 가히 혁명적인 주장을 내세우자 점점 그를 따르는 무리가 늘어났다.

정여립은 이렇게 모인 사람들을 중심으로 대동계라는 조직을 만들어 강연뿐만 아니라 무사를 불러 검술이나, 활 쏘는 것 등을 가르쳤다.

그러던 어느 날 왜구가 호남을 침범했는데 관군이 모자라 전주 부윤이 정여립에게 도움을 청하자 대동계의 무사들을 동원해 주었다.

"대감, 대감 덕에 왜구를 물리칠 수 있었소이다. 이 은혜 평생 잊지 않을 것이외다."

전주 부윤은 정여립에게 거듭 고마움을 표시했다.

"왜구를 물리치는 것은 사사로운 개인의 일이 아니라 나라를 위한 일인데 다같이 도와야 하지 않겠소? 혹여 나중에 제게 급한 일이 생기거든 그때 지체하지 말고 나를 도와주시오."

정여립은 농담처럼 말했다.

"여부가 있겠습니까? 염려 마십시오. 대감께서 부르시면 열 일을 제쳐놓고 달려가야지요. 하하하!"

정여립의 진심을 알 리 없는 전주 부윤은 웃으며 약조했다.

정여립은 그후로도 계속 사람들을 대동계로 끌어들였다. 변숭복, 박연령, 지함두, 승의연, 길삼봉 등 전국의 장사들이나 큰 도적까지 포섭한 정여립은 서서히 민심을 동요시켰다.

정여립은 지함두를 황해도로 보내 괴이한 소문을 퍼뜨렸다.

'세상이 말세인지라 곧 새로운 세상이 펼쳐질 것인데, 그때에 길삼봉이라는 의적이 지리산에서 신병을 거느리고 나올 것이다. 그들이 나오면 이씨는 망하고 정씨가 나라의 주인이 되리라. 호남 지방의 정씨가 백성을 살릴 것이다.'

또한 승의연에게는 중국 사람 행세를 하고 조선 팔도를 다니며 허황된 말로 민심을 부추기게 했다.

'내가 중국에서 동쪽 하늘을 쳐다보는데 조선 쪽에 강한 왕기王氣가 느껴지더라. 그리하여 그 기운을 따라 무작정 와보니 왕기는 다름 아닌 호남 전주 남문에서 나온 것이더라.'

호남 전주 남문은 다름 아닌 정여립이 사는 동네였다.

이어 정여립은 '이씨는 망하고 정씨가 흥한다'는 글을 옥판에 새겨 지리산 동굴에 숨겨 두고는 마치 승의연이 우연히 그것을 발견한 것으로 꾸며 사람들에게 보이니 우매한 백성들은 승의연의 말을 그대로 믿었다.

"혹, 자네도 중국에서 왔다는 점쟁이가 들고 다니는 옥판을 본 적 있나? 거기에 이씨는 망하고 정씨가 흥한다고 쓰여 있다는군."

"쉿! 조용히 하게! 그렇지 않아도 요즘 포졸들이 그 점쟁이를 잡겠다고 난리야! 괜히 말 한마디 잘못 했다가 일 치르지 말고 목소리를 낮추게."

"그래 정말 옥판에 그런 글이 씌어 있단 말인가?"

"뭐 나야 글을 모르니 알 수 없지만 글을 아는 사람이 봤는데 사실이라더군. 이제 곧 이 나라가 망하고 정씨 성을 가진 인물이 새 나라를 열 것인가 보네. 누군지는 모르겠지만 그런 날이 빨리 왔으면 좋겠군."

그런 소문이 전국 각지에 파다하게 퍼지자 백성들 사이에서는 새나라가 한시바삐 열리기를 바라는 사람들도 있었다.

정여립은 민심을 어지럽힌 뒤 국가에 변이 생기면 그때를 틈타 군사를 일으킬 계획을 세우고 있었다. 그러나 기회는 쉽사리 오지 않았다. 정씨에 대한 소문만 무성하지 실상 아무 일도 일어나지 않자 시간이 흐를수록 백성들은 점점 헛소문에 불과하다고 여기기 시작했다.

더 이상 일을 미룰 수 없다고 판단한 정여립은 기축년 겨울 황해도를 거점으로 거병할 계획을 세웠다.

그러나 정여립을 따르는 구월산의 중들이 그 계획을 전해 듣고 수군거리는 것을 한 중이 우연히 듣고는 재령 군수 박충간에게 밀고했다.

박충간은 그 사실을 확인할 길이 없어 주저하고 있는데 마침 정여립의 제자인 조구가 무리들과 함께 술에 취해 횡패를 부리자 그 즉시 그를 잡아들여 문초를 하니 모든 진상을 실토했다.

그날 밤 박충간은 이 사실을 비밀리에 조정에 전했다.

선조는 당장 의금부 도사를 파견하여 정여립을 잡아들이라 명하였으나 이미 이 소식을 전해 들은 정여립은 가족과 측근들을 데리고 벌써 피하고 없었다.

선조는 다시 선전관 이용준과 내관 김양보를 전주로 보내 정여립의 일당을 일망타진할 것을 명했다.

이용중과 김양보는 며칠을 추적한 끝에 정여립이 진안 죽도에 숨어 있다는 것을 알아내고 군사를 이끌고 죽도 주변을 겹겹이 에워쌌다.

"큰일을 펼쳐 보지도 못하고 이렇게 끝나다니……. 내 어차피 죽을 바에야 적 앞에 무릎을 꿇을 수는 없는 노릇, 차라리 스스로 목숨을 끊으리."

정여립은 비장하게 말했다.

"나리, 저희의 명줄도 끊어 주십시오."

부하들도 정여립과 함께 죽기를 맹세했다.

정여립은 칼을 뽑아 들었다.

"기다리시오. 내 곧 그대들을 따라가리다."

정여립은 피눈물을 흘리며 부하들의 목을 내리쳤다.

그러고는 정여립은 아들 옥남을 바라보았다. 밖에서는 관군들의 함성이 파도처럼 밀려들었다.

정여립은 차마 손에 든 칼을 내리치지 못하고 무릎을 꿇고 앉은 아들을 뚫어지게 바라보았다.

"용서하거라. 내생에서는 네가 아비가 되고 내가 너의 자식이 되어 죽을 때까지 너를 받들어 모시리라."

정여립은 눈물을 쏟으며 말했다.

"아버지, 관군에 잡혀 욕을 당하는 것보다 이렇게 아버지의 손에 죽는 편이 훨씬 낫습니다. 망설이지 마시고 저를 치시옵소서."

나이 어린 옥남은 의연하게 말했다.

정여립은 잠시 망설이다 아들을 향해 칼을 내리치고 자신도 아들의 피가 묻은 칼로 가슴을 찔렀다.

그뒤 관군이 들어와 정여립을 비롯한 시체들을 싣고 한양으로 올라왔다. 모반에 관여한 사람들이 모두 잡혀 문초당한 뒤 정여립의 시체는 사지를 찢어 주리를 돌리고 그와 관여한 사람들은 모두 형장에서 죽임을 당하거나 멀리 귀양 보내졌다.

후일의 사가들은 정여립을 일러 조선 역사상 보기드문 역적이라 평하기도 하고 한편에선 정여립이 당시 동인과 서인의 대립에 억울하게 죽은 희생양이라고도 한다.

양씨 부인의 선견지명

"아버님, 이제 노비들이나 전답들은 모두 저에게 맡겨 주십시오."

며느리의 말에 시아버지는 놀라지 않을 수 없었다.

시집 온 지 이제 겨우 3년째이건만 이미 온 집안은 며느리 양씨의 뜻대로 흘러가고 있었다.

며느리의 살림 솜씨가 워낙 뛰어난 데다 집안의 대소사를 처리하는 데도 빈틈이 없어 그 동안 시아버지와 시어머니는 며느리가 하는 일을 예쁘게만 보아 왔다.

헌데 이것이 어인 말인가?

손자를 귀엽다 귀엽다 하면 나중에는 제 할아버지의 상투까지 쥐고 흔든다 하더니…….

시아버지는 지금 그것을 실감하고 있었다.

"아니, 그것이 무슨 말이냐? 네가 이 집에 들어온 지 얼마나 되었다고 가산을 통째로 네게 넘기란 말이냐?"

옆에서 듣고 있던 시어머니가 한마디하고 나섰다.

양씨 부인은 시부모의 핀잔을 각오하고 있던 터라 별다른 내색 없이 다시 시아버지를 졸랐다.

"아버님, 지금까지 제가 허튼 일 하는 것을 보셨는지요? 제가 아버님께 이러한 청을 드리는 데는 다 그만한 까닭이 있사옵니다. 다만 지금은 때가 아닌지라 말씀드리기 어려우나 언젠가 때가 되면 모두 말씀드리겠습니다. 부디 저의 청을 들어주십시오."

양씨 부인은 단호하게 말했다.

"어허……!"

시아버지는 며느리에게 무언가 말못할 깊은 속내가 있음을 짐작했지만 그렇다고 지금 당장 전 재산을 넘겨 달라는 데는 망설이지 않을 수가 없었다.

그러나 며느리가 계속해서 자신을 믿고 그렇게 해달라며 졸라대자 결국 며느리의 청을 들어주기로 마음을 굳혔다. 시아버지는 지금껏 한 번도 도리에 어긋난 행동을 한 적이 없고 항상 자신의 언행에 책임을 지는 며느리를 믿기로 했다.

그가 며느리를 믿는 또 한 가지 이유는 그녀의 부친 때문이었다. 그는 광주 어느 산골에서 세상 사람들과 담을 쌓고 살고 있었지만 선견지명이 탁월했고 세상사 이치를 두루 섭렵한 비범한 인물이었다. 그런 아버지 밑에서 자란 며느리이기에 분명히 평범한 사람들과는 다르리라고 늘 생각하고 있었던 것이다.

시아버지로부터 허락을 받아 낸 양씨 부인은 곧 노비들을 마당으로 모이게 했다.

"자, 이제부터 내가 자네들을 자유롭게 살게 해주겠네."

양씨 부인은 노비들을 둘러보며 미소를 지었다.

"아니, 그게 무슨 말씀이시옵니까?"

노비들이 놀라 되물었다.

"말 그대로라네. 이젠 자유로이 땅을 일구고 스스로 그 땅의 주인이 되어 사는 것일세. 어떤가, 그리하겠는가?"

"아이고, 아씨, 소인들이야 그리만 된다면 더 바랄 것이 없사옵니다."

노비들은 감격하여 엎드려 절을 하며 말했다.

"그럼 그리하도록 하게나. 우선은 당장 살 곳이 필요할 터이니, 내가 좋은 장소를 일러 주겠네. 이 소와 곡식들을 가지고 가서 그곳에 터전을 마련토록 하게나."

양씨 부인이 노비들에게 일러 준 곳은 무주 구천동의 깊은 산속이었다. 비록 인적이 드문 산속이었지만 땅이 기름지고 물이 풍부하여 농사를 짓기에는 안성맞춤이었다.

노비들은 양씨 부인이 준 소와 곡식들을 가지고 무주 구천동으로 향했다. 그들은 자신들의 논밭에 곡식을 심어 거둔다는 기쁨에 들떠 밤낮으로 부지런히 농사를 지었고, 당장 이듬해부터 많은 양의 곡식을 수확할 수 있었다.

양씨 부인은 틈틈이 사람을 보내어 노비들과 소식을 주고받았다.

그녀는 노비들이 수확한 쌀을 보내려 하자 그것을 마다하고 대신 해마다 일정량의 곡식을 창고에 저장해 두도록 했다.

노비들을 자유의 몸으로 면천시킨 양씨 부인은 집안의 큰 재산들을 처분하여 돈으로 바꿔 따로 보관하고 남편 김천일과 함께 직접 논밭을 일구며 시부모를 봉양했다.

남편 김천일도 처음에는 이것저것 불평을 늘어놓았다.

"부인, 그래도 양반 체통이 있지 어찌 그 많은 노비들을 다 내보내고 우리가 직접 이런 허드렛일을 한단 말이오?"

"서방님, 제가 이리 하는 것은 다 훗날을 예비하려는 것이옵니다."

"훗날?"

"예, 지금이야 별 일이 없지만 조만간 나라에 큰 변이 생길 것이옵니다. 그때가 되면 서방님께서는 큰일을 하셔야 합니다. 저의 이런 행동은 그때를 대비하기 위한 것이니 부디 저를 이해해 주세요."

"어허……. 점점 모를 소리만 하시는구려."

김천일은 아내의 말을 이해할 수 없었지만 그녀의 단호한 표정을 보고는 더 이상 불평하지 않았다.

"서방님, 서방님께서는 이제부터 강론회를 자주 여셔서 양반이든 평민이든 많은 사람들을 만나도록 하십시오."

"강론회?"

"예, 되도록이면 이 근방뿐 아니라 주변의 여러 지방을 돌아다니며 열도록 하십시오. 그러면 많은 도움이 될 것이옵니다."

양씨 부인은 다부지게 말했다.

"강론이라면 나야 즐겨하는 것이니 문제될 것은 없지만, 많은 사람들을 모으자면 대접하기도 수월찮을 것인데 그 일은 누가 한단 말이오?"

"그것은 당연히 아녀자가 할 일이니 서방님께서는 걱정하지 마시고 많은 사람들과 교분을 돈독히 다지는 데만 신경 쓰세요."

그날부터 김천일은 이곳 저곳을 돌아다니며 사람들을 모아 강론회를 열었다. 때때로 양씨의 건의로 강론회에 모인 사람들과 산행을 하거나 씨름 대회를 열기도 했다. 그러자 갈수록 강론회에 참석하는 사람들의 수가 늘어 갔다.

양씨는 강론이 끝나면 참석한 사람들에게 술과 음식을 푸짐하게 내놓아 곧잘 잔치가 벌어지곤 했다. 그녀는 힘든 기색 한 번 없이 언제나 웃는 낯으로 사람들을 대접했다.

하루는 강론을 끝낸 김천일에게 양씨가 말했다.

"서방님, 내일은 사람들에게 박을 하나씩 가져오라 하십시오."

"박? 그것은 무엇에 쓰려고 그러시오?"

아내의 별스런 부탁에 김천일이 물었다.

"호군護軍들을 위해 쓸 것입니다."

"호군? 갑자기 호군이라니? 장수들을 위해 박이 필요하단 말이오?"

"예, 곧 요긴하게 쓰일 때가 올 것입니다."

며칠 후 양씨 부인은 김천일이 모아 온 박을 단단한 무쇠 덩어리처럼 보이도록 검은 칠을 했다.

또한 양씨는 창고를 여러 개 지어 놓고 예전에 가산을 처분한 돈으로 창이나 칼들을 수시로 사들여 그곳에 쌓아 놓았다.

이렇게 수년의 세월을 보내고 마침내 임진년(선조, 1592)이 되었을 때 나라에 큰 변이 생겼다. 바다 건너 왜구들이 떼를 지어 침략해 온 것이다.

김천일은 아내의 선견지명에 놀라움을 금치 못했다.

"서방님, 이제 때가 왔습니다. 의병을 모집하여 전란에 휘말린 나라를 구하십시오!"

양씨와 김천일은 일사불란하게 행동을 개시했다.

의병을 모으는 것은 오래 전부터 강론회로 인연을 맺어 놓은 이들이 지방 곳곳에 있었으므로 큰 어려움이 없었다.

또한 집안에 있는 여러 개의 창고에 쌓아 두었던 무기는 의병들에게 지급하였고, 무주 구천동에 있는 노비들에게 저장해 두라고 한 곡식들은 군량미로 충당했다.

아내의 선견지명과 후원에 힘입어 어렵지 않게 의병 오천여 명을 모집한 김천일은 호남지역에서 왜군에 맞서 많은 공을 세웠다.

홍의 장군 곽재우

곽재우郭再祐는 문경에서부터 밤새 호랑이를 쫓아 산속을 달렸으나 불현듯 호랑이가 굴 속으로 들어가버리자 난감했다.

지금까지 쫓아온 것이 아쉬워 굴 속을 이리저리 살펴보았으나 워낙 어두워 아무것도 보이지 않았다. 오히려 잘못하면 호랑이에게 당할까 싶어 더 이상 굴 속 깊이 들어갈 수도 없었다.

"밤새 이곳까지 쫓아왔는데 그냥 가야 한단 말인가?"

곽재우는 아쉬움에 발길이 떨어지지 않았으나 어찌할 도리가 없었다. 우선 시급한 것은 산을 내려가 고단한 몸을 쉴 곳을 찾는 것이었다.

곽재우는 그저 호랑이를 쫓아 정신없이 달려왔기에 이곳이 어디인지도 알 수 없었다.

주위를 두리번거리며 산을 내려가던 곽재우는 산골짝에서 모락모락 피어나는 연기를 발견하곤 무작정 그쪽으로 발길을 옮겼다.

다 쓰러져 가는 초막에서는 아침밥을 짓는지 여전히 매운 연기가 눈을 찔렀다.

곽재우는 사립문 앞에서 큰소리로 주인을 불렀다.

"여보시오, 주인장 계시오?"

잠시 후 부엌에서 하얀 소복을 입은 처자가 나오더니 조심스럽게 밖을 살피며 물었다.

"뉘시오?"

곽재우는 처자에게 산속에서 길을 잃었다며 잠시 쉬어 갈 수 있도록 해달라고 부탁했다.

"밖에 누가 오셨는가?"

처자의 대답을 듣기도 전에 방안에서 몸집이 거대한 사내가 나오며 말했다.

곽재우는 그 사내가 범상치 않은 인물임을 한눈에 알아차렸다. 그는 사내에게 지난밤 일을 설명하고는 잠시 쉬어 가기를 청했다.

"그 호랑이를 문경에서 이곳 울진까지 쫓아오다니 형씨의 재주가 비상하구려."

사내의 말에 곽재우는 잠시 아연했다. 자신도 모르게 어느새 울진까지 왔던 것이다.

"그놈은 원래 중국 산동성의 태산에서 살다가 이곳까지 온 백년 묵은 백호지요."

그 사내는 원래 중국 사람으로 자신의 아비가 유명한 포수였는데 그만 백호에게 목숨을 잃었다. 그래서 선친의 원수를 갚고자 백호를 잡으러 쫓아다니다 백호가 울진에 있는 이 산속의 동굴에 자리를 잡자 그 또한 산골짝에 집을 지어 살고 있었다.

사내는 그 동안 수차례 백호와 겨루었으나 서로의 힘이 비슷하여 어느 한쪽도 승부가 나지 않아 지금까지 허송세월만 보내고 있었다.

사내는 말을 마치자 불현듯 곽재우에게 도와달라고 청했다.

곽재우는 겸손하게 사내의 청을 사양했다.

"허허, 형씨 같은 분도 이기지 못하는 백호를 어찌 제가 상대할 수 있겠습니까?"

"부탁이라는 것은 다름이 아니라 그저 내가 백호와 싸우고 있을 때 형씨께서 바위 뒤에 숨어 있다가 한 번만 큰소리로 호통을 쳐주시면 됩니다."

"호통이라구요?"

"그렇소. 나머지는 다 내가 알아서 처리하리다."

곽재우는 사내의 부탁이 그리 어려운 일이 아니라는 생각에 그렇게 하기로 했다.

두 사람은 아침을 먹고 곧바로 백호가 있는 동굴로 갔다.

곽재우는 바위 뒤에 숨어서 사내가 하는 양을 지켜보았다. 사내는 먼저 굴 속을 향해 무어라 큰소리를 지르며 손에 든 창으로 동굴 안쪽의 바위벽을 두들겨댔다.

잠시 후 굴 속에서 거대한 몸집의 백호가 성큼 뛰쳐나오더니 사정없이 사내를 향해 날카로운 이빨을 드러내며 덤벼들었다.

마침내 사내와 백호의 싸움이 시작되었다. 사내는 연신 창을 휘둘러댔고 백호는 날렵하게 몸을 굴려 자신을 찌르려는 창을 이빨로 물고 흔들어댔다.

곽재우는 바위 뒤에서 호통을 칠 생각조차 까맣게 잊고 백호와 사내가 싸우는 모습을 넋을 놓고 바라보기만 했다.

잠시 후 백호는 지쳤는지 어슬렁어슬렁 굴 속으로 자취를 감추었다.

사내는 가쁜 숨을 몰아쉬고 있었다. 곽재우는 그제야 사내가 부탁한 것이 생각났다.

곽재우는 사내에게 달려갔다.

"미안하오. 내가 그만 싸우는 모습에 정신이 팔려 호통치는 것을 잊었소."

"괜찮소. 오늘은 백호와 싸우는 것을 처음 보았으니 그러하셨을 게요. 그러나 내일은 꼭 호통치는 것을 잊지 마시오."

다음날 다시 사내와 백호의 싸움이 시작되었다. 하지만 이번 역시 곽재우는 입이 떨어지지 않아 호통은커녕 숨도 제대로 쉬지 못하였다.

"어허, 내가 사람을 잘못 보았구려. 그깟 호통 한 번 치는 것이 그리 어렵단 말이오?"

"미, 미안하오. 내 내일은 꼭 호통을 치리다. 이거 참 대장부의 체면이 말이 아니구려."

곽재우는 얼굴을 붉히며 사과했다.

"휴, 아니오. 내가 잠시 화를 참지 못하고 큰소리를 냈구려. 미안 하오. 허나 내일은 꼭 부탁하오."

곽재우와 사내는 서로를 위로하며 다시 집으로 돌아왔다.

다음날 곽재우는 단단히 마음을 먹고 사내와 백호의 싸움을 지켜보았다. 싸움이 어느 정도 진척될 무렵 곽재우는 바위 뒤에서 뛰쳐나와 큰소리로 호통을 쳤다.

"네 이놈!"

그러자 백호는 곽재우에게 고개를 돌렸다. 사내는 이 기회를 놓치지 않고 창으로 힘껏 백호의 뒤통수를 찔렀다.

백호가 괴로움에 몸을 뒤트는 사이 사내가 백호의 목에 한 번 더 일격을 가하자 백호는 그대로 나가떨어졌다.

"이제야 아버지의 원수를 갚게 되었소. 이 모두가 형씨의 덕이오."

사내는 곽재우를 데리고 집으로 돌아와 처자를 옆에 앉히고 말했다.

"형씨의 도움이 아니었다면 내가 어찌 아버지의 원수를 갚을 수 있었겠소? 사실 이 아이의 모친도 백호한테 목숨을 잃었는데 그것이 인연이 되어 나와 함께 지내게 되었소이다. 이 아이가 자신의 원수를 갚아 준 은혜에 보답하는 뜻으로 평생 형씨를 모시고자 하니 거절하지 말고 거두어 주기 바라오. 그럼, 난 이만 갈 길을 가야겠소."

곽재우는 사내에게 이름이라도 알려 달라고 하였으나 그는 다시 보게 될 것이라는 말만 남기고 어디론가 사라져버렸다.

곽재우는 사내가 사라진 곳을 멍하니 바라보다가 처자를 데리고 자신의 집으로 돌아왔다.

그후 몇 년이 지나 임진왜란이 일어났다.

곽재우는 의병을 일으켜 함안에서 적군과 한바탕 싸움을 벌이게 되었다.

그러나 의병으로 나선 사람들은 하나같이 농사를 짓는 농부들이 태반이었다. 그들은 실전 경험은커녕 군사 훈련 한 번 받은 적이 없었기 때문에 왜병들과 싸우기에는 역부족이었다.

곽재우가 이끄는 의병은 서서히 수세에 몰리고 있었다.

전후 사방으로 말을 달리며 왜병과 대적하던 곽재우도 시간이 갈수록 점차 지쳐 갔다.

곽재우가 더 이상 왜병과 대적하기에는 무리일 것이라고 판단하고 후퇴 명령을 내리려 할 때였다.

갑자기 붉은 옷을 입은 장수가 어디선가 말을 타고 나타나더니 왜병들을 향해 칼을 휘둘렀다. 느닷없이 나타난 그 장수의 시퍼런 칼날에 왜병의 목은 가랑잎처럼 하나둘 땅으로 떨어졌다.

그로 인해 왜병은 사기가 땅에 떨어져 결국은 후퇴에 후퇴를 거듭했다.

붉은 옷의 장수는 적들이 후퇴하는 것을 보고는 곽재우에게 다가왔다.

"오랜만이구려."

곽재우는 목소리가 귀에 익어 장수의 얼굴을 자세히 들여다보니 일전에 창으로 백호를 잡았던 바로 그 사내였다.

"아니, 이게 뉘시오? 참으로 오랜만이오."

사내는 빙그레 웃으며 아무 말 없이 자신의 옷을 벗어 곽재우에게 주었다.

"이것을 왜 내게 주시오?"

"이것을 입고 전쟁을 치르면 패하는 일이 없을 것이외다."

사내는 그렇게 말한 다음 곽재우가 뭐라 말하기도 전에 또다시 어디론가 사라져버렸다.

그후 곽재우는 사내가 준 붉은 옷을 입고 전투에 임하였다. 그러자 신기하게도 사내의 말처럼 한 번도 패하지 않고 매번 승리를 했다.

그뒤 사람들은 곽재우를 일러 홍의 장군이라 불렀다. 그는 임진왜란이 끝나자 나라에서 부르는 것도 사양하고 자신의 식솔들을 데리고 울진으로 내려가 그곳에서 남은 일생을 보냈다.

조헌과 영규 대사

임진왜란이 일어나자 전국 각지에서 의병들이 일어났는데 그 가운데는 승병들도 많이 포함돼 있었다. 서산대사에게 가르침을 받은 영규 대사도 외침을 받아 나라가 위기에 처하자 기거하던 공주 청련암靑蓮菴에서 승려들을 이끌고 떨쳐 일어났다.

휘하에 승려 300여 명을 결집한 영규 대사는 문인이자 학자인 의병장 조헌의 부대에 합류하여 전장에 나섰다.

영규 대사와 조헌은 먼저 관군과 힘을 합쳐 왜군에게 함락당한 청주성을 공격하여 탈환하고 곧장 전라도 금산성으로 진격했다.

그러나 청주성 싸움에서 의병들이 입은 피해도 적지 않아 그들이 금산에 도착했을 때는 아군의 수가 700여 명으로 줄어 있었다.

왜군의 숫자에 비해 아군의 수가 너무 열세라고 여긴 영규 대사는 부하 장수들과 함께 대책을 논의했다.

"아무래도 이 정도의 군사로는 왜군을 상대하기가 어려울 것 같소이다. 일단 의병을 더 모은 후 진격하는 것이 좋을 듯한데 장군들의 생각은 어떠하시오?"

영규 대사의 말이 옳다고 생각한 부하 장수들은 일단 의병을 모으는 데 주력하기로 했다.

영규 대사는 조헌을 찾아가 그와 같은 자신들의 뜻을 전하고 의향을 물었다. 그러나 조헌은 펄쩍 뛰며 반대하였다.

"대사! 그 무슨 당치 않은 소리란 말이오! 지금 나라의 운명이 풍전등화이거늘 아군의 수가 적다 하여 어찌 눈앞에 있는 왜군들을 모른 척한다는 것이오! 지금 아군의 수가 왜군에 비해 적기는 하지만 청주성에서의 승리로 사기가 올라 있소이다. 한시가 급한 이때에 어찌 훗날을 도모하려 하시오! 난 혼자라도 싸우겠소이다!"

"장군의 뜻이 정 그러하다면 소승도 그 뜻을 따라야지요."

영규 대사는 조헌의 뜻이 완강하자 하는 수 없이 그 뜻을 따르기로 하고 부하 장수들에게 알렸다.

"대사님, 지금의 이 군사로 왜군들과 싸우는 것은 무모한 짓이옵니다. 어찌 불을 보듯 뻔한 싸움을 하시려 합니까?"

영규 대사의 부하들은 한결같이 조헌의 의견에 반대하였다.

"나도 알고 있네. 허나 처음부터 죽음을 맹세하고 함께 의병을 일으킨 우리들일세. 그런데 이제 와서 뜻이 맞지 않는다고 우리가 따로 행동한다면 그것은 결국 조헌 장군 혼자 싸우다 죽으라는 말이 아니겠는가? 난 그리할 수 없네."

"……."

"비록 아군의 수가 적어 불리하기는 하지만 죽음을 각오하고 싸운다면 무엇이 두렵겠는가? 그리고 그렇게 하는 것이 사람의 도리가 아니겠는가?"

영규 대사가 간곡히 말하자 부하들도 더 이상 반대하지 않았다.

영규 대사와 부하 장수들은 곧 군사들과 힘을 합쳐 진지를 쌓고 막사를 짓기 시작했다.

그러나 그 모습을 본 조헌이 영규 대사를 찾아와 답답하다는 듯이 말했다.

"이보시오, 대사! 눈앞에 있는 왜군들을 한시바삐 무찌를 생각은 않고 지금 무얼 하시는 것이오?"

"왜군과 대적하자면 우선 진지를 쌓고 막사를 지어야 하지 않겠소?"

"답답도 하시구려! 왜군들이 언제 공격해 올지 모르는 마당에 그것들이 다 무슨 소용이오? 속히 군사들을 정비하여 왜군과 싸울 차비를 하도록 하시오!"

조헌은 그렇게 말하고는 자신을 따르는 의병들에게 금산성을 향해 진격하라는 명령을 내렸다.

영규 대사가 미처 말릴 틈도 없이 조헌은 말을 달려 앞으로 내달았고 의병들은 함성을 지르며 그 뒤를 쫓았다.

조헌이 칼을 높이 들고 금산성으로 달려가자 때를 같이하여 성문이 열리며 왜군들이 물밀듯이 쏟아져 나왔다.

영규 대사도 서둘러 진격 명령을 내렸다.

금산성은 순식간에 아수라장으로 변했고 곳곳에서 함성과 비명 소리가 뒤섞여 터져 나왔다.

그러나 왜군에 비해 무기도 조악한 데다 수적으로도 열세한 의병들은 갈수록 뒤로 밀리기 시작했다. 이 틈을 놓치지 않고 왜군들은 공격의 고삐를 더욱 조여왔다.

"물러나지 마라, 결코 등을 보여서는 안 된다! 우리는 최후의 일인까지 여기에 뼈를 묻을 것이다!"

조헌은 큰소리로 외치며 의병들을 독려했지만 그들의 기세는 이미 모진 비바람에 떨어지는 꽃잎과도 같았다.

영규 대사가 이끄는 승병들도 사력을 다해 왜군들과 대적했지만 왜군의 수가 워낙에 많은지라 속수무책으로 당할 수밖에 없었다.

마침내 조헌이 왜군들의 공격에 무참하게 쓰러졌다는 비보를 접한 영규 대사는 울분을 터트렸다.

"조헌 장군이 전사하셨다니 그게 사실인가?"

"원통하게도 왜놈들의 조총에 그만……. 대사님! 일이 이렇게 된 이상 대사님께서도 일단 몸을 피하시는 것이 좋을 듯합니다."

"피하다니! 조헌 장군이 죽은 이 마당에 나보고 어딜 피하라는 것이오?"

영규 대사는 계속해서 몰려드는 왜군들을 바라보며 칼을 꺼내 들었다.

"대사님, 부디 후일을 도모하셔야 합니다. 어서 피하십시오!"

"아니오! 조헌 장군이 죽었다면 더욱더 내가 이 자리를 지켜야만 하오! 대장도 없이 싸우는 병사들을 두고 나 혼자 살겠다고 도망을 간단 말이오?"

영규 대사는 몸소 의병들을 지휘하며 선두에 나섰다.

"조헌 장군의 원수를 갚으러 가자! 왜군들의 목을 베어 장군의 원혼이나마 위로해야 한다!"

그날의 전투는 날이 저물도록 계속되었다.

붉은 노을이 사방을 물들일 무렵 하늘과 땅은 온통 피바다를 이룬 것 같았다.

나라를 구하겠다는 일념으로 일어선 의병들은 왜군들의 공격에 밀려 하나하나 쓰러져 갔고 영규 대사도 장렬한 최후를 맞았다.

조헌과 영규 대사가 이끄는 700여 명의 의병들은 조헌 장군의 맹세와 같이 최후의 일인까지 그 자리에 남아 왜군들의 공격에 맞서 싸웠다.

그로부터 며칠 후 의병들의 비보를 전해 들은 영규 대사의 제자들은 눈물을 흘리며 이들의 시체를 모아 무덤을 만들어 주었다. 이 무덤이 바로 현재까지 남아 있는 금산의 칠백 의사총이다.

운남국 공주를 아내로 맞은 역관

"네가 네 죄를 인정한다니 두말은 않겠다만 그 죄가 적지 않으니, 참형을 면치 못하리라!"

이여송 장군은 아직도 화가 가시지 않은 얼굴이었다.

요동도통遼東都統은 차마 고개를 들지 못하고 눈물만 흘렸다.

비록 전쟁이 끝났으나 군량미를 사사로이 전용했으니, 죽음을 면할 길이 없다는 것을 잘 알고 있었다.

요동도통은 마음을 비우고 죽음을 각오하고 있었다.

그러나 요동도통의 세 아들은 아버지의 죽음을 차마 그냥 두고 볼 수 없어 아버지를 구하고자 한자리에 모였다.

그들은 궁리에 궁리를 거듭해 보았지만 좀처럼 묘책이 떠오르지 않아 멍하니 앉아 있는데 문득 막내가 말했다.

"형님! 일전에 들으니 장군께서 조선에서 온 젊은 역관을 무척 신임하고 있다고 합니다. 그 역관을 찾아가 장군에게 잘 말해달라고 부탁해 보는 것이 어떨까요?"

그리하여 삼 형제는 지푸라기라도 잡는 심정으로 김 역관을 찾아갔다.

조선인 김 역관은 이여송이 임진왜란 때 명의 원군을 이끌고 왔을 때 나라에서 파견한 여러 통역관 중 한 사람이었다.

김 역관은 인물도 훤칠한 데다 통역은 물론 여러 방면에 재주가 뛰어난 젊은이였다.

이런 김 역관이 마음에 들었던 이여송은 그를 자주 부르며 친히 대하더니 명나라에 돌아올 때 데리고 왔다.

김 역관은 요동도통의 아들 삼 형제가 다짜고짜 자신에게 매달리자 난처했다. 그러나 아버지를 살리고자 애쓰는 아들들을 보니 고향에 계신 부모님 생각이 나 측은한 마음이 들었다.

"제가 무슨 힘이 있어 장군이 하시는 일을 막겠습니까마는 언제 기회를 보아 말씀드려 보지요."

김 역관은 그렇게 말하고 아들들을 돌려보냈다.

며칠 후 그는 이여송 장군을 찾아뵌 자리에서 요동도통의 사정 얘기를 하며 그의 죄를 용서해 줄 것을 부탁했다.

이여송은 김 역관이 자신에게 처음 부탁하는 것이라 쉽게 거절하지 못하고 마침내 승낙했다.

요동도통이 무사히 풀려나자 그의 아들 삼 형제는 금은 보화를 챙겨 들고 김 역관을 찾아갔다.

"고맙습니다. 아버지를 살려 주신 은혜 어찌 이것으로 다 갚겠습니까마는 저희의 작은 정성이오니 받아 주십시오."

"아닙니다. 이렇게 된 것은 당신들의 효성이 지극하기 때문입니다. 그러니 그냥 가져가십시오."

"그럴 수는 없습니다. 아버지의 목숨을 살려 주셨는데 어찌 저희가 그냥 있을 수 있단 말입니까? 이것이 싫다 하시면 대인께서 벼슬을 하실 수 있도록 추천해 올릴 수도 있습니다."

삼 형제는 김 역관이 선물을 거절하자 다른 제의를 했다.

"아니 될 말입니다. 전 엄연히 조선인입니다. 곧 본국으로 돌아가야 할 사람이 벼슬이라니, 당치 않습니다."

"저희는 그냥 있을 수 없습니다. 부디 대인께서 원하시는 것을 말씀하십시오. 무엇이든 저희가 들어드리겠습니다."

삼 형제는 김 역관에게 엎드려 말했다.

"허허, 거 참. 정 그러하다면 내 소원이 천하에 제일 가는 미인을 보는 것이니 그 소원을 들어주시겠소?"

김 역관은 별 생각 없이 농담처럼 말했다.

그러나 삼 형제는 그것을 진담으로 받아들이고 고개를 끄덕이며 돌아갔다.

며칠 후, 삼 형제가 다시 김 역관을 찾아왔다.

"오늘 공사가 없으시면 저희가 대인을 모실까 합니다."

"마침, 일을 끝내고 오는 길이니 달리 할 일은 없습니다. 하온데 무슨 일인지……."

김 역관은 의아해서 물었다.

"그거 잘 되었습니다. 그럼 함께 가시지요."

삼 형제는 김 역관이 대답할 겨를도 없이 자리에서 일어섰다. 김 역관은 삼 형제의 손에 이끌리다시피 그들의 집으로 함께 갔다.

삼 형제의 집은 고대광실에 맞먹을 만큼 화려하고 으리으리했다. 그들은 그 집에서 가장 큰 방으로 김 역관을 모셨다.

"잠시만 기다려 주십시오."

삼 형제들이 나간 뒤 화려한 옷차림의 미인들이 주안상을 들고 들어왔다.

김 역관은 어안이 벙벙해졌다.

미인들은 김 역관 곁에 앉아 안마도 해주고 술도 따라 주며 시중을 들었다. 그러나 김 역관은 차마 술잔도 들지 못하고 있다가 자리에서 일어섰다.

'내 이러다 잘못하여 실수하면 큰일이지.'

김 역관은 그만 이곳을 떠나야겠다고 마음을 굳혔다.

김 역관이 방을 나가려는데 삼 형제가 다시 들어왔다.

"아니, 어디를 가십니까?"

삼 형제가 놀라 물었다.

"예, 이만 가볼까 해서······."

김 역관은 더듬거리며 말을 맺지 못했다.

"아니 될 말씀입니다. 천하 제일의 미녀를 보셔야지요. 이제 곧 올 것이니 자리에 앉으시지요."

삼 형제는 김 역관의 팔을 이끌고 자리에 앉혔다.

이윽고 문이 열리더니 조금 전보다 훨씬 더 아름다운 미희들이 들어왔다.

김 역관의 눈이 휘둥그레졌다.

특히 미희들 가운데 서 있는 여인은 정녕 천하 절색이었다.

'저 여인이 진정 사람이란 말인가?'

한 차례 연회가 끝난 뒤 삼 형제는 다른 여인들을 모두 물러가게 하고 그 여인만 남도록 했다.

"이 여인이야말로 천하 절색이지요. 부디 이 여인과 좋은 인연을 맺으십시오."

삼 형제는 공손히 말하고는 자리에서 일어섰다.

"아니, 아닙니다. 전 미인을 한 번 보고자 했지 그런 뜻이······."

김 역관은 당황하여 삼 형제를 잡으며 말했다.

"거절하지 마십시오. 저희가 이 여인을 모시고 오는 데도 적지 않은 비용과 노력이 들었습니다. 이 여인은 운남국의 공주이십니다. 일전에 운남국의 원수를 저희가 갚아 준 적이 있어 이렇게 귀하신 분을 어렵게나마 모시고 올 수 있었습니다."

큰아들이 말했다.

"공주께서도 이곳까지 오시기 쉽지 않았을 것입니다. 만약 선생님께서 이렇게 가신다면 오히려 공주를 욕보이는 것이 되며 저희 또한 운남국에 얼굴을 들 수 없게 됩니다."

삼 형제는 김 역관에게 부디 자신들의 성의를 뿌리치지 말라고 간곡히 청했다.

"앞으로 이런 미인을 보는 것은 물론이요, 얻기는 더욱 힘들 것이옵니다. 부디 오늘의 인연을 소중히 여기시고 받아 주십시오."

김 역관은 살며시 운남국의 공주를 바라보았다. 삼 형제의 말이 아니더라도 지금 이대로 간다면 평생 후회할 것 같았다.

결국 김 역관은 운남국의 공주와 하룻밤을 보냈다.

다음날 아침 식사를 하는 자리에서 삼 형제 중 맏아들이 김 역관에게 말했다.

"이참에 공주와 백년가약을 맺으시는 것이 어떻겠습니까?"

"말씀은 감사하오나 국법이 지엄한지라 남의 공주를 함부로 아내로 맞이할 수는 없습니다. 저로서도 안타까울 뿐입니다."

김 역관은 허심탄회하게 말했지만 속으로는 정녕 안타까웠다.

나중에 조선으로 돌아간다 해도 지난밤 같이 보낸 운남국의 공주를 잊지 못할 것 같았다.

"그도 그렇군요. 그렇다면……, 어차피 선생님께서는 이곳에 자주 드나들 것이니 아예 이곳에 집을 마련해 공주를 지내게 하시고, 이곳에 올 때마다 함께 지내시면 어떻겠습니까? 집은 저희가 마련해 드리겠습니다."

김 역관은 삼 형제의 제의를 흔쾌히 받아들였다.

그후 김 역관은 조선과 명나라를 자주 오가며 명에 머물 때는 운남국의 공주와 함께 지냈다. 그리고 조선에서는 아예 부인을 두지 않았다.

세월이 흘러 김 역관과 운남국 공주 사이에 많은 자식이 생겨나게 되었고 김 역관은 명나라에 귀화하여 행복한 삶을 꾸렸다.

여류 시인 이옥봉의 한

"이 글을 자네 딸이 지었다는 게 사실인가? 참으로 명문일세그려!"

재상 신흠申欽은 탄복하며 다시 한번 시문에 눈길을 던졌다.

오월의 장간산을 사흘에 넘으니〔五月長干三日越〕

노릉의 구름 속에 슬픈 노래는 끊어졌네〔哀歌唱斷魯陵雲〕

이 몸 역시 왕실의 후손이라서〔妾身亦是王孫女〕

산골의 두견새 소리 차마 못 듣겠네〔此地鵑聲不忍聞〕

"부끄럽습니다, 대감."

이봉李逢은 말과는 달리 입가에 미소를 띠우며 대답했다.

"아닐세. 남자도 아닌 여자가 이런 문장을 지었다는 것은 가히 놀라운 일일세."

신흠이 그렇게 칭찬해 주니 이봉은 딸 옥봉이 더욱 자랑스러웠다.

"어려서부터 글을 가르쳤는가?"

"아닙니다. 그저 어깨 너머로 혼자 깨우친 듯합니다."

"저런……, 그런데도 이리 훌륭한 글을 짓다니. 참으로 하늘이 내린 재주로세. 거 참!"

신흠은 옥봉이 지은 글을 두고 입에 침이 마르도록 칭찬을 아끼지 않았다.

지금 신흠이 읽고 있는 글은 몇 해 전 옥봉이 영월을 다녀와서 지은 것으로 숙부인 수양대군에게 왕위를 빼앗긴 후 영월로 유배 온 단종의 애끓는 심사를 표현한 것이었다.

"자네 딸은 올해 나이가 몇이나 되는가?"

"열여덟이옵니다."

"꽃다운 나이로세그려. 이제 혼인을 시켜야겠구먼."

"그렇습니다만……."

이봉이 말끝을 흐리자 신흠이 되물었다.

"무슨 문제라도 있는 겐가?"

"허허……, 제 여식이 워낙……."

"워낙?"

신흠의 물음에 이봉은 겸연쩍은 듯 잠시 말을 잇지 못하다가 얼굴을 붉히며 헛웃음을 지었다.

"허허……, 글쎄요. 그게 문장이나 외모가 저보다 뛰어나야 한다고 고집을 부리니, 원!"

"허허허! 이 정도 문장을 짓는 재주라면 그럴 만도 할 테지……. 허허!"

웃음 끝에 이봉이 신흠에게 말했다.

"대감께서 좀 신경을 써주십시오."

"이 사람아! 내가 무슨 중신아비라도 되는가?"

그렇게 신흠과 이봉의 술자리는 밤늦도록 옥봉의 혼사 문제까지 거론하며 쉬이 끝날 줄을 몰랐다.

그로부터 4년의 세월이 흘렀다.

그 동안 이봉은 딸의 혼처를 백방으로 수소문했으나 옥봉은 번 번이 마다할 뿐 도무지 좋은 기색을 비치지 않았다.

그도 그럴 것이 얼굴이 잘생기면 글재주가 없다고 고개를 저었 고 문장이 뛰어나면 외모가 변변치 않다고 퇴짜를 놓았던 것이다.

옥봉의 나이 벌써 스물두 살을 넘기고 보니 이봉의 걱정은 이만 저만이 아니었다.

겉으로 보기에는 멀쩡한 딸을 두고 친척들은 물론 이웃에서까지 이런저런 말들이 많았던 것이다.

이봉은 틈나는 대로 매파를 놓아 딸의 혼처를 알아보았으나 옥 봉은 매번 머리를 숙이고 앉아 조용히 고개를 가로 저을 뿐이었다.

그러던 어느 날, 이봉은 밤이 이슥해졌을 무렵 옥봉을 조용히 안 방으로 불렀다.

방에는 옥봉의 어머니도 함께 있었는데 웬일인지 얼굴에 짙은 수심이 깃들여 있었다.

"찾아계십니까, 아버지."

옥봉이 인사를 하고 자리에 앉자 이봉이 잠시 뜸을 들이더니 말 했다.

"이제 네 나이 벌써 스물하고도 둘이다. 혼기를 놓쳐도 한참을 놓친 나이야."

아버지의 말에 옥봉은 할말을 잃고 방바닥만 내려다보았다.

"오늘 이 아비가 하는 말을 잘 새겨들어라. 대신 가부간의 결정 은 네 의사를 따르겠다."

"……."

옥봉의 어머니는 무슨 말을 할 듯 말 듯 입술만 달싹이며 간혹 깊 은 한숨을 내쉬었다.

"며칠 전 사석에서 운강雲江 조원趙瑗이란 이를 소개받았다. 너도 익히 들어 알고 있을지 모르나 외모나 문장으로 볼 때 네가 찾는 배필이 분명하다."

옥봉은 아버지의 말에 가슴이 가늘게 떨려옴을 느꼈다. 운강 조원의 이름은 익히 들어서 알고 있던 터였다. 사내 대장부다운 훤칠한 용모에 글재주 또한 비상하여 이미 장안에 소문이 파다했던 것이다.

옥봉의 이러한 마음을 눈치 챘는지 이봉이 좀 전과는 달리 스스럼없이 말을 이었다.

"그 사람 역시 네 소문을 들었는지 너에 대한 관심과 칭찬이 남다르더구나. 내가 보기에도 사위로 삼았으면 하는 욕심이 들 만큼 흠잡을 데 없는 사내 대장부였다. 그런데 문제는……."

일단 이봉은 거기에서 말을 끊었다.

옥봉의 어머니는 속이 타는지 마른침만 삼켰다.

"주저 마시고 말씀하십시오."

옥봉의 말에 이봉은 천천히 입을 열었다.

"문제는…… 조원이란 자가 이미 혼인을 했다는 것이다."

잠시 깊은 우물 같은 정적이 흘렀다. 옥봉도, 옥봉의 부모도 아무런 말 없이 정적 속에 휩싸여 있었다.

한참 후 옥봉이 조심스럽게 입을 열었다.

"아버지, 그리고 어머니! 소녀 그분이라면 소실이라도 상관없습니다. 지금껏 제가 찾던 분을 만났는데 정실이면 어떻고 소실이면 어떻습니까? 아무 염려 마시고 매파를 넣어 주십시오."

옥봉의 어머니는 딸의 손을 잡고 눈물만 흘릴 뿐 말을 잇지 못했다. 이봉은 조용히 천장만 바라보고 있었다.

"소녀 정말 기쁩니다. 그간 부모님께 심려만 끼쳐 드렸는데 이제라도 배필을 만나 부모님의 걱정을 덜어 드리는 것은 물론 소녀의 소망도 이루게 되었으니 더 바랄 것이 무엇이겠습니까?"

옥봉의 위로 섞인 말에 이봉의 눈에서도 희미한 물기가 번져나는 듯했다.

옥봉이 조원의 소실로 들어간 지 3년이 흘렀다.

지난 3년 동안 옥봉은 조원을 남편이라기보다는 평생의 시우詩友로 여기고 언제나 글을 읽고 문장을 짓는 데에만 온갖 심혈을 기울였다.

그래서인지 집안일에는 아예 아무 관심조차 두지 않았다.

옥봉의 그러한 태도를 보고서도 점차 시간이 지나면 아녀자로서의 도리를 알게 되겠지 싶었던 조원은 시간이 흘러도 변함이 없자 조금씩 속에서 울화가 치밀어 오르기 시작했다. 그는 아내가 재주 많은 여인이기보다는 조신한 여인네이기를 바랐던 것이다.

옥봉은 오로지 글을 읽고 문장을 짓는 데에만 정신이 팔려 갈수록 남편에게도 별반 신경을 쓰지 않았다.

조원이 치밀어 오르는 울화를 속으로 삭이며 혼자 전전긍긍하고 있을 때, 일은 뜻밖의 곳에서 터지고 말았다.

하루는 옥봉이 살고 있는 마을에 소도둑이 들었는데 애매한 농부 한 사람이 도둑으로 몰려 관가에 끌려가 옥에 갇히는 신세가 되고 말았다.

그러자 농부의 아내는 남편의 억울함을 호소하는 글을 써달라고 옥봉을 찾아갔다. 사정을 딱하게 여긴 옥봉은 순순히 그 부탁을 들어주었다.

세숫대야의 물을 거울로 삼고〔洗面盆爲鏡〕

머리 빗은 물로 기름을 삼았네〔梳頭水作油〕

이내 몸이 직녀가 아니거늘〔妾身非織女〕

지아비가 어찌 견우가 되겠는가〔郎豈是牽牛〕

농부의 아내는 곧 그 글을 관가의 수령에게 바쳤다. 글을 읽은 수령은 뛰어난 문장에 감동하여 농부의 무죄를 믿고 방면해 주었다.

이 소식을 들은 조원은 더는 참을 수 없었다. 그는 곧장 옥봉의 처소로 달려갔다.

"이보시오, 부인!"

얼굴이 상기되어 방안으로 들어서는 남편을 보며 옥봉은 뭔가 잘못되었다고 직감했지만 이내 미소를 되찾고 남편에게 앉기를 권하고 자신도 그 앞에 앉았다.

"무슨 일로 그러시는지……."

"내 그간 부인을 소실로 맞아들여 싫은 소리 한마디 하지 않고 묵묵히 부인의 거동을 지켜만 보았소!"

"……."

옥봉은 말없이 고개를 숙였다.

"그런데 한 집안의 아녀자 된 몸으로 집안일에는 일말의 관심도 없이 그저 날이면 날마다 책 읽고 글쓰는 데만 정신이 팔려 있으니 대체 집안 꼴이 뭐가 되겠소?"

옥봉의 다소곳한 태도에 더욱 화가 나는 듯 조원의 노기 띤 목소리는 점점 더 커졌다.

"거기에다 이젠 남의 일에까지 참견하여 아녀자가 쓴 글이 문지방을 넘어가니 내 어찌 더 참을 수 있겠소?"

"그것이 아니라 사정이 하도 딱하여……."

"듣기 싫소! 그만 친정으로 돌아가시오! 부부의 연은 오늘로 끝이오!"

"서방님! 어찌 그런 말씀을 하신단 말입니까? 부부의 연은 하늘이 정한 것을, 사람이 어찌 거역할 수가 있겠습니까?"

마침내 옥봉은 울음을 터뜨렸다.

그러나 그 말을 끝으로 조원은 자리에서 일어나 뒤도 돌아보지 않고 방을 나갔다. 귓전을 때리는 세찬 방문 소리가 이미 조원의 굳은 결심을 대신하고 있는 듯했다.

한참을 자리에서 흐느끼던 옥봉은 눈물을 거두고 자세를 고쳐 앉더니 천천히 일어나 조원이 나간 방문을 향해 마지막으로 큰절을 올렸다.

"서방님. 소녀 처녀의 몸으로 서방님의 소실로 들어온 건 오로지 서방님의 덕망과 글 짓는 재주를 사모하여서였습니다. 그러나 이제 서방님께서 저를 버리시니 소녀 이곳을 떠나겠습니다. 서방님을 사모하는 마음은 두고 가오나 저를 버리신 데 대한 원망은 가슴 깊이 품고 가겠나이다."

옥봉의 가슴에는 조원에 대한 애정과 원망이 함께 서려 있었다.

조원에게서 버림받은 옥봉은 그후 독수공방을 하며 외로운 나날을 보내다가 임진왜란 때 한 많은 생을 마친 것으로 전한다.

비록 조원에 대한 원망을 가슴속에 품고 살기는 하였으나 옥봉은 끝끝내 그를 사모하는 마음을 버리지는 못하였다.

그녀가 조원에게 지어 보낸 글에는 그를 사랑하는 마음이 그대로 묻어 있었다.

그대의 안부 알 길이 없사온데〔近來安否問如何〕

달빛이 사창에 들면 제 한이 끝없네[月到紗窓妾恨多]

제 꿈속의 혼이 다니는 데 자취가 있었다면[若使夢魂行有跡]

님의 문전의 돌길은 반은 모래가 되었으리[門前石路半成沙]

인조반정의 숨은 공로자

　고개를 숙이고 담담하게 앉아 있던 이예순李禮順의 눈가에 자신
도 모르게 눈물이 흘렀다.
　'더 이상 속세에 무슨 미련이 남았다고 부질없는 눈물이 흐른단
말인가?'
　이예순은 연평부원군 이귀李貴의 딸로 미색이 뛰어나고 재주가
많아 어려서부터 아버지의 사랑을 독차지했다.
　그러나 남편 복이 박했던지 일찍이 김자점의 아우 김자겸에게
시집을 갔으나 얼마 되지 않아 그만 청상과부가 되고 말았다.
　남편을 여읜 뒤 이예순은 부처님만을 의지하여 불공을 드리며
나날을 보냈다. 그러던 어느 날 법회에서 참찬 오겸의 아들 오언관吳
彦寬을 만나게 되었는데 서로에게 이끌린 두 사람은 자연스럽게 정
을 통하게 되었다.
　두 사람은 사람들의 이목을 피해 멀리 경상도 깊은 산골 마을로
도망을 가 신분을 숨기고 살았다. 그러나 두 사람을 수상히 여긴 마
을 사람들의 신고로 관가에 발각되고 말았다.
　그로 인해 오언관은 부녀자를 유괴하여 야반 도주하였다는 죄목
으로 사형을 당했고, 더 이상 삶에 미련이 없어진 이예순은 그 길로

절에 들어가 비구니가 되었다.

한 움큼씩 잘려 바닥에 떨어지는 머리카락을 보며 이예순은 지난 옛일들이 주마등처럼 가슴속으로 스쳐 지나가는 것을 느꼈다.

'이제 세속의 일은 모두 잊고 부처님께 의지하여 그 뜻을 받들며 살아가리라.'

그녀는 정처 없이 전국의 절을 홀로 떠돌아다녔다. 아무것에도 마음을 두지 않으니 발길에 걸리는 것도 없었다.

표표히 떠돌던 이예순이 한양 근처에 있는 절에서 며칠 기거하고 있을 때였다.

"여봐라, 이곳의 중들을 모두 묶어라!"

저녁때가 다 되어 갈 무렵 난데없이 나타난 포도청의 사령이 포졸들에게 매섭게 명령을 내렸다.

"아니, 무슨 일이오?"

깜짝 놀란 주지가 포박을 하는 포졸들의 손길을 거칠게 뿌리치며 물었다.

"그걸 몰라 물으시오! 이 절에서 부리는 노비 중 한 놈이 도적질을 하다 잡혔소. 그런데 그놈이 이 절에 있는 스님들도 모두 한통속이라 자백했으니 할말이 있으면 포도청에 가서 하시오!"

포졸들은 이예순을 비롯하여 모든 스님들을 포도청으로 끌고 갔다.

졸지에 죄인이 된 이예순은 그 신분이 하루아침에 천한 궁속으로 전락했다. 억울하고 또 억울한 일이었지만 이예순으로서는 어찌할 도리가 없었다.

궁속이 되어 대궐을 드나드는 궁인들을 따라다니던 이예순은 워낙 미색이 출중한 데다 재주가 뛰어나 당시 광해군을 가까이 모시며 세도를 부리던 김 상궁의 눈에 들게 되었다.

김 상궁은 이예순을 아예 자신의 양녀로 삼아 항시 옆에 두고 총애했기 때문에 그녀는 점차 편안한 생활을 누릴 수 있었다.

그 무렵 광해군의 횡포가 갈수록 심해져 급기야 조정의 중신들이 반정을 모의하기에 이르렀는데 이예순의 아버지 이귀 역시 그 가운데 한 사람이었다.

그러나 조정 중신들의 반정 계획은 곧 광해군의 귀에 들어갔다. 다급해진 이귀는 딸 이예순을 찾아가 전후 사정을 설명하고 사정을 했다.

"애야, 우리 가문이 멸하고 흥하고는 네 손에 달려 있다. 부디 김 상궁에게 잘 말하여 이 일이 무마되도록 네가 힘을 좀 써다오. 알겠느냐?"

그 길로 이예순은 황급히 김 상궁의 처소를 찾았다.

"마마님, 이제 소인 어찌하오리까?"

그녀는 방으로 들어가자마자 김 상궁 앞에 엎드려 흐느끼며 말했다.

"아니, 어인 일이냐?"

"소녀의 아비가 억울한 누명을 쓰고 죽게 되었사옵니다."

이예순은 울면서 자신의 집안은 절대 반정을 도모할 집안이 아니며 이 모든 일이 주위 사람들의 모함이라고 항변했다.

"어허, 몹쓸 사람들 같으니라구. 내가 전하께 잘 아뢸 테니 그만 눈물을 그치도록 하거라. 설마 전하께서 아무 죄도 없는 사람들을 다치게 하시겠느냐?"

김 상궁은 급히 어전으로 향했다. 어전에서는 이귀와 김자점을 비롯한 반정을 모의한 인물들이 광해군에게 상소를 올리고 있었다.

"전하! 어찌 그런 일이 있을 수 있겠사옵니까? 소신들이 지금까지 편안하게 살 수 있었던 것은 오로지 전하의 하해와 같은 은혜 덕택이옵니다. 하온데 지금 이런 오명을 쓰게 된 것은 모두가 신들의 불찰이오니 부디 소신들을 참형에 처해 주옵소서, 전하!"

이귀는 애절하게 호소했지만 광해군의 눈초리는 여전히 의심으로 가득 차 있었다.

이때 김 상궁이 조심스럽게 광해군에게 아뢰었다.

"전하! 소인이 나설 자리는 아니오나 부디 중신들의 상소를 귀담아 들으옵소서. 아마도 이는 중신들을 시기하는 자들의 모함인 듯하옵니다."

광해군은 평소 신임하던 김 상궁이 나서 변호하자 이귀를 비롯한 중신들의 말을 믿기로 하였다.

그러나 얼마 지나지 않아 이귀와 김자점을 주축으로 한 반정 세력들은 또 한 번 위기를 맞게 되었다.

반정 계획을 미리 알게 된 박승종이 광해군에게 그 사실을 직접 아뢰었던 것이다.

또다시 이귀와 김자점의 행로가 바빠졌다.

김자점은 김 상궁에게 많은 뇌물을 주어 자신들의 변호를 부탁하였고 이귀 역시 딸 이예순을 통해 대궐의 분위기를 전해 들으며 뒷일을 대비해 나갔다.

처음에는 반정의 무리를 잡아들이라 명했던 광해군도 김 상궁이 나서 이귀와 김자점을 변호하자 자신이 내린 명을 거두었다.

그러나 결국 이귀와 김자점을 비롯한 반정 세력들은 군사를 일으켜 광해군을 귀양 보내고 능양군을 왕위에 추대하였으니 이것이 곧 인조반정이다.

거대한 역사의 뒤안길에서 나약한 여인의 몸으로 아버지를 도와 인조 반정을 성공시킨 이예순의 인생 역정은 정사에 기록되지는 않았지만 세인들의 입담을 통해 널리 세상에 퍼졌다.

이지광의 지략

"사또! 소승의 억울한 사연을 들어 주십시오!"

하루는 늙은 중이 울상을 지으며 청주 부사 이지광을 찾아와 하소연했다.

"무슨 일이냐?"

"소승이 있는 절은 형편이 넉넉지 못해 절에서 종이를 만들어 장터에 내다 팔고 있습니다. 오늘도 소승이 종이를 팔려고 장터로 가다가 소변이 마려워 잠시 지게를 내려놓고 볼일을 보았습니다. 헌데 소승이 돌아와 보니 종이가 온데간데없이 사라지고 빈 지게만 덩그러니 남아 있는 것이 아니겠습니까?"

"종이는 사라지고 지게만 남았다?"

"예, 사또. 부디 사또께서 제 종이와 더불어 도둑놈을 찾아 주십시오. 그러면 소승 그 은혜 평생 잊지 않겠습니다."

늙은 중은 간곡히 애원하였다.

"그래, 종이는 얼마나 되느냐?"

"한 삼십 축쯤 됩니다."

"으음······."

"소승의 절은 오로지 종이를 팔아 생계를 이어가고 있습니다. 만약 그 종이를 영영 잃어버리면 소승의 절은 앞으로 살길이 막막해질 것입니다. 부디 사또께서 살펴 주십시오."

늙은 중의 말을 잠자코 듣고 있던 이지광은 귀찮다는 듯이 말했다.

"알았다. 내 알아볼 터이니 그만 돌아가거라. 오늘은 기분도 울적하고 하니 기방에 가서 술추렴이나 해야겠다."

늙은 중은 이지광의 말에 기가 막혔다. 이름난 명판관이라는 소문이 자자한 이지광이 도둑질을 당한 백성의 송사는 뒷전에 미룬 채 기방에 가서 술추렴이나 하겠다니 어이가 없었던 것이다.

"뭣들 하느냐, 어서 출타 준비를 서두르지 않고!"

이지광은 늙은 중과 마찬가지로 어리둥절해하고 있는 이방에게 큰소리를 쳤다.

이방을 비롯한 아전들이 사또의 명을 받들어 출타 준비를 서두르는 사이 늙은 중은 황당한 표정으로 밖으로 나왔다.

"어허, 그거 참! 저런 사람이 무슨 명판관이라는 말인가? 그나저나 이제 어디 가서 종이를 찾는단 말인가?"

늙은 중이 돌아간 후 이지광은 아전들과 포졸들의 호위를 받으며 기방으로 향했다.

이지광은 밤늦도록 기방에서 술을 마시고 정신이 몽롱해져서야 아전들의 부축을 받으며 기방을 나왔다.

어둔 밤길을 비틀거리며 걸어가던 이지광은 갑자기 우뚝 한 자리에 멈춰 서더니 손가락질을 하며 큰소리로 호통을 쳤다.

"이놈! 네놈이 대관절 누구이기에 사또의 행차를 방해하는 게냐?"

당황한 아전들이 이지광이 가리키는 쪽을 바라보니 그곳엔 장승이 우뚝 서 있었다.

194

"사또 나리, 황공하오나 저것은 사람이 아니라 장승이옵니다."

아전들이 웃음을 참으며 말했다.

"아무리 장승이라 해도 그렇지, 감히 지엄한 사또께서 행차하시는데 썩 물러나지 않고 떡 하니 버티고 서 있단 말이냐! 어서 저놈을 잡아 옥에 가두거라!"

아전들의 말에도 아랑곳없이 이지광은 여전히 화를 내며 고함을 질렀다.

"사또께서 술이 과하셔서 그런 모양이니 일단 명을 받들게나."

이방이 하는 수 없다는 표정으로 뒤따르는 포졸들에게 말했다.

그리하여 포졸들 몇이 달려들어 장승을 땅에서 뽑아내 포박한 뒤 관가로 메고 갔다.

그 모습을 본 이지광은 그제야 화를 삭이고 조용히 관가로 돌아와 포졸들에게 일렀다.

"내일 아침 일찍 내 저놈을 문초할 것이니 너희들은 밤새 저놈이 도망가지 못하게 단단히 지키거라, 알겠느냐!"

"예, 사또."

포졸들은 웃음이 나오려는 것을 간신히 참으며 대답했다.

이지광이 방안으로 들어간 후 포졸들은 그의 어이없는 행동을 비웃으며 메고 온 장승을 관가 뒤뜰 아무데나 내려놓고 집으로 돌아갔다.

다음날 아침 이지광은 일찍 채비를 차리고 관가에 나갔다.

"여봐라! 어제 잡아들인 장승을 당장 끌고 오너라!"

아전을 비롯한 포졸들은 놀라지 않을 수 없었다. 사또의 행동을 그저 술주정이려니 했는데 장승을 진짜 문초하겠다 하지 않는가?

게다가 더욱 놀라운 일은 간밤에 관가 뒤뜰에 두었던 장승이 감쪽같이 없어진 것이다.

아전들은 당장이라도 사또의 불호령이 떨어질 것만 같아 눈앞이 캄캄해져 애꿎은 포졸들만 닦달하여 이지광 앞으로 데려갔다.

"무엇 하는 게냐! 당장 그놈을 대령하라 하지 않았느냐!"

이지광이 다그치자 포졸들은 모두들 관가 마당에 엎드렸다.

"사또, 죽을죄를 지었습니다. 저희들이 부주의하여 그 장승을 잃어버리고 말았습니다. 부디 저희들을 죽여 주십시오!"

포졸들은 일제히 목놓아 고했다.

"무엇이라, 그 같은 중죄인을 놓쳐? 그러고도 너희들이 살기를 바라느냐!"

이지광의 목소리는 더욱 높아만 갔다. 포졸들은 그야말로 혼비백산하여 이제 죽을 일만 남았다고 벌벌 떨고만 있었다.

사실 그 장승은 간밤에 이지광이 심복들을 시켜 아무도 몰래 은밀한 곳으로 옮겨 놓았다.

하지만 이런 사실을 알 리 없는 포졸들은 그저 죽을죄를 지었다고 백배 사죄하며 엎드려 있는 것이다.

"내 너희들의 목을 지금 즉시 쳐야 마땅하겠으나 이번만은 특별히 용서해 주겠노라! 대신 그 벌로 삼 일 이내에 각자 종이 두 축씩을 나에게 바치도록 하라. 알겠느냐?"

"예, 사또!"

포졸들은 안도의 한숨을 쉬며 곧장 종이를 구하러 나섰다.

그러나 워낙 종이가 귀하던 시절이라 그렇게 많은 종이를 포졸들 여럿에서 한꺼번에 구하기란 쉬운 일이 아니었다.

그렇지만 포졸들은 자신의 목숨이 달려 있는지라 이곳 저곳 수소문하여 사또와 약속한 3일 후에는 각자 종이 두 축씩을 모두 갖다 바쳤다.

포졸들이 갖다 바친 종이를 한 곳에 쌓아 놓게 한 이지광은 미리 불러들였던 늙은 중에게 잃어버린 자신의 종이를 찾아보라고 일렀다.

늙은 중은 종이를 이리저리 한참 뒤적이더니 절반 이상의 종이를 따로 모았다.

"사또, 이것들이 소승의 절에서 만든 종이이옵니다."

늙은 중이 기뻐하며 이지광에게 아뢰었다.

이지광은 늙은 중이 골라낸 종이를 포졸들에게 보이며 어디서 구하였느냐?

"예, 사또. 주막거리에 있는 어떤 집에서 이 종이들을 구하였사옵니다."

"그 집이 원래 종이 장사를 하는 지물포더냐?"

"아니옵니다. 웬 사내가 그저 어디서 우연히 종이를 많이 구했다며 자신의 집에서 직접 팔고 있었습니다."

"그래? 여봐라, 당장 가서 그자를 잡아오너라!"

포졸들은 신속히 종이를 판 사내를 관가로 붙잡아 왔다.

"네 이놈! 이 종이가 어디서 난 것이냐?"

이지광이 엄한 소리로 문책하자 붙잡혀 온 사내는 그저 벌벌 떨기만 하였다.

"……."

"어서 바른 대로 고하지 못할까?"

이지광이 사내에게 더욱 다그쳐 물었다.

"그……, 그것은 원래 소인이 갖고 있었던 것이옵니다, 사또."

사내의 목소리는 입 속에서 겨우 맴돌았다.

"어허, 이곳까지 와서도 거짓을 고하다니, 어서 저놈을 형틀에 매달아 매우 쳐라!"

포졸들이 형틀을 들고 와 사내를 묶으니 사내가 기겁하여 소리 쳤다.

"사또! 죽을죄를 지었습니다. 실은……, 그 종이는 얼마 전 길에 서 훔친 것이옵니다."

사내가 죽을상을 한 채로 실토하자 이지광은 형틀을 거두게 하고 그를 하옥시켰다.

그리고 종이는 모두 원래의 주인인 늙은 중에게 돌려주었고, 사내가 받은 종잇값을 회수하여 포졸들에게 돌려주었다.

늙은 중을 비롯한 고을 백성들은 이지광을 과연 명판관이라고 크게 칭송했다.

아전들과 포졸들도 이지광이 장승을 문초하려던 이유를 그때서야 깨닫고 그 현명한 지략에 너도나도 감탄했다.

홍서봉의 어머니

인조 때 영의정을 지낸 홍서봉의 어머니 유씨는 학식과 덕망이 뛰어나기로 유명했다.

유씨는 당시 양갓집 규수들이 그러하듯 정식으로 글을 배우지는 못했으나 어려서부터 남동생의 글 읽는 소리를 듣고 어깨 너머로 글을 깨우쳐 동양의 고전을 두루 섭렵함은 물론 시문에도 능했다.

혼기가 차자 당시 도승지로 있던 홍천민과 혼인을 한 유씨는 슬하에 아들 서봉을 두고 다복한 가정을 꾸렸으나 남편이 일찍 죽는 바람에 홀몸으로 서봉을 키우고 가르쳤다.

유씨가 시문에 얼마나 뛰어났던지 아는 이들은 기회가 닿는 대로 자신이 지은 문장을 유씨에게 보이곤 했다.

하루는 먼 친척 되는 이가 자신이 지은 시문을 가지고 유씨를 직접 찾아왔다.

그런데 시문 중에 이런 구절이 있었다.

꽃이 지니 천지가 붉네〔花落天地紅〕

이를 본 유씨는 눈을 감고 한참을 생각에 잠겨 있다가 조용히 입을 열었다.

"이 글귀대로라면 이 시문을 지은 이는 필경 단명할 것입니다."

"아니, 그게 무슨 말씀이시옵니까?"

친척이 놀라 되묻자 유씨는 차근차근 설명해 나갔다.

"잘 보십시오. 꽃이 떨어지니 천지가 붉다 함은 인생의 희노애락을 다 겪은 이가 인생의 황혼을 맞는다는 뜻이지요. 그러니 이 글을 쓴 사람의 인생 역시 그와 같이 이미 황혼기에 접어들었다는 뜻이 아니겠습니까?"

유씨의 설명을 들은 친척은 아직 마흔도 채 안 된 자신의 나이를 생각하며 가슴이 덜컹 내려앉았다.

"아니 그걸 어찌 그리 쉽게 속단할 수 있습니까?"

"원래 시문이라 함은 마음속 감흥에서 비롯되는 것인데 스스로 그 같은 심사에 빠져 있는데 무엇을 더 생각한단 말입니까?"

참담한 표정으로 앉아 있는 친척에게 유씨가 차분하게 말했다.

"만약 저라면 떨어질 낙落자 대신 일어날 발發자를 쓰겠습니다."

"일어날 발자라 함은……."

친척이 다시 묻자 유씨는 천천히 붓과 종이를 꺼내 놓고 한 자 한 자 글씨를 써내려 갔다.

꽃이 피니 천지가 붉네〔花發天地紅〕

그런 다음 유씨는 다정하게 말했다.

"떨어질 낙이 아니라 일어날 발이라면 분명 수명도 길어지고 노후에도 복을 누릴 것입니다. 시문을 지을 때 단명구短命句를 함부로 썼다가는 큰 낭패를 볼 수도 있습니다."

"고맙습니다!"

유씨가 개작한 글을 받아 든 친척은 몇 번이고 유씨의 문장 실력에 감탄하며 거듭 인사를 하고 되돌아갔다.

이렇듯 시문을 평가하는 유씨의 안목은 정확하고도 예리했다.

또한 그와 같은 유씨의 인물됨은 자식인 서봉의 글공부를 가르치는 데에서도 절묘하게 드러났다.

유씨는 서봉에게 직접 글공부를 가르쳤는데 서봉이 글을 낭송할 때면 언제나 중간에 발을 치고 그 소리를 경청했다.

한번은 이를 이상하게 여긴 조카가 유씨에게 그 연유를 물었다.

"큰어머님은 어째서 서봉이 글을 읽을 때면 꼭 발을 치시는 겁니까?"

조카의 물음에 유씨는 잠시 밖을 살피더니 말했다.

"지금 서봉이는 어디 있는 게냐?"

"예. 방금 들어오다가 대문 밖으로 나가는 것을 보았습니다."

조카의 말에 유씨는 자상한 어조로 말했다.

"알고 싶으냐?"

"예, 큰어머님."

유씨는 인자한 미소를 띄우며 말했다.

"그건 바로 서봉이가 내 자식인 까닭이다. 자식이 눈앞에서 글을 잘 깨우치면 세상 어느 부모가 기쁘지 않겠느냐?"

"그렇겠지요."

"너도 알다시피 서봉이는 일찍 아버지를 여읜 불쌍한 아이다. 그런데 어머니인 내가 하나뿐인 자식이라고 그저 위하기만 한다면 장차 서봉이의 앞날은 어찌 되겠느냐? 필경 제 하나밖에 모르는 철부지가 되고 말 것이야."

유씨는 자신도 모르게 흐려지는 시야에 힘을 주며 말을 이었다.

"너, 이것이 뭔지 아느냐?"

유씨는 방 한구석에 놓인 비단 보따리를 가져왔다.

"그것이 무엇입니까?"

유씨는 아무 말 없이 비단 보따리를 풀었다.

"아니, 회초리가 아닙니까?"

놀라는 조카를 보며 유씨는 예의 그 표정을 잃지 않고 대답했다.

"그렇다, 회초리다. 아까 말하다 말았다만 만약 서봉이가 이 어미가 제 글 읽는 소리를 듣고 좋아하는 모습을 보인다면 방자하고 교만해질지도 모를 노릇이요, 또 이렇게 회초리를 비단 보자기에 싸 두는 것은 내 아들의 잘못을 바로잡는 물건을 함부로 할 수 없는 까닭이니라."

유씨는 말끝에 눈물을 훔치며 자리에서 일어났다.

조카는 큰어머니의 깊은 속뜻을 그제야 알 것 같은지 무릎을 꿇은 채로 한참을 앉아 있었다.

이렇게 자식에 대한 유씨의 훈육은 남달랐다.

유씨는 아들 서봉이 장성할 때까지 비단 보따리에 싼 회초리를 방에서 치우지 않고 그런 어머니의 정성은 서봉을 마침내 정승의 반열에까지 오르게 한 밑거름이 되었던 것이다.

후일 유씨의 수연壽宴 잔치가 있던 날, 인조 임금께서는 하사품을 내리시어 유씨의 노고를 치하했으며 조정의 이름난 대신들 또한 대거 참석하여 유씨의 공을 칭송했다.

송시열과 충청 부사

천둥소리를 앞세우며 갑자기 쏟아진 폭우는 자욱한 물보라를 일으키며 산천초목을 삽시간에 파랗게 적셨다. 뿌옇게 먼지가 일던 황톳길은 금세 진흙탕으로 변해버렸다.

들판에서 일하던 농부들은 근처 나무 그늘로 황급히 몸을 피했다.

"갑자기 웬 비가 이렇게 쏟아진담?"

고갯마루 주막집 월선댁은 부엌에서 마당을 바라보며 버릇처럼 치맛자락을 두어 번 손으로 털었다.

"주모! 주모!"

온몸이 흠뻑 젖은 선비를 태운 말을 끌고 마부가 마당으로 들어서며 다급하게 소리쳤다.

"예! 나갑니다."

비가 와서 손님이 없을 줄 알았던 월선댁은 반가운 목소리로 대답하며 마당으로 나갔다.

"비 한번 굉장하게 오는군. 주모! 방 하나 있으면 주시구려. 아무래도 오늘은 여기서 묵어야 할 것 같소이다."

"예! 나리, 마침 좋은 방 하나가 비어 있습니다. 어서 드시지요."

월선댁은 눈웃음을 지으며 선비를 방으로 안내했다.

선비는 방으로 들어가 짐을 내려놓고 문밖으로 쏟아져 내리는 비를 바라보았다.

'쯧쯧, 갈 길이 멀거늘…….'

선비가 혀를 차며 먹장구름이 잔뜩 낀 하늘을 올려다보고 있는데 수십 명의 포졸들이 뒤따르는 행렬이 주막으로 들어섰다.

맨 앞에서 길잡이를 하는 사람이 큰소리로 주모를 찾았다.

"이보게, 주모! 충청 부사의 부임 행차일세. 비로 더 이상 행차하기 어려우니 여기서 제일 좋은 방 하나 마련토록 하게."

"이를 어찌하오니까? 제일 넓고 좋은 방에는 방금 손님이 드셨는데……."

주모는 당황하여 말을 맺지 못했다.

"이런 답답한 사람을 봤나? 충청 부사 나리라고 하지 않았는가! 누군지 당장 방을 비우라고 하게!"

"아이 참, 먼저 오신 분을 어찌 내쫓습니까? 저……, 먼저 온 손님도 혼자이신 데다 보아하니 글 읽는 선비 같은데 두 분께서 하룻밤만 같이 지내면 안 되겠습니까? 대신 나리께서 아랫목에 자리하시면 되지 않겠습니까?"

주모는 대답을 듣지도 않고 당장 방안에 있는 선비에게 양해를 구했다. 선비는 쾌히 승낙하며 따뜻한 아랫목을 내주었다.

충청 부사는 젊은 나이에 벼슬에 오른 사람으로 이번이 첫 부임 길이었다. 하여 잔뜩 긴장이 되면서도 한편으로는 한껏 의기양양해 있었다.

충청 부사는 부임지에서 백성들의 환대를 받으며 성대한 잔칫상을 받을 기대에 부풀어 있었는데 갑자기 쏟아지는 비로 하룻밤을 주막에서 그냥 보내게 되고 보니 들떠 있던 기분이 그만 상하고 말았다. 게다가 초라한 행색의 선비와 하룻밤을 한 방에서 보내야 한다는 것이 더욱 불쾌했다.

'거 참, 주제에 양반이라고 갓 한번 크군. 꼴을 보니 겨우 양반 족보 하나 얻은 모양이구먼……'

충청 부사는 눈살을 찌푸리며 선비를 바라보다가 거만하게 말을 걸었다.

"혹, 장기 둘 줄 아시오? 이렇게 한 방에서 지내게 되었으니 잠시나마 무료한 시간을 달래 봅시다."

"아, 예. 그러시지요."

선비는 자신보다 나이가 한참 어린 부사가 반 하대를 하는 것도 관여치 않고 미소를 지으며 존대하였다.

그렇게 해서 시작된 장기판은 서로 지고 이기기를 몇 차례 반복했다.

쉽사리 승부가 나지 않을 것이라고 여겼던지 충청 부사가 장기 알을 놓으며 말했다.

"거, 노인 양반! 장기깨나 두셨나 보구려. 오랜만에 적수를 만났소이다. 이리 만난 것도 인연인데 우리 통성명이나 합시다. 난 이번에 무과에 급제하여 충청 부사로 임명된 김무사요. 노인 양반은 어디 사는 뉘시오?"

충청 부사는 잔뜩 거드름을 피우며 말했다.

"예. 저는 회덕에 살고 있는 송 생원이라고 합니다. 이렇게 만나게 되어 반갑습니다. 그런데 이처럼 젊으신 분이 부사라니 참으로 훌륭하시오."

충청 부사는 선비의 말에 상했던 기분이 조금 누그러졌다.

"허허, 이것도 무슨 벼슬이라고……. 그런데 노인 양반께서는 아직 벼슬길에 오르지 못한 모양이오?"

그때였다.

"나리, 부사 나리!"

밖에서 다급히 충청 부사를 부르는 소리가 들렸다.

"무슨 일인가?"

"저, 나리! 잠시만 밖으로 나오시지요. 드릴 말씀이 있습니다."

큰일이라도 난 듯 목소리는 한껏 긴장되어 있었다.

"무슨 일인데 안으로 들어와 고하지 않고……."

충청 부사는 인상을 찌푸리며 밖으로 나갔다.

"나리! 큰일났사옵니다. 글쎄 방에 있는 선비께서……."

"선비? 아, 그 노인 양반 말이냐? 그런데 그 사람이 뭐가 어쨌다고 이리 호들갑이냐?"

"지금 막 그 선비를 모시고 온 마부가 하는 말을 들었는데 그분은 이번에 이조판서에 오르신 우암 송시열 대감이시랍니다."

충청 부사의 얼굴은 금세 납빛으로 변했다.

때는 효종 8년, 효종은 청의 간섭으로 오랜 꿈이었던 북벌을 제대로 추진하지 못하고 있었다.

청의 동정을 살피며 때가 오기만을 기다리던 효종은 청 나라의 섭정인 예친왕 다니곤이 죽었다는 통고를 받았다.

이제야말로 자신의 염원인 북벌을 실행시킬 때가 왔다고 여긴 효종은 곧 송시열을 조정으로 불렀다.

그러나 송시열은 이런저런 핑계를 대며 효종의 부름을 번번이 거절했다. 더 이상 조정의 일에 관여하고 싶지 않았던 까닭이었다.

그러나 효종이 친서를 보내 이조판서에 제수하자 송시열은 신하된 자로서 이를 거절할 수 없어 한양으로 올라가는 길이었다.

송시열은 초라한 행색에다 그를 따르는 이라곤 마부밖에 없었으니 누가 보아도 신임 이조판서의 행차라고 여길 수가 없었다.

송시열을 한 번도 본 적이 없는 신임 충청 부사 역시 그 노인이 송시열이라고는 꿈에도 생각지 못했던 것이다.

"뭐? 무엇이라!"

충청 부사의 얼굴은 납빛이다 못해 아예 하얗게 질려 있었다.

"소인도 깜짝 놀랐습니다, 나리! 그런 줄도 모르고 아랫목까지 빼앗았으니……."

충청 부사는 멍하니 아무 말도 하지 못했다.

'나의 방자함이 끝내 스스로 목을 치는 꼴이 되고 말았구나! 이조판서를 몰라보고 무례하게 굴었으니 파직은 물론이고 이제 무관으로서의 길 또한 모두 무산되고 말겠구나!'

가슴을 치며 통탄할 노릇이었지만 이제 와서 엎지른 물을 도로 주위 담을 수는 없는 일이었다.

내리는 비에도 아랑곳없이 한동안 마당에서 불안하게 서성이던 충청 부사는 무슨 생각에선지 굳은 표정으로 방으로 들어갔다.

"말씀 중에 죄송합니다. 잠시 볼일이 생겨서……. 그런데 노인 양반께서는 회덕에 사신다고 하셨지요?"

충청 부사는 아무 일도 없는 듯 말했다.

"그렇습니다."

"이렇게 회덕에 사는 송씨를 만나니 반갑기 그지없소이다."

"뭐, 그렇게까지……."

"제가 사실 회덕의 우암 선생 문하에서 잠시 가르침을 받은 적이 있었습니다. 문득 그 시절이 생각나서요."

"그렇습니까? 내가 그 문하생들은 다 알고 있는데, 선생은 처음 뵙는 것 같습니다?"

"아니, 댁이 어찌 그분의 문하생을 다 안단 말이오?"

"실은 내가 바로 그 우암 송시열이오."

송시열은 빙그레 웃으며 말했다.

그런데 별안간 충청 부사가 벌컥 화를 내며 소리쳤다.

"아니 이 노인 양반이 실성을 했나? 듣자 하니 우리 우암 선생님을 사칭하며 다니는 자가 있다더니 바로 당신이었군그래! 어디 할 짓이 없어서 존망이 높으신 분의 이름을 팔고 다닌다는 말이오?"

난데없이 충청 부사가 호통 치자 송시열은 아연해졌다.

"보시오! 우리 선생님을 욕한 죄를 지금 당장 묻고 싶지만 노인 양반의 나이도 있고 해서 내 그냥 참는 게요! 두 번 다시 이런 짓을 했다간 용서치 않을 것이니 그리 아시오!"

그런 다음 충청 부사는 문을 발로 빵 차더니 주막이 쩌렁쩌렁 울릴 정도로 소리쳤다.

"여봐라! 어서 떠날 채비를 하라! 내 우리 선생님을 욕되게 하는 저런 양반과는 하룻밤이 아니라 단 한시도 같이 있을 수 없다! 뭣들 하는 게냐? 어서 서둘러라!"

당황한 송시열은 멍한 표정으로 그 모습을 지켜보았다.

마당으로 내려간 충청 부사는 포졸들이 채 정렬하기도 전에 말을 타고 어둠 속으로 사라졌다.

잠시 후 송시열은 혼자 너털웃음을 터뜨리며 박장대소를 했다.

"참으로 오랜만에 인물다운 인물을 만났어! 어허! 그 부사 성질한번 대단하구먼. 내가 역습을 당한 게야. 내가 당했어."

젊은 부사가 처음으로 벼슬길에 올라 한껏 의기충천한 모습을 가만히 지켜보던 송시열은 나중에 자신의 신분을 밝히고 관리로서 거만한 행동을 삼가라고 한마디 충고하려 했었다.

그런데 사태는 한순간에 끝나버리고 말았다. 충청 부사는 당당하게 송시열을 꾸짖고는 제 갈 길을 가버린 것이다. 당황한 것은 오히려 송시열이었다.

송시열은 충청 부사의 임기응변에 다시 한번 감탄하며 웃었다.

"저 정도의 기지와 무공을 갖춘 자라면 장차 나라의 큰일을 맡겨도 손색이 없겠구나."

며칠 뒤 송시열은 한양에 도착하여 효종을 알현했다.

효종이 인재를 천거하라고 하자 송시열은 주막에서 있었던 일을 또렷하게 떠올리며 주저 없이 충청 부사 김무사를 제일 먼저 추천하였다.

허물어진 북벌의 꿈

인조 14년 병자년 섣달, 청 태종은 조선이 군신 관계 요구를 거절하자 이를 빌미로 20만 대군을 이끌고 침입했다.

파죽지세로 쳐내려온 청의 군사는 삽시간에 한양에 이르렀고 아군은 남한산성을 거점으로 삼아 거센 항쟁을 벌였지만 청의 대군을 막아내기에는 역부족이었다.

결국 남한산성도 함락되고 인조는 삼전도에서 직접 청 태종에게 무릎을 꿇고 아홉 번 절을 하니 조선의 모든 백성은 눈물을 흘리지 않는 이가 없었다.

청 태종은 이런 치욕적인 항복에도 불구하고 소현세자와 봉림대군, 인평대군 등 인조의 세 아들을 볼모로 잡아갔다.

인조가 세상을 떠나고 볼모로 잡혀갔다 돌아온 지 얼마 지나지 않아 죽은 맏아들 소현세자 대신 둘째 아들 봉림대군이 왕위에 오르니 그가 조선 제17대 왕인 효종이다.

오랜 볼모 생활로 인해 반청 감정이 강했던 효종은 청에 복수하고자 즉위하자마자 북벌을 계획하고 있었지만 그보다 시급한 것은 우선 나라의 안정을 도모하는 일이었다.

그렇게 5년여의 세월을 보내고 이제 어느 정도 시국이 안정되었다고 판단한 효종은 어느 날 밤 은밀히 무신들에게 입궐하라는 명을 내렸다.

한밤중에 왕명을 받은 무신들이 황급히 대궐 문을 들어서는데 갑자기 사방에서 화살이 빗발처럼 쏟아졌다.

이는 효종이 무신들의 담대함을 알아보기 위해 미리 대궐을 지키는 군사들에게 명한 것으로 화살에는 촉이 없었다.

그러나 이 같은 사실을 알 리 없는 무신들은 갑자기 날아드는 화살을 피하기 위해 우왕좌왕하며 한바탕 난리 법석을 떨었다.

멀리서 무신들의 모습을 지켜보던 효종은 한심스런 표정으로 혀를 찼다.

"쯧쯧, 이렇게 인물이 없단 말인가?"

실망한 효종이 자리에서 일어나려는데 무신 한 명이 쏟아지는 화살에도 아랑곳하지 않고 의연한 자세로 효종의 앞으로 달려오는 것이 보였다.

순간 효종은 눈을 부릅뜨고 내관에게 물었다.

"저자가 누구인가?"

"삼도 도통사 이완이옵니다."

내관이 대답하자마자 이완이 효종 앞에 예를 갖추고 황급히 여쭈었다.

"전하, 어명을 받고 달려오는 길입니다."

효종이 이완에게 넌지시 물었다.

"저 많은 화살을 어찌 뚫고 왔는가?"

이완은 대답은 않고 자리에서 일어나 의대를 들쳐 보였는데 놀랍게도 옷 속에 갑옷을 입고 있었다.

"갑옷을?"

"예, 전하! 한밤중에 급히 부르시기에 혹 있을지 모를 불미한 일에 대비하여 무장을 갖추고 왔습니다."

효종은 이완에게 감탄하며 친히 그의 손을 잡고 어전으로 들어갔다.

"과인이 수년 전부터 한 가지 일만을 마음에 두고 있었는데 이제 그 일을 맡을 적임자가 나타난 것 같구려. 이렇게 장군을 대하고 보니 더는 미룰 이유가 없다는 생각이 드오."

효종의 목소리가 자못 긴장되었다.

"지난날 선왕께서 당하신 치욕을 장군도 익히 알고 있을 것이오. 자식된 도리로서 기필코 선왕의 원수를 갚을 것이오. 그러니 장군이 이 일을 맡아 주시오. 부탁하오."

효종은 이완의 손을 굳게 잡고 말했다.

이완은 북벌에 대한 효종의 굳은 의지를 느낄 수 있었다.

"성은이 망극하옵니다, 전하!"

이완은 아무런 망설임 없이 효종의 명을 받들기로 결심을 굳혔다. 그 자신 또한 오랜 세월 동안 마음에 품어 왔던 일이기도 했다.

"자, 이제 자세한 것은 수시로 과인과 의논하시구려."

밤새 효종은 이완과 더불어 북벌에 관해 의논했고 다음날부터 이완은 북벌 계획을 본격적으로 실행에 옮겼다.

이완은 우선 전국에 있는 장사들을 뽑아 훈련을 시켰다.

효종은 나라의 군사 제도를 북벌에 맞춰 순차적으로 바꿔 나가는 한편 이완에게 힘을 실어 주기 위해 높은 관직을 제수했다.

드디어 모든 준비가 하나하나 끝나고 마침내 출병일이 정해졌다.

효종 10년 5월 5일. 이완을 위시한 모든 장수들과 군사들은 가슴 벅차게 그날이 오기만을 기다렸다.

출병을 나흘 앞둔 5월 1일. 이완은 만약에 있을지도 모를 불상사에 대비하여 최종적으로 군사들을 비롯해 무기며 군량미 등을 다시 한번 점검했다. 모든 것이 완벽했다.

결전의 날이 오면 누구보다 앞장서서 적들의 목을 단칼에 베리라 다짐하고 있던 이완에게 대궐에서 급한 전갈이 왔다.

"장군! 급히 입궐하시라는 어명이옵니다!"

대궐로 향하는 이완의 가슴속에 알 수 없는 불길함이 먹구름처럼 몰려들었다.

"전하! 소장 이완 대령하였사옵니다."

"이리…… 가까이 오시오."

효종의 목소리가 심상치 않았다.

"전하! 옥체가 불편하시옵니까? 용안이 많이 상하셨사옵니다."

"과인은 괜찮소. 다만 장군께 부탁할 것이 있소. 혹시라도 과인에게 무슨 일이 생기더라도 장군은 관여치 말고 그 일을 계획대로 시행토록 하시오."

"전하, 어찌 그런 말씀을……."

"아니오. 사람의 앞일은 아무도 알 수 없는 일이오. 과인이 믿을 사람은 오직 장군뿐이오. 그러니 과인의 뜻을 저버리지 말고……."

효종은 힘이 드는 듯 말을 맺지 못했다.

어전을 물러나는 이완의 얼굴은 굳어 있었다.

'전하! 부디 옥체를 보존하옵소서. 부디……'

이완은 간절하게 빌고 또 빌었다.

그러나 그런 이완의 간절한 바람을 뒤로 한 채 출병일을 하루 앞둔 5월 4일 효종은 그만 승하하고 말았다.

이완의 통곡은 애절하다 못해 처절하기까지 했다.

효종이 죽자 조정 대신들은 당리당략에만 혈안이 되어 어느 누구도 북벌을 논하지 않았다.

이완은 더 이상 북벌이 실행되기 어렵다는 것을 깨닫고 그 동안 함께 북벌을 준비한 장수들을 고향으로 돌려보냈다.

효종의 북벌의 꿈이 한낱 물거품으로 사라지는 순간이었다.

범을 때려잡은 총각

"소자 다녀오겠습니다."

삼길은 망태기를 어깨에 메고 방안에 몸져누운 노부에게 공손히 인사를 올리고 노모의 배웅을 받으며 집을 나섰다.

"애야, 너무 깊은 산중으로는 가지 말거라. 요즘 부쩍 호랑이 울음 소리가 흉물스럽게 들리는구나."

"걱정 마십시오, 어머니. 점심상은 부엌 한쪽에 봐두었으니 꼭 챙겨 드십시오."

노모의 염려에 삼길은 오히려 부모님이 끼니를 거를까 봐 당부했다. 그만큼 삼길은 효성이 지극한 청년이었다.

김삼길金三吉은 충청도 두메산골에서 나고 자랐다. 어려서부터 힘이 장사인 데다 총명하기가 이를 데 없어 글공부는 비록 못했을망정 행동거지나 예의 범절이 깍듯하였다.

삼길은 어느 정도 나이가 들자 몸져누운 노부를 대신하여 노모와 함께 집안일을 꾸렸는데 지금은 노모마저 늙어 혼자 힘으로 모든 일을 도맡아했다.

그러니 이런 형편을 아는 사람들은 어느 누구도 삼길에게 딸을 주려 하지 않아 스물일곱이 된 지금까지 떠거머리 총각으로 살고 있었다.

하지만 삼길은 그런 것에는 아랑곳하지 않고 농번기에는 열심히 들일을 하고 추수가 끝나는 늦가을이 되면 산으로 약초를 캐러 다니거나 화전을 일궈 생계를 연명하고 노부의 약값을 마련했다.

요즘은 추수가 끝난 늦가을이기에 날마다 망태기를 메고 온 산을 뒤지며 약초를 캐는 것으로 하루하루를 보냈다.

삼길은 산에 오르면서 이것저것 나무 열매를 따먹으며 허기진 배를 채웠다. 워낙 없는 살림이라 세 사람이 모두 세끼를 다 챙겨 먹을 수 없는 노릇인지라 삼길은 저녁만 집에서 해결하고 아침과 점심은 이렇게 산에 있는 나무 열매와 칡뿌리로 간신히 허기를 속였다.

삼길은 배고픔을 잊으려는 듯 흥얼흥얼 콧노래를 부르며 손에 든 작대기로 땅바닥을 두드리며 흥을 돋우었다.

험준한 비탈길을 오를수록 날로 짙어 가는 단풍이 장관이었다.

힘에 부친 삼길이 단풍 구경도 할 겸 잠시 두 다리를 쉬려고 시원한 나무 그늘을 찾아 들었는데 그때 난데없는 호랑이의 포효가 온 산을 메아리쳤다.

등골이 오싹해진 삼길은 반사적으로 자리에서 일어나 주위를 둘러보았으나 어디에도 호랑이의 모습은 보이지 않았고 호랑이의 포효만 거푸 산골짝을 뒤흔들었다.

삼길은 걸음 소리를 죽이고 살금살금 소리가 나는 쪽으로 다가갔다. 소리는 등성이 너머에서 들려 오고 있었다.

등성이 가까이 다가간 삼길이 땅바닥에 납작 엎드려 고개를 슬쩍 빼어 보니 엄청나게 큰 호랑이 한 마리가 아래쪽 바위 위에서 포효하고 있는데 그 앞에 한 처녀가 쓰러져 있었다.

삼길은 저도 모르게 침을 꿀꺽 삼켰다. 호랑이가 포효할 적마다 놀란 듯 가느다랗게 몸을 떠는 것으로 보아 처녀는 아직 죽지 않은 것이 분명했다.

삼길은 망설임 없이 숨을 죽이고 바위 쪽으로 내려갔다. 호랑이는 삼길이 뒤에서 다가오는지도 모른 채 계속해서 포효하고 있었다.

삼길은 몸을 날려 뒤에서 호랑이의 목을 죄기 시작했다.

뜻밖의 기습을 당한 호랑이는 발톱을 세우고 사지를 비틀며 용을 썼다. 워낙 덩치가 큰 놈이라 삼길이 있는 힘을 다해 목을 죄는데도 금방이라도 삼길의 손아귀에서 빠져 나올 것처럼 심하게 버둥거렸다.

그 순간 삼길은 주먹으로 호랑이의 급소를 내리쳤다. 그러자 호랑이는 거짓말처럼 바위 아래로 맥없이 굴러 떨어졌다.

삼길은 처녀의 인중에 손가락을 갖다대었다. 다행히 처녀는 숨을 쉬고 있었다.

삼길은 급히 처녀를 들쳐업고 집을 향해 달렸다. 오로지 처녀를 살려야 한다는 일념만이 뇌리 속에 뚜렷하게 각인되어 있었다.

처녀는 꼬박 사흘을 식은땀을 흘리며 누워 있었다. 얼마나 놀랐던지 의식을 잃은 와중에도 간간이 비명을 지르며 헛소리를 했다.

삼길의 노모는 밤잠을 설쳐 가며 처녀를 간호했다. 삼길은 좋은 약초를 캐다 정성껏 달여 먹였다.

사흘째 되는 날 저녁이었다.

삼길이 처녀의 약을 달이고 있는데 방안에서 노모의 말소리가 들렸다.

"보시오, 이제 좀 정신이 드오?"

삼길은 방안으로 들어가려다 멈칫했다. 왠지 쑥스러운 느낌이 든 까닭이었다. 삼길은 방문 앞에서 서성거리며 방안에서 새어나오는 기척에 귀를 기울였다.

"그래, 얼마나 놀랐겠소? 안심하시오, 처자. 이젠 살았소!"

그로부터도 한동안 처녀는 말이 없었다. 노모의 기쁨에 찬 목소리만 삼길의 귓전으로 흘러들었다.

"뉘신지……, 그리고 제가 어찌 여기에……."

"하마터면 큰일날 뻔했소, 처자. 호랑이 밥이 될 뻔한 목숨을 우리 아들이 구해 왔다오."

"예?"

처녀는 노모의 말을 듣고서야 저간의 일들이 기억나는 듯 화들짝 놀라며 몸서리를 쳤다.

"진정하오. 자세한 얘기는 기운을 차리면 하도록 하고 어서 자리에 누우시오."

처녀는 가쁜 숨을 몰아쉬며 다시 자리에 누웠다.

삼길은 다시 약탕기 앞에 쭈그리고 앉아 화덕에 푸푸 센 김을 불어넣었다. 처녀가 살아난 것이 정말 고맙고 다행이라는 표정이었다.

다음날 아침상을 물리고 난 후 처녀는 삼길의 부모님 앞에 큰절을 올렸다.

"이 은혜 죽어서도 잊지 못할 것입니다. 고맙습니다."

"은혜랄 것까지야 뭐 있겠소? 그나마 처자가 기력을 회복한 것이 고마울 따름이오."

삼길의 노모는 주름진 얼굴에 환한 웃음을 지으며 말했다.

곁에 앉아 묵묵히 고개를 숙이고 있는 삼길에게 처녀는 다소곳하게 이마를 숙이며 말했다.

"정말 고맙습니다. 무엇으로 이 은혜를 갚아야 할지……."

"아닙니다. 저보다 어머니께서 간호하시느라 애쓰셨습니다."

"들기에 맨손으로 호랑이와 대적하였다고 들었습니다. 이는 아무나 할 수 있는 일이 아니지요."

"아무리 호랑이라고 하지만 인명을 해하려 든다면 어느 누구라도 그리했을 것입니다."

삼길은 스스럼없이 대답했다.

"근데 옷차림새를 보아하니 여염집 처자는 아닌 것 같은데 뉘 댁 처자이신가?"

마치 오랜 궁금증을 마음속에 품어 온 듯 노모의 말투는 조급하면서도 은근했다.

"예, 소녀의 아버지는 홍 판서 대감이시고 저는 그분의 무남독녀 외딸입니다."

잠시 방안에 물속처럼 깊은 정적이 감돌았다.

삼길의 노모는 낮게 한숨을 내쉬었다. 판서의 딸이라면 더 물어볼 것도 없었다.

사실 그녀는 삼길이 처녀를 업고 왔을 때부터 간호를 하는 동안 마음속으로 은근히 딴 생각을 품고 있었다.

행색으로 보아서는 웬만큼 행세하는 집안 규수 같았지만 아들인 삼길이 호랑이와 사투를 벌인 끝에 처녀를 살렸으니 그리 큰 차이가 나지 않는다면 은근슬쩍 혼삿말을 꺼내도 괜찮을 것이라 생각했었다.

그리하여 일만 잘 된다면 여태껏 노총각 신세를 못 면한 아들을 장가 들여 오손도손 사람 사는 재미를 알게 해주고 싶었다.

자신의 그런 속마음을 숨기려는 모양으로 노모가 얼른 말을 이었다.

"저런! 무남독녀 외딸이면 귀하게 키웠을 텐데 호환을 당했으니 지금쯤 얼마나 기가 차고 속이 탈꼬?"

그 소리를 흘려들으며 삼길은 방안에서 나왔다.

늦가을 햇살이 따갑게 느껴지는 아침나절인데도 팔뚝에 자잘한 소름이 돋는 걸 보니 겨울이 머지않은 모양이었다.

마당 구석에 놓인 망태기를 어깨에 메고 삼길은 부모님께 인사를 올린 다음 한 번도 뒤돌아보지 않고 산으로 올라갔다.

하루가 다르게 떨어지는 산중의 낙엽과도 같이 다시 몇 날이 훌쩍 지나갔다.

처녀가 삼길과 부모님께 감사 인사를 하고 나서 집으로 돌아가려고 하자 노모가 만류했다.

아직 기력도 부실한 데다 가는 길도 모르며 처녀 혼자 몸으로 산길을 다니다가 또 어떤 봉변을 당할지 모른다는 이유에서였다.

처녀는 슬픔에 잠겨 있을 부모님을 생각하면 한시바삐 집으로 돌아가고 싶었으나 노모의 말에도 일리가 있다고 여겨 며칠을 더 삼길의 집에 머물렀다.

그 며칠 동안 처녀는 기력을 완전히 회복했고 틈 나는 대로 삼길의 노모를 도와 집안일도 거들었다.

처녀는 판서의 무남독녀라고 하기에는 의구심이 들 정도로 집안일을 잘했다. 또 한 번만 가르쳐 주면 그 다음엔 혼자서 너끈히 그 일을 해내었다.

삼길은 처녀에게 전혀 신경을 쓰지 않는 것 같았지만 아침에 집을 나서 산을 타고 약초를 캐는 시간보다 집으로 돌아가는 저녁때가 훨씬 발걸음이 가벼웠다. 그러다가 처녀를 집에 데려다주기로 한 날이 조금씩 다가오자 매사가 심드렁해질 뿐이었다.

삼길의 노모도 전과 같지 않게 마루에 앉아 한숨을 쉬는 일이 잦

아졌다.

그것을 아는지 모르는지 처녀는 언제나 밝은 표정으로 집안일에만 열심이었다.

간혹 무엇인가를 골똘히 생각하는 눈치였지만 그것은 집에 계신 부모님 걱정을 하는 거라고 삼길과 노모는 어림짐작을 했다.

장이 서는 날 아침, 삼길과 처녀는 노모가 지어 주는 새벽밥을 먹고 일찍 길을 나섰다.

아쉬움을 참지 못한 노모의 눈물을 뒤로 한 채 두 사람은 하얗게 서리 내린 산길에 희미한 발자국을 남기며 걸어 내려갔다.

하룻길로는 저녁에 돌아오기 빠듯한 거리였기에 삼길은 장터 약재상에 들러 약초들을 급히 넘기고 점심도 거른 채 길을 재촉했다.

마침내 처녀가 사는 마을 어귀에 도착했을 때 처녀가 다짐하듯 삼길에게 말했다.

"제 말을 잘 들으셔야 합니다."

"그게 무슨 말이오?"

영문을 모르는 삼길에게 처녀가 단호하게 말했다.

"저는 이미 결심을 굳혔습니다. 그러니 이제부터 제 뜻에 무조건 따르겠다고 약조하여 주십시오."

"……."

"어서요!"

처녀의 재촉에 삼길은 얼결에 그렇게 하겠다고 약속했다.

죽은 줄로만 알았던 딸이 돌아오자 홍 판서는 맨발로 뛰어나와 딸을 품에 안았다.

한참을 딸의 얼굴을 쳐다보며 쓰다듬던 홍 판서는 두 사람을 안으로 데리고 들어가 자초지종을 듣더니 삼길을 그윽한 눈길로 바라보았다. 삼길은 첫눈에 보기에도 떡 벌어진 어깨하며 몸집이 장대한 것이 범상한 인물 같지는 않았다.

홍 판서는 삼길의 손을 몇 번이고 잡으며 고맙다는 인사를 했다.

"아버지! 소녀 드릴 말씀이 있습니다."

"그래, 무엇이냐? 어서 말해 보거라!"

홍 판서는 아직도 상기된 표정으로 딸의 말을 받았다.

"소녀 이분이 아니었으면 이미 죽은목숨일 것입니다. 또한 이분 댁에서 비록 부모님과 함께였지만 수일을 같이 지냈습니다."

"음……."

"소녀 이분과 혼인할 수 있도록 허락하여 주십시오."

"아니 낭자, 그게 무슨 말이오?"

홍 판서보다 더 놀란 사람은 삼길이었다.

"아니 될 말이오. 나는 가난한 농사꾼으로 약초나 캐고 숯이나 구으며 겨우 연명하고 있소! 낭자같이 귀한 사람에겐 어울리지 않는 미천한 사람이란 말이오!"

"저와 하신 약조를 잊으셨습니까?"

"그건……, 그건 낭자가……."

삼길이 더 이상 말을 잇지 못하자 홍 판서는 두 사람이 이미 혼인을 결심하고 정을 통했다고 여겼다.

일이 이렇게 된 이상 홍 판서로서는 딸을 다른 곳으로 시집 보낼 수도 없는 노릇이었다.

그는 글줄이나 깨쳤다고 거드름을 피우는 하찮은 양반 자제보다는 보기에도 믿음직스런 삼길에게 딸을 주는 게 더 나을 것이라고 스스로를 위로하며 마음을 굳혔다.

"그건 그렇지가 않네. 이미 죽었을 내 딸의 목숨을 자네가 살렸으니 앞으로도 내 딸 아이의 인생을 자네가 책임지게!"

"나리!"

"곧 혼례 준비를 서두를 터이니 그리 알고 어서 가서 부모님께
이 기쁜 소식을 전해 드리게."

삼길은 아무런 대답도 하지 못했다.

다만 그간 속으로만 꼭꼭 숨겨 왔던 낭자에 대한 애정이 봇물처
럼 전신을 휩쓸고 지나갔다.

또한 삼길은 마을 어귀에서 했던 약속이 자신과 혼인하기 위한
것이었음을 깨닫고는 처녀의 사려 깊음에 절로 고개가 숙여졌다.

죽음의 문턱에서 천생배필을 만난 홍 판서의 딸은 시부모를 성
심껏 모시는 착한 며느리이자 고된 집안일 중에도 남편에게 글을 가
르치는 현명한 부인이었다.

삼길은 부인의 도움으로 나이 마흔이 다 되어 당당하게 장원 급
제를 하였다.

벼슬길에 나간 삼길은 당시 임금이었던 숙종의 총애를 받아 여
러 요직을 두루 거치며 평탄한 관복을 누렸다.

특히 삼길은 조정에 편히 앉아 국정을 논하기보다 직접 백성들
의 삶 속에 뛰어들어 그들의 고초를 해결해 주는 목민관으로서 청사
에 빛날 많은 공적을 남겼다.

그 뜻을 가상히 여긴 숙종은 삼길을 삼남안찰사三南按察使로 보내
어 백성들의 생활을 두루 살피게 했는데 그가 얼마나 민생 문제를
해결하는 데 헌신을 아끼지 않았는지 지금도 충청도에는 김삼길의
선정비가 남아 있다고 한다.

왕손을 사칭한 처경

"역시 한양 땅이 좋기는 좋군. 이제 이곳을 터전 삼아 신승의 덕을 한번 펼쳐 볼까?"

승려 처경은 한양 땅에 들어서자 주위 경치를 살피며 흐뭇한 미소를 지었다.

처경은 우선 규모는 작지만 신도 수가 많은 절을 찾아가 자신을 금강산에서 수도 정진을 하다가 부처님의 계시로 이곳을 찾았다고 소개하고 며칠 머물 것을 청했다.

스님들은 처경의 말을 그대로 믿고 방 하나를 깨끗하게 치워 처경을 그곳에 기거하도록 했다.

그날부터 처경은 일체 곡기를 입에 대지 않고 오로지 가부좌를 틀고 앉아 알아들을 수 없는 말로 중얼거리며 경을 외기 시작했다.

처경이 그렇게 며칠이 지나도록 방에서 나오지 않자 스님들은 감탄해 마지않으며 처경을 신승으로 대접하고 예를 갖추었다.

절에 신승이 나타났다는 소문은 신도들 사이에 빠르게 퍼져 하루가 다르게 신도 수가 늘어났고 모두들 처경을 만나기를 소원했다.

그러나 처경은 여전히 방안에서 꼼짝도 하지 않고 경을 외는 데만 열중했다.

다시 며칠이 지났다. 처경은 절의 주지를 방으로 불러 엄숙한 목소리로 말했다.

"이제 때가 온 것 같으니 내일부터 신도들을 만나 보겠소. 단, 한 사람씩 이 방에 들여보내되 내가 신도를 만날 동안은 어느 누구도 이 방 근처를 얼씬거려서는 안 되오!"

"말씀대로 하겠습니다, 대사!"

주지는 처경이 신도들을 만나겠다고 하자 희색이 만면하여 합장을 했다.

다음날부터 처경은 신도들을 만나기 시작했다. 그런데 이상하게도 남자가 들어가면 금방 나오는데 얼굴이 제법 반반한 여자가 들어가면 꽤 시간이 흘러서야 방에서 나왔다.

음흉한 처경이 부처님의 뜻이라는 이유를 들어 여자들을 강간했던 것이다.

그러나 처경에게 강간을 당한 여자들은 오히려 그 일이 들통날까 두려워 어느 누구에게도 말하지 못하고 죽는 날까지 가슴에 숨겨야 할 비밀로 묻어 두었다.

그렇게 처경이 강간한 여자들 가운데는 남편을 일찍 여의고 수절하고 있던 과부가 있었다. 비록 나이가 들었어도 젊은 여자 못지않은 미모를 간직하고 있던 그녀는 남편의 명복을 빌러 처경을 찾았다가 그만 원통한 일을 당하고 만 것이다.

그뒤부터 과부는 죽을 결심으로 며칠을 식음을 전폐하고 자리에 드러누워 있었다. 그러나 억울한 심정을 참을 수 없었던 그녀는 먼저 처경을 죽인 다음에 죽어도 늦지 않을 것이라고 생각했다.

며칠 후 과부는 자리를 털고 일어나 처경을 찾아갔다.

두 번 다시 자신을 찾아오지 않을 줄 알았던 여인이 웃는 낯으로 방으로 들어오는 것을 본 처경은 뜻밖이었지만 곧 음탕한 생각이 고개를 들었다.

'오랫동안 수절한 과부가 남자의 살내를 맡았으니 어찌 다시 오지 않겠는가? 요망한 것⋯⋯.'

과부는 배시시 웃으며 자리에 앉아 한껏 교태를 떨었다.

"대사님! 이렇게 다시 뵙게 되어 영광이옵니다."

"영광이라니 당치 않소. 오히려 그대가 다시 찾아주니 기쁘구려."

그렇게 말문을 연 두 사람이 이런저런 얘기를 나누던 중, 욕정을 견디다 못한 처경은 또다시 여인을 덮치려 하였다.

그 순간 과부는 품속에서 봉투 한 장을 꺼내 처경에게 내밀었다.

"대사님! 잠시만 이것을 좀 보아주십시오."

가쁘게 숨을 몰아쉬던 처경은 과부가 내미는 봉투를 보고 멈칫했다.

"이게 무엇이오?"

"죽은 제 남편이 고이 간직하던 것입니다. 언젠가 제게 말하기를 자신은 억울하게 죽은 소현세자의 유복자라고 하면서 때가 되면 세상에 모습을 드러낼 것인즉, 그때 이 종이가 그것을 증명해 줄 것이라 하였습니다."

과부는 그렇게 말하며 낮게 흐느꼈다.

"그런데 그때가 오기도 전에 그만 몹쓸 병에 걸려⋯⋯, 흑흑."

처경은 불을 뿜듯 뜨겁게 달아오르던 욕정이 일시에 사라졌다.

소현세자는 인조의 맏아들로 병자호란 때 오랜 기간 청나라에 볼모로 잡혀갔다가 돌아왔으나 곧 세상을 떠난 불행한 왕자였다.

소현세자는 슬하에 자식을 셋 두었으나 둘은 귀양을 가서 죽고 유복자로 태어난 막내아들은 신분을 숨기고 어딘가에 살아 있을 것이라는 소문이 암암리에 세간에 퍼져 있었다.

여하튼 소현세자의 유복자가 살아 있다면 그는 숙종 임금의 숙부뻘이 되는 것이다.

처경은 귀가 솔깃해졌다. 그는 천천히 봉투를 열고 그 속에 든 종이를 꺼냈다. 오래되고 낡아 너덜너덜해진 종이에는 두 줄의 희미한 글씨가 씌어져 있었다.

처경은 그 글씨를 찬찬히 들여다보았다.

소현 유복자 을유 사월 초구일생
강빈

'강빈이라면 소현세자의 부인이 아닌가? 그렇다면……'

처경은 재빠르게 머리를 굴렸다. 이 종이만 있다면 자신은 감쪽같이 소현세자의 유복자가 되는 것이다. 그렇게 되면 화려한 대궐에서 온갖 산해진미를 즐기며 원앙 금침에 맘껏 어여쁜 계집들을 품에 안을 수 있을 것이다. 절에서 가짜 중노릇이나 하며 여자들을 후리는 것보다야 훨씬 나은 일이었다.

"그런데 이것을 왜 내게 보여주는 것이오?"

처경은 종이를 봉투에 다시 집어넣으며 별 관심이 없다는 듯 말했다.

"남편이 죽은 마당에 이것이 다 무슨 소용이 있겠습니까? 저는 부귀도 영달도 바라지 않사옵니다. 하여 이것을 없애버리려는 생각도 했었으나 그보다는 고매하신 대사님께서 남편 대신 소현세자의 유복자가 되시는 편이 훨씬 값어치가 있을 것이라 생각했습니다."

"어허! 소승은 그런 재목이 못 됩니다, 부인."

"아닙니다, 대사님! 만약 그리만 해주신다면 지하에 있는 남편도 편히 눈을 감을 수 있을 것이옵니다. 부디 제 소원을 들어주십시오."

처경은 잠시 뜸을 들인 뒤 대답했다.

"부인의 뜻이 정 그러하다면 한번 생각해 보지요."

"고맙습니다, 대사님!"

과부는 고마워하는 표정을 지어 보이며 활짝 웃었다.

과부는 곧 자리에서 일어나 합장을 하고 방을 나갔다.

혼자 남은 처경은 소현세자의 유복자가 되어 누릴 영화를 생각 하니 가슴이 벅차올랐다.

며칠이 지난 후 처경은 절에서 나와 영의정 허적의 집을 찾아갔다.

허적도 처경이 신승이라는 소문을 듣고 있었기에 반갑게 안으로 맞아들였다.

"대감, 실은 내가 목숨을 부지하느라 오랜 세월 신분을 숨기고 중노릇을 하며 살아왔소이다. 허나 이제 세상에 나설 때가 된 것 같 아 이리 대감을 찾아왔소이다."

처경은 품속에서 봉투를 꺼내 내밀었다.

봉투에 든 낡은 종이를 꺼내 거기 적힌 글귀를 본 허적은 크게 놀 라며 황급히 처경을 자기가 앉았던 상석으로 모셨다.

허적은 처경을 자신의 집에 머물게 하고는 그 길로 봉투를 들고 좌의정 권대운의 집으로 달려갔다.

종이에 적힌 글을 본 권대운도 크게 놀라며 예삿일이 아니니 속 히 임금께 고해야 한다고 서둘렀다.

그리하여 두 사람이 함께 입궐하여 이 사실을 숙종에게 아뢰었 다. 숙종은 즉시 조정의 여러 중신들을 입궐하도록 명했다.

"지금 처경이라는 자가 자신이 돌아가신 소현세자의 유복자임을 증명하는 이 종이를 갖고 나타났소. 그러니 이를 어찌 처리해야 할지 경들의 의견을 말해 보시오."

숙종은 중신들에게 종이를 보여주었다.

종이의 글귀를 돌려가며 읽은 중신들은 하나같이 놀란 표정을 지었다.

"전하! 이것이 사실이라면 마땅히 처경이라는 분에게 그에 걸맞은 대접을 해야 할 것이옵니다."

중신들 중 한 사람이 나서며 아뢰었다.

"전하! 하지만 그 전에 이것이 진실인지 거짓인지 그 진위 여부를 먼저 가려야 할 것이옵니다."

중신들의 의견이 분분한 가운데 한 중신이 큰소리로 아뢰었다.

"전하! 이 글은 분명 거짓이옵니다."

그러자 소란스럽던 어전이 일순 찬물을 끼얹은 것처럼 조용해졌다.

"아니, 경은 그것을 어찌 확언한단 말이오?"

숙종이 놀라 물었다.

"전하! 아뢰옵기 황공하오나 우선 소현세자께서 돌아가신 날짜는 4월 26일이옵니다. 헌데 소현세자의 유복자가 태어난 날짜는 4월 9일로 적혀 있사옵니다. 또한 '강빈'이라는 함은 사후에 내려진 것인데 어찌 그 당시 강빈 마마께서 쓰신 것이라 하겠사옵니까? 하오니 처경이라는 자가 소현세자의 유복자라 함은 천부당만부당한 말이옵니다."

숙종과 여러 대신들은 고개를 끄덕이며 그의 지혜에 감탄했다.

"이는 분명 처경이라는 자가 왕실을 업신여기고 요망한 장난을 치는 것이옵니다. 그자를 잡아들여 엄하게 다스려야 할 줄 아옵니다."

중신들은 한결같이 처경에게 엄벌을 내려야 한다고 아뢰었다. 숙종도 대노하여 당장 처경을 잡아들이라는 엄명을 내렸다.

그리하여 영의정 허적의 집에 있던 처경을 잡아들여 그 내력을 엄하게 문초하니 그는 평해군平海郡 아전 손도孫燾의 자식이라는 것이 밝혀졌다.

결국 처경은 엄중한 형벌을 받게 되었다. 그리고 그를 신봉하던 무리들도 함부로 미신을 퍼뜨렸다 하여 중벌을 면치 못했다.

박색 고개의 전설

"아, 한 번만……. 한 번만 그 얼굴을 가까이 볼 수 있다면……."

춘향은 자리에 누워 시름시름 앓으면서도 여전히 이 도령 생각뿐이었다.

"애야, 정신이 드느냐? 애, 춘향아!"

월매는 춘향이 몸져눕자 가슴이 찢어지는 듯했다. 춘향은 가느다랗게 눈을 뜨는 듯하더니 다시 감았다.

"아이고, 이 불쌍한 것아! 언감생심 넘볼 사람을 넘보아야지……. 흑흑."

춘향은 얼마 전 광한루 옆 냇가에 빨래를 하러 갔다 온 후부터 줄곧 이렇게 자리에 누워 꼼짝하지 못하고 있었다.

"아이고, 내 팔자야. 하나밖에 없는 자식이 이 꼴로 누웠으니……. 이러다 시집도 못 가고 죽겠구나. 아이고, 아이고……."

월매는 답답하기 그지없었으나 상대가 이 고을 사또 자제인지라 어찌할 도리가 없었다. 더욱이 춘향이 얼굴이라도 예쁘면 어떻게 해보련만, 누구의 수청인들 들 만한 인물이 아니었다. 월매는 한숨이 절로 나왔다.

춘향은 눈은 볼썽사납게 쭉 찢어지고, 코는 돼지코를 닮아 하늘을 바라보고, 입 또한 보기 흉할 정도로 두꺼웠다.

'어찌 이리 생겼는지……'

몸져누운 춘향의 얼굴을 들여다보며 월매는 또다시 한숨을 내쉬었다.

"마님, 약사발 가져왔습니다."

밖에서 향단의 목소리가 들렸다.

"그래, 어서 들어오너라."

향단은 사뿐히 들어와 약사발을 월매 앞에 놓았다.

"아씨는 아직 차도가 없으십니까?"

향단은 걱정스러운 듯 물었다.

"아직도 저러고 있구나."

"어쩌나. 이러다 큰일나는 것 아닙니까요?"

"상사병에 무슨 약이 있겠느냐. 그리는 님을 데려다 놓지 않는한……"

무심히 향단을 바라보던 월매의 얼굴에 갑자기 미소가 떠올랐다.

'옳거니, 그리하면 되겠구나.'

월매는 향단을 가까이 부른 뒤 귓엣말을 하였다.

다음날, 월매는 이 도령을 모시고 다니는 방자를 불러 약간의 선물과 함께 술과 음식을 대접했다.

"아, 알았수. 내 알아서 할 터이니 향단이나 잘하라고 하소!"

방자는 월매의 부탁에 걱정하지 말라며 돌아갔다.

다음날 방자는 이 도령과 함께 광한루로 나왔다. 방자가 주위를 둘러보니 멀리서 향단이가 그네를 타고 있었다.

'향단이 인물이 좋은 것은 진작부터 알고 있었지만 저리 꾸며 놓으니 영락없는 양갓집 규수일세그려.'

방자는 이 도령을 일부러 향단이가 잘 보이는 쪽으로 이끌었다.

이 도령은 고운 자태로 그네 뛰는 향단을 넋이 나간 듯 쳐다보았다. 이를 놓치지 않고 방자가 말했다.

"참으로 곱네요. 저런 색시 하나 얻으면 소원이 없겠구만요."

"허허, 못하는 소리가 없구나. 보아하니 귀한 집 규수인 것 같은데, 무슨 망발이냐!"

이 도령은 방자의 머리를 한 번 쥐어박았다.

"귀한 집 규수는요, 기생 딸이 귀하면 얼마나 귀하겠소. 그래 봐야 기생이지."

"정녕 기생의 딸이란 말이냐?"

이 도령이 놀라 물었다.

방자는 일이 생각대로 흘러가고 있는 것 같아 흐뭇했다.

결국 이 도령은 방자의 꾐에 넘어가 그날 밤 춘향을 만나러 가기로 하였다.

이 도령이 온다는 소식을 미리 전해 들은 월매는 독한 술로 주안상을 준비해 두었다.

"향단아, 이제 네가 할 일만 남았다. 부디 잘 해주어라. 네게 아가씨의 목숨이 달려 있다고 생각하고……."

"예. 염려 마셔요, 마님."

향단이 다부지게 말했다.

향단이는 이 도령이 오자 더욱 고혹적인 태도로 그를 대했다. 이도령은 그런 향단에게 푹 빠져 주는 대로 술잔을 모두 비웠다.

"도련님, 많이 취하신 것 같사와요. 제가 이부자리를 펴드릴 터이니 잠시만 기다리시어요."

향단의 말에 이 도령은 고개를 끄덕이며 정신을 차려 보려 했지만 이미 사물을 분간하기 어려울 만큼 만취한 상태였다.

향단은 이불을 가지러 가는 척하며 방을 나갔다. 잠시 후 다시 문이 열리더니 향단이 아니라 춘향이 들어왔다.

이 도령이 춘향이 깔아놓은 이부자리에 눕자 춘향도 그 곁에 나란히 누웠다. 이 도령은 옆에 누운 여인이 향단인지 춘향인지도 모른 채 그렇게 꿈 같은 밤을 보냈다.

"아니! 이게 누군가?"

다음날 아침 눈을 뜬 이 도령은 깜짝 놀라 벌떡 일어났다.

'아니, 내가 귀신에 홀렸나? 춘향이는 어디 가…….'

어젯밤 자신을 시중 들던 춘향이는 없고 웬 추녀가 곁에 누워 있는 것이었다.

"기침하셨사옵니까?"

춘향은 다소곳이 일어나 앉았다.

"도대체 당신은 뉘시오?"

당황한 이 도령이 다그치자 밖에서 이를 듣고 있던 월매가 들어와 자초지종을 아뢰었다.

"도련님, 쉰네가 자식 하나 살려 보고자 이런 일을 저질렀습니다. 부디 너그러운 마음으로 저희 모녀를 살펴 주옵소서."

이 도령은 기가 막혔다.

'허, 월매야 그렇다치고 방자 녀석까지 나를 속여! 괘씸한 놈!'

하지만 이 도령은 어찌 됐든 자신으로 인해 춘향이 죽을 지경까지 갔다는 얘기를 듣고는 측은한 마음이 들었다.

"내 자네의 마음을 이해하겠네. 하지만 그렇다고 춘향을 맞이할 수는 없는 일이고……. 이왕 이렇게 된 바에야 내 이것이나마 정표로 주고 가겠네."

이 도령은 자신의 손수건을 춘향에게 주고 돌아갔다.

그로부터 얼마 지나지 않아 이 도령은 아버지를 따라 한양으로 가게 되었다. 이 소식을 전해 들은 춘향은 하늘이 무너지는 것 같았다.

'도련님이 가시면 소녀 무슨 희망으로 살아 가겠습니까?'

이 도령과는 그날 이후로 한 번도 만나지 못했지만 춘향은 정표로 받은 손수건을 고이 간직하며 한시도 이 도령을 잊은 적이 없었다.

'서방님을 못 보며 사느니 차라리 죽음을 택하리.'

이렇게 기약 없는 이별을 가슴 아파하던 춘향은 마침내 광한루에서 이 도령이 준 손수건으로 목을 매달았다.

사람들은 춘향을 불쌍히 여기고 이 도령이 떠나간 박색고개에 무덤을 마련해 주었다.

그런데 춘향이 죽은 지 얼마 지나지 않은 어느 날인가부터 박색고개에서 밤마다 여인의 울음 소리가 끊이지 않았다.

그 구슬픈 곡성은 항시 춘향의 무덤 근처에서 들려 왔다.

남원에 신관 사또가 부임하는 날이었다. 마침 부슬부슬 내리는 비를 맞으며 신관 사또 일행이 박색고개에 다다랐을 때 또다시 애잔한 곡성이 들려 왔다.

그러자 신관 사또를 수행하던 사람들은 혼절하거나 모두 도망가 버리고 그나마 버티고 있던 사또는 그자리에서 기절해 죽고 말았다.

이런 일은 신관 사또가 올 때마다 일어났으니 남원 고을 백성들은 몇 해 동안 신임 사또를 맞이하지 못했다.

한편 이 도령은 한양에 올라간 후 더욱 학문에 정진하여 장원 급제를 하는 등 평탄한 생활을 하고 있었다. 그러던 어느 날 이 도령은 남원 고을에서 일어나고 있다는 괴이한 소문을 접하게 되었다.

'혹여, 춘향이가……'

이 도령은 춘향이가 목을 매달았다는 것을 들어 알고 있었다. 하지만 춘향과의 인연은 이미 끝난 것으로 생각하였기에 그저 안됐다는 마음뿐이었다.

그런데 지금 춘향의 무덤가에서 귀신이 나온다는 이야기를 듣자 자신이 너무 박정했던 것은 아닐까 하는 생각이 들었다. 그리하여 이 도령은 남원 사또를 자청했다.

이 도령 일행이 남원에 이르렀을 때였다. 일행이 막 박색고개에 들어서는데 갑자기 말들이 그 자리에 멈춰 서더니 더 이상 앞으로 나아가지 않는 것이었다.

이 도령은 생각한 바가 있어 말에서 내려 춘향의 무덤으로 걸어갔다.

"천하 제일의 미인이요, 열녀 춘향에게 지아비 이몽룡이 고하노니……."

이 도령은 춘향의 무덤 앞에서 절을 하더니 미리 준비한 제문을 읽어 내려갔다. 구구절절이 춘향을 애도하는 그 제문은 이 도령이 남원으로 오기 전 춘향의 명복을 빌며 써두었던 것이었다.

이 도령이 남원 고을 사또로 부임한다는 얘기를 전해 듣고 마중 나온 월매가 그 곁에서 눈물을 흘리며 기뻐하였다.

그후 박색고개에서는 더 이상 귀신의 곡성이 들리지 않았으며, 이 도령은 남원의 명사또로 이름을 널리 알리게 되었다.

암행어사 박문수

박문수는 꿈에도 그리던 기생 소금천의 집에 당도하자 가슴이 벅차올랐다.

'그 동안 소금천이 어떻게 변했을꼬?'

박문수와 기생 소금천이 인연을 맺은 것은 벌써 10년 전의 일이었다. 젊은 날의 박문수가 아버지의 임지를 따라 진주에 내려갔을 때 알게 된 그들은 한날 한시에 죽자고 맹세까지 할 정도로 서로에 대한 정이 깊었다.

박문수는 10년 전 일이 꿈결같이 느껴졌다. 아버지의 임지가 바뀌면서 한양으로 올라간 후에도 그는 한시도 소금천을 잊은 적이 없었다.

그래서 박문수는 장원 급제를 하여 가문의 이름을 널리 알리고 또한 당당히 벼슬길에 올라 소금천을 만나려는 일념으로 학문에 더욱 힘썼다.

마침내 박문수는 장원 급제를 하였고 암행어사에 제수되어 꿈에 그리던 진주까지 오게 된 것이다.

암행을 하는 처지라 박문수의 차림새는 거지와 다름없었다. 행색에 걸맞게 밥도 구걸하여 먹었다.

박문수는 소금천의 집 문을 두드리며 외쳤다.

"밥 좀 주시오! 불쌍한 사람에게 밥 한 술만 줍쇼!"

박문수가 소리치자 대문이 열리고 머리가 하얗게 센 노파가 나왔다.

"밥을 구걸할 양이면 잘못 찾아왔소. 지금은 찬밥 한 덩어리도 없으니 다른 데나 가보시구려."

소금천의 모친이었다. 박문수는 반가운 마음에 빙그레 웃었다.

소금천의 모친은 박문수를 바라보다 이상한 듯 고개를 갸웃거렸다.

"거 참, 생긴 것이 꼭 박 서방님 같으이. 혹여 박 서방님이 맞소?"

"하하, 나를 알아보시겠는가? 다행이네그려. 내 지금 며칠을 굶어 죽기 직전이니, 우선 주린 배를 채울 밥이나 좀 주지 않겠는가?"

소금천의 모친이 자신을 알아보자 박문수는 허리를 구부리며 더욱 배고픈 시늉을 했다.

"아이고, 서방님. 이것이 무슨 일이오? 어찌하다 이리 상거지가 되었단 말이오?"

소금천의 모친은 박문수를 황급히 방으로 모시고 들어갔다.

방에 앉아 막상 가까이서 보니 박문수의 행색이 더욱 가관인지라 소금천의 모친은 탄식하며 물었다.

"아이고, 서방님 이게 웬일이시오? 어쩌다 신세가 이리 처량하게 되셨소?"

박문수는 쑥스러운 듯 싱긋 웃으며 대답했다.

"다 내가 못난 탓이지. 한양으로 올라가 공부는 아니하고 허구한 날 기생집이다 투전판이다 넋이 팔려 다녔으니……. 그러다가 그 많던 가산까지 모두 탕진해 버리고 하루아침에 거지가 되어 이곳 저곳을 떠돌아다니다 여기까지 오게 되었네. 그래도 옛정을 생각해 나를 이리 반겨주니 고맙구려."

소금천의 모친은 그런 박문수가 측은해 할말을 잃고 옷고름으로 눈물만 찍어냈다.

"그래, 소금천은 요즘 어찌 지내는가?"

"예, 본부本府의 청기장번廳妓長番이 되어 집에는 자주 오지 못하고 있습니다요."

박문수는 적이 실망스러웠다. 10년 만에 소금천을 만나기 위해 왔건만 볼 수 없다니 여간 섭섭한 것이 아니었다.

'거 참, 보고픈 마음에 내 천리를 마다 않고 왔건만……'

소금천의 모친은 박문수에게 곧 밥을 지어 올 테니 잠시만 기다리라고 이른 뒤 부엌으로 나갔다.

박문수가 이런저런 생각에 잠겨 있으려니 밖에서 소금천의 목소리가 들려 왔다.

"어머니, 저 왔어요."

"아니, 웬일로 이 시각에 들어왔느냐? 아 참, 지금 방안에 박 서방님이 와 계신다."

"예? 박 서방님이요. 혹여 박문수 도련님을 말씀하시는 것이어요?"

소금천의 목소리가 커졌다.

"쉿! 그런데 말이다. 서방님이 패가망신을 하신 모양이더라. 꼴이 상거지 중에 상거지야. 쯧쯧, 불쌍하지 뭐냐. 사람 팔자는 알 수 없는 것이라더니……"

소금천의 모친이 작은 소리로 속삭였다.

"뭐라구요? 내 참, 십 년 만에 나타났다는 사람이 겨우 거지꼴

이래요? 용기도 가상하지, 어떻게 그 꼴을 하고 여기 올 생각을 했을까?"

소금천의 목소리가 앙칼졌다.

"애, 무슨 말을 그리하누. 그래도 옛정을 생각해서 여기까지 너보러 온 사람 아니냐? 어서 들어가 위로라도 해주거라. 그래도 명색이 네 첫 서방이 아니냐?"

"어머니도 그런 소리 말아요. 난 그런 사람 모르니 어머니께서 방에 들어가 새 옷이나 꺼내 주세요. 내일 병 사또님의 생신 잔치가 벌어진다고 곱게 차려 입으라고 하네요."

"새 옷을 입든지 헌 옷을 고쳐 입든지 네 알아서 꺼내 입어라! 못된 년 같으니……!"

소금천의 모친은 딸을 나무라며 부엌으로 들어가 버렸다. 소금천은 하는 수 없이 뾰로통한 얼굴로 방으로 들어갔다.

모녀가 마당에서 나누는 대화를 듣고 있던 박문수는 기분이 상했지만 모른 척 소금천을 반겼다.

"오호, 소금천이로구나! 나를 알아보겠느냐?"

"난 댁이 누군지 모르니 아는 척 마시오."

소금천은 박문수를 본체만체하고는 옷장에서 옷을 꺼내서는 획돌아서서 밖으로 나가버렸다.

소금천에게서 무안을 당한 박문수는 더 이상 그 집에 있을 필요가 없다고 여기고 밥이라도 먹고 가라는 소금천의 모친에게 인사를 하고 나왔다.

분을 삭이지 못해 길거리를 한참 배회하던 박문수는 물동이를 이고 가는 한 처녀와 마주쳤다.

처녀는 박문수를 바라보더니 눈이 휘둥그레졌다.

"거지를 처음 보시나? 왜 그리 뚫어지게 보는 겐가?"

박문수는 화가 나 있던 터라 처녀에게 퉁명스럽게 쏘아붙였다.

"죄송하옵니다. 제가 알고 있는 박 서방님이라는 분과 너무나 닮으셨기에 저도 모르게 그만……."

박문수는 자신을 알아보는 처녀가 누구인가 싶어 그녀의 얼굴을 좀 더 자세히 쳐다보았다.

'앗, 춘심이 아닌가?'

춘심은 동헌에서 물긷는 일을 하는 관비인데 얼굴이 박색인지라 늘 마을 남자들로부터 못생겼다고 놀림을 받았었다.

박문수는 그런 춘심이 불쌍하여 하룻밤을 같이한 적이 있었다. 하지만 그것도 벌써 10년 전의 일이라 그 사실을 까마득히 잊고 있었다.

"나를 알아보겠느냐?"

박문수가 아는 척을 하였다.

"그럼, 진정 박 서방님이시옵니까? 그런데…… 옷차림이……. 서방님 여기서 이럴 게 아니라 누추하지만 저희 집으로 가시지요."

춘심은 박문수를 자신의 집으로 모시고 갔다.

"서방님, 아니 어찌 이리 되셨단 말입니까?"

눈물까지 흘리며 묻는 춘심에게 박문수는 소금천의 모친에게 했던 것과 똑같은 대답을 해주었다.

"소녀, 서방님이 가신 후 지금까지 정성드려 기도했거늘 이 무슨 헛된 일이란 말입니까? 흑흑, 우선 시장하실 터이니 잠시만 기다리시면 곧 진지를 지어 올리겠사옵니다. 그 동안 편히 쉬고 계십시오."

춘심은 정성껏 상을 차려 박문수를 대접하고는 낡고 해진 옷을 벗기고 자신이 직접 지어 놓은 새 옷으로 갈아입혔다.

박문수는 춘심의 지극한 마음에 감동하여 어찌할 바를 몰랐다.

밤이 깊어 박문수가 춘심이 깔아준 새 이부자리에 드러누워 탐관오리인 이 고을 병 사또를 어찌할 것인가를 고민하고 있는데 갑자기 밖에서 그릇 깨지는 소리가 들렸다.

깜짝 놀라 방문을 열어 보니 마당에서 춘심이가 그릇을 깨고 있었다.

"무슨 일이냐? 이 밤에 왜 그릇을 깨는 것이냐?"

"소녀 서방님이 떠나신 날부터 지금까지 이 그릇에 정화수를 담아 놓고 오직 서방님의 건강과 장원 급제하시기만을 빌고 또 빌었습니다. 하지만 그 모든 일이 헛일임을 알았으니 이 그릇이 무슨 소용 있겠사옵니까? 흑흑."

춘심은 비오듯 눈물을 흘리며 말했다.

'아, 내가 장원 급제한 것이 나 혼자만의 힘이 아니었구나!'

박문수는 그토록 지극한 춘심의 정성에 감동하였다.

다음날 박문수는 자신의 소임을 다하기 위해 병 사또의 생일 잔치가 열리는 촉석루에 나갔다. 촉석루에는 주변 고을 수령을 비롯한 지방 유지들이 모여 기생들과 즐거이 놀고 있었다.

거지 차림을 한 박문수는 당당하게 촉석루에 올라갔다.

"허허, 이곳에 잔치가 벌어진 듯하여 염치 불구하고 밥이나 한 술 얻어먹으러 왔소이다."

박문수의 행색을 본 사람들은 인상을 찌푸리며 못마땅한 표정을 지었다.

병 사또 역시 불쾌했지만 행색이 비록 남루해도 양반의 차림새이고 또 자신의 생일인 만큼 한 구석에 박문수의 자리를 마련해 주도록 했다.

박문수가 구석일지언정 한 자리를 차지하고 앉자 언짢아하는 것은 주변 고을 수령이나 지방 유지들만이 아니었다. 병 사또 옆에 있던 소금천도 불쾌한 얼굴로 박문수를 노려보더니 이내 표정을 바꾸어 좌중의 손님들에게 술잔을 돌리기 시작했다.

"소녀가 한 잔 올리겠으니 기분들 푸시고 즐거이 노시어요."

잠시 후 박문수 앞에도 상이 차려졌는데 보기에 민망할 정도로 보잘것없는 음식들만 놓여 있었다.

"허허, 누구의 상에는 산해진미가 가득하거늘, 어찌하여 이 상은 변변치 못한 것들만 있단 말인가! 같은 양반도 이리 푸대접을 하는데 평민들 대접은 오죽할꼬!"

박문수는 모두가 들을 정도로 큰소리로 말했다.

"아니, 저놈이 남의 잔치에 와서 못하는 말이 없구나!"

"왜 내가 말을 잘못하였소?"

"아니, 그래도 저놈이. 여봐라, 당장 저놈을 내치거라!"

병 사또가 화를 내며 벌떡 일어나 소리쳤다.

"내려가긴 누가 내려간단 말이오. 그렇게 내려가기를 원한다면 사또나 내려가시구려. 여봐라!"

박문수의 고함 소리에 주변에 매복해 있던 포졸들이 함성을 지르며 달려나왔다.

"어사 출두요! 암행어사 출두요!"

병 사또의 생일 잔치는 삽시간에 난장판이 되었다.

잠시 후 박문수는 탐관오리인 병 사또는 하옥한 후 한양으로 압송케 하였고 사또와 결탁하여 백성들의 등골을 빼먹은 지방 유지들도 죄과에 따라 형벌을 내렸다. 그는 또한 소금천을 악덕한 여인이라 하여 곤장을 치게 하였고, 그의 모친에게는 사람의 도리를 아는 여인이라 하여 상을 내렸다.

잠시 후 포졸들이 춘심을 데리고 왔다. 박문수는 그녀에게 달려가 손을 잡고는 자신의 옆에 앉혔다.

이 광경을 본 사람들이 놀라 입을 다물지 못하자 박문수는 그간의 일을 설명해 주었다.

"이 여인이야말로 부덕婦德을 아는 진정한 여인이로다."

박문수의 말을 들은 사람들은 춘심의 행동에 깊은 감동을 받았다.

그는 춘심의 신분을 관비에서 평민으로 올려주고 후한 상금을 주어 편히 지낼 수 있게 해주었다.

일을 마친 박문수는 또다시 누더기 옷을 걸치고 암행의 길을 떠났다.

안류정 노인과 손호관

한낮이라 그런지 중천에 뜬 해는 폭염을 내뿜으며 한층 그 기세를 더하고 있었다.

들판의 벼이삭은 물론 산천의 초목들도 허연 먼지를 뒤집어쓰고 힘에 겨운 듯 더운 열기를 토해내고 있었다.

웃통을 벗어 던진 육 척 장신의 손호관은 짜증스러운 푸념을 내뱉으며 푹푹 찌는 더위 속을 쉬지 않고 걸어갔다.

어디선가 뻐꾸기 울음 소리가 애잔하게 들려올 때마다 손호관은 버릇처럼 오른손에 들고 있는 괴나리봇짐을 허공중에 날려버릴 것처럼 뱅뱅 돌렸다.

그런 장난질도 어느 정도 싫증이 날 무렵 우거진 나무들 사이로 푸르게 흘러가는 한강이 나타났다.

손호관은 환호성을 지르며 한달음에 달려가 강물에 풍덩 몸을 담갔다.

"어이! 시원해!"

그는 어린 아이처럼 물장구도 치고 자맥질도 하며 한동안 강물에서 더위를 식힌 뒤 다시 갈 길을 재촉했다.

강가를 따라 한참을 걷던 그는 삿갓을 쓰고 낚시를 하는 노인이 보이자 아픈 다리도 쉴 겸 그 옆에 털썩 주저앉았다. 노인은 옆에 사람이 오는 것을 못 느꼈는지 아무 미동도 없었다.

손호관이 그렇게 앉아 있은 지 한 시간여가 흐르도록 노인은 물고기를 한 마리도 낚지 못했다.

"내 참, 낚싯대는 폼으로 놓고 있구먼……. 강태공이라도 오셨나?"

손호관이 나지막이 혼잣말로 중얼거리는데 그때까지 미동도 않던 노인이 그를 돌아보았다.

"거, 뉘신데 입질 한 번 안 하는 낚시 구경을 하고 있소?"

노인은 손호관을 유심히 바라보며 말했다.

"아, 예…… 저는 그냥 지나가는 사람인데 잠시 쉬어 갈까 하고……."

손호관은 무심결에 한 말을 들었나 싶어 흠칫 놀랐다.

"어디에서 오시는 길인가?"

"밀양에서 오는 길입니다. 한양에 가려구요."

"그럼 남문으로 곧장 들어갈 것이지 왜 와우산 끄트머리에서 헤매는가?"

"노자가 떨어져서 서강에 사는 친구에게 좀 꿔 갈까 해서 왔는데 벌써 저승가고 없구만요."

"쯧쯧, 노자를 넉넉히 준비했어야지."

"떠나올 때 충분히 가져오긴 했습니다만 제가 워낙에 먹성이 좋아 주막에서 주는 밥 한 그릇 가지고 요기가 돼야 말이지요. 그래서 두세 그릇씩 먹었더니 밥값으로 다 써버리고 말았습니다요."

"허허허, 허긴 두세 사람 몫은 먹고도 남겠구만."

"그래 한양에는 무슨 일로 가시는가?"

"뭐……. 고향에서 딱히 할 일도 없이 밥만 축내느니 한양이라도 가서 밥벌이를 하려고 합니다."

손호관은 머뭇거리며 말했다.

"보아하니 힘깨나 쓸 것 같군."

"예. 고향에서는 장사란 소릴 듣고 지냈습니다요."

손호관은 힘주어 말했다.

"그랬겠군. 헌데 자네 이름이 뭔가?"

"예, 손호관이라 합니다."

"한양에 기거할 곳은 있나?"

"정한 곳은 없습니다만, 이 한 몸 묵을 곳이야 어디 없겠습니까?"

"허허, 배짱 한번 좋군."

노인은 손호관을 다시 한번 유심히 바라보더니 말을 이었다.

"허나 배짱만 가지고는 어렵지. 내가 아는 벼슬아치가 있는데, 거기를 찾아가 보지 않겠나? 내가 보냈다고 하면 며칠 유숙할 수는 있을 것이네."

"예? 어찌 안면도 없는 사람을 찾아간단 말입니까?"

"북촌 안동에 가서 이종성 대감 집을 찾아가게. 가서 서강의 안류정에 있는 노인네가 일러 주어서 왔노라 하면 박정하게 대하지는 않을 것일세."

손호관은 노인의 말이 진담인 것 같기도 하고 아닌 것 같기도 하여 마음속으로는 망설여졌지만 노인의 태도를 보아 처음 보는 사람에게 허튼소리를 할 사람으로 보이지 않았다.

"예. 그럼 그리하겠습니다."

손호관은 자리에서 일어나 웃옷을 걸치고 노인에게 고맙다는 인사를 했다.

"해지기 전에 서둘러 가보게."

노인은 그렇게 말하고는 다시 낚싯대를 강에 드리웠다.

손호관은 걸음을 재촉하여 한양으로 들어가 어렵지 않게 이종성 대감의 집을 찾아갔다.

그러나 이종성 대감은 출타중이었다.

손호관은 하인들에게 서강의 안류정에 있는 노인이 가보라고 해서 왔으니 올 때까지 기다리게 해달라고 사정했다.

그러자 하인들은 그를 사랑방에 들게 하고 저녁상까지 푸짐하게 차려 주었다.

밥을 배불리 먹고 난 손호관은 고단함을 못 이겨 곧바로 깊은 잠에 곯아떨어졌다.

얼마나 시간이 흘렀을까?

밖에서 인기척이 들려 손호관은 어렴풋이 잠에서 깨었다.

"시골에서 날 찾아온 사람 없었는가?"

"있었습니다, 나리. 지금 사랑에 계십니다."

"어험, 그래!"

이종성 대감이 돌아온 것 같았다.

손호관은 자리에서 벌떡 일어나 머리며 옷매무새를 다졌다.

이어 방문이 열렸다.

"아니! 당신은?"

방으로 들어온 사람은 다름 아닌 낮에 강가에서 낚시를 하던 그 노인이었다.

노인은 본디 영의정까지 지낸 이름난 정승이었다. 그런데 영조가 후궁 문 소의昭儀의 농간에 빠져 친자인 사도세자까지 참혹하게 죽이는 것을 보다 못해 상소를 올렸다가 문 소의의 모함으로 영의정에서 물러나고 지금은 낚시나 즐기며 유유자적하게 지내고 있었다.

"놀랐는가?"

노인이 웃으며 말했다.

"소인을 용서하옵소서. 식견이 부족하여 나리를 몰라뵙고 무례를 저질렀습니다."

손호관은 절을 올리며 용서를 빌었다.

"허허, 자네가 무엇을 잘못했다고 그러는가? 난 괜찮으니 마음 놓게."

이종성 대감은 인자한 웃음을 띄우며 말했다.

"내 이조판서를 잘 알고 있는데 그 사람에게 부탁하여 대궐 수문장 자리 하나 줄 테니 맡아 보겠는가?"

"예? 소인에게 말씀이십니까?"

손호관은 놀라 되물었다.

"저야 황송할 뿐입니다만 저같이 미천한 놈이 어찌 대궐을 지키는 수문장이 되겠사옵니까?"

이종성 대감은 단호한 어조로 말했다.

"마침 대궐 금요문의 수문장 자리가 비었는데 그 자리는 오래 비워 둘 수 없는 자리라네. 그렇다고 함부로 아무나 앉힐 자리도 아니라네. 물론 나야 벼슬을 떠났긴 했네만 이대로 나랏일을 모른 척할 수 없어 내가 쓸 만한 사람을 추천하겠노라고 일러 놓았네."

손호관은 조용히 이종성 대감의 이야기를 듣고 있었다.

"오늘 자네를 만나고 보니 그 자리에는 자네가 적임자인 듯하네. 나라가 어지럽다 보니 수문장이 할 일도 막중하다네. 대궐에 드나드는 모든 것을 유심히 살피고 의심나는 것은 가차없이 확인해야 하네. 할 수 있겠나?"

"소인이야 그저 시켜주신다면 열심히 하겠사옵니다."

손호관은 기쁨을 감추지 못하고 대답했다.

"일자리를 구하던 터였으니 반갑겠지만 자칫 잘못하면 자네의 목숨을 잃을 수도 있는 위험한 자리라네. 그래도 괜찮은가?"

"남자로 태어나 나라를 위해 일하다 죽는다면 그보다 더한 영예가 어디 있겠습니까? 소인 시켜만 주신다면 기꺼이 이 목숨을 내놓고 하겠사옵니다."

이종성은 손호관의 대답에 흡족해하며 고개를 끄덕였다.

"그럼 그렇게 하지. 오늘 당장 이 소식을 전하면 내일부터 출사할 수 있을걸세."

이종성 대감은 그렇게 말하며 손호관의 손을 굳게 잡았다.

"그건 그렇고 오늘 밤 내 자네에게 부탁할 것이 있네. 밤이 깊으면 시동을 보낼 테니 그 아이가 안내하는 방으로 오게."

그날 밤 이종성은 사람들이 잘 드나들지 않는 으슥한 뒷방에서 손호관에게 부패한 대신들과 간악한 문 소의의 흉계로 인해 조정이 위태한 지경에 이른 사실을 이야기해 주었다. 아울러 일간 임금과 나라를 위해 목숨을 내놓고 단행할 일이 하나 있으니 그것을 기꺼이 처리해 주도록 부탁했다.

다음날부터 손호관은 대궐 금요문 수문장에 임명되었다.

손호관은 항시 이종성의 말을 기억하며 자신의 맡은 바 직무에 충실하고자 애썼다.

그로부터 몇 달이 지나지 않아 이종성 대감으로부터 은밀한 서신이 왔다.

'오늘 밤은 대궐을 드나드는 사람들을 더욱 유심히 살피게. 특히 문 소의 측의 행동은 그냥 지나쳐서는 안 되네.'

이종성이 말한 계획을 단행할 날이 된 것이다. 그날 손호관은 낮부터 수문장인 자신이 직접 대궐 문 앞에 나와 드나드는 사람들을 하나하나 조사하였다.

그 무렵 문 소의는 해산날이 가까웠다고 알리고 사가에서 갓난아이를 하나 데려와 자기가 왕자를 낳았다고 속이고 그를 빌미로 권세를 누려 보려는 흉계을 꾸미고 있었다.

그 사실을 눈치 챈 이종성은 이를 처치하고 문 소의의 간악함을 낱낱이 폭로하려는 것이었다.

그날 밤, 밤이 이슥해졌을 때였다. 낮에 사가로 나갔던 문 소의의 나인이 커다란 바구니 하나를 머리에 이고 대궐로 들어가려 했다.

"게, 누구냐?"

손호관이 크게 소리쳤다.

"문 소의 마마전에 있는 나인이옵니다."

나인은 흠칫 놀라며 말했다.

"나인이 무슨 일로 대궐 밖에 나갔던 게냐? 그리고 그 바구니 안에는 무엇이 들어 있는 게냐?"

"문 소의 마마의 어머님께서 오늘 생신을 맞이하여 심부름 갔다 오는 길이옵니다. 이것은 소의 마마께 갖다 드릴 생일 잔치 음식이옵니다."

손호관은 바구니에 코를 대고 킁킁거렸다. 그런데 바구니 안에서 음식 냄새가 아니라 금방 낳은 아기의 젖비린내가 났다.

그는 시치미를 뚝 떼고 말했다.

"생일 잔치 음식이면 푸짐하겠구나. 바구니도 큰 것이 꽤 많이 가지고 온 모양이니 여기도 한 접시 내놓고 가거라."

"아, 아니 됩니다! 사가 음식을 나눠 먹었다고 하면 문 소의 마마께서 크게 호통 치실 겁니다."

나인은 당황한 나머지 말까지 더듬었다.

"거 참, 인심도 야박하군. 문 소의 마마께는 아무 말 말고 조금만 나눠주면 되지 않겠느냐."

손호관은 슬며시 바구니에 손을 얹으며 말했다. 그러자 나인은 움찔 하더니 머리에 이고 있던 바구니를 잽싸게 두 손으로 안아 내렸다.

그 순간 바구니에서 아기 울음 소리가 요란하게 들렸다.

손호관은 단번에 칼을 뽑아 바구니를 내리치자 바구니와 함께 갓난아기가 땅에 떨어졌다.

"요망한 것 같으니!"

손호관은 다시 칼을 들어 나인을 내리쳤다. 나인은 비명 한 번 지르지 못하고 그자리에서 절명하고 말았다.

이로 인해 문 소의의 간악한 음모가 만천하에 드러나자 영조는 두말없이 문 소의를 폐위시키고 그녀의 측근들까지 형을 내렸다.

정조를 살린 홍국영

세손과 어전에 마주앉아 얘기를 주고받던 영조는 지나가는 투로 물었다.

"요즘은 논어와 대학을 읽는다지?"

"예, 할바마마!"

세손이 공손하게 대답하니 영조가 재차 물었다.

"그래, 사기 사략 같은 것은 아직 읽지 않느냐?"

세손과 대화를 나누던 영조가 갑자기 그렇게 물은 것은 문득 옛일이 생각난 까닭이었다. 지금에 와서야 자식인 사도세자를 죽인 것을 후회하고 있지만 이미 그것은 돌이킬 수 없는 일이었다.

영조는 그 일을 세손이 알고 있는지 궁금했다.

"틈 나는 대로 읽고 있습니다, 할바마마."

무심결에 대답하던 세손은 뒤늦게 영조의 의도를 눈치 채고 긴장하였다.

"그렇다면 사략에는 왕이 아들을 해치고 아들이 왕을 해하는 부분이 적지 않게 나오는데 그것도 보았느냐?"

영조의 목소리가 가라앉았다.

"그런 이야기가 있는 것으로 알고는 있습니다. 하오나 소자의 생각에 그런 일은 차라리 모르는 것이 좋을 듯해서 그 부분은 모두 찢어버렸습니다."

세손은 자신도 모르게 거짓말을 하였다. 우선 영조의 심기를 건드리지 않는 것이 중요했던 것이다.

"그래? 그거 참, 기특한지고. 찢어버렸다, 이 말이지?"

세손의 말에 흡족해하던 영조는 갑자기 밖을 향해 소리쳤다.

"여봐라! 동궁에 가서 세손이 읽고 있는 사략을 가져오너라!"

순간 세손의 등줄기에 식은땀이 흘러내렸다.

만약 자신이 거짓을 고했다는 사실이 탄로나면 자신 또한 아버지 사도세자와 같은 일을 당할지도 모를 일이었다.

'이를 어찌한다, 지금이라도 이실직고를 해야 하나?'

세손의 머릿속은 점점 아뜩해져만 갔다.

잠시 후 내관이 사략을 들고 와서 영조 앞에 바쳤다.

'아바마마……'

세손은 질끈 눈을 감았다.

"이 책이냐? 어디 보자."

영조는 천천히 책장을 넘겼다.

"오, 참말이었구나. 그거 참, 내 혹시나 했는데, 허허허!"

영조의 말에 세손은 어리둥절해졌다.

"허허, 내 손자 하나는 영특하게 두었노라, 참으로 영특해. 허허!"

영조는 더할 나위 없이 만족해하며 세손의 손을 잡았다.

잠시 후 어전에서 물러나온 세손이 내관에게 알아보니 동궁에서 책을 내어준 이는 바로 홍국영이었다.

세손은 곧장 홍국영을 찾아갔다.

"홍공이 내 목숨을 구했소! 정말 고맙소."

"황공하옵니다, 세자 마마. 별 탈은 없으셨는지요?"

홍국영이 머리를 숙여 인사하며 말했다.

"공은 그걸 어찌 알고 그 부분을 없앴소?"

"전하께서 갑작스레 그 책을 찾으신다 하기에 이유를 생각하다 문득 수양제가 부왕을 해치고 왕위에 오른 것이 생각났사옵니다. 그 래서 불안한 마음이 들어 그러한 내용이 있는 다른 부분들도 모두 찢었사옵니다. 세자 마마, 소신 감히 마마의 책을 찢었사오니 그 벌 달게 받겠사옵니다."

홍국영은 무릎을 꿇고 아뢰었다.

"아니오! 그 무슨 당치 않은 말이오? 홍공이 아니었으면 나는 이 미 죽은 목숨이나 다름 없었을 것이오."

세손은 홍국영의 손을 잡아 일으켜 세웠다. 그리고 그 자리에서 지필묵을 대령시킨 뒤 한 장의 글을 써주었다.

'내가 왕이 된 후, 혹시라도 홍국영이 반역을 도모한 중죄를 짓 는다 해도 홍국영만은 참형에 처하지 않고 살려 주리라.'

세손은 그후 홍국영을 신임하여 항시 가까이 두었고 영조의 뒤 를 이어 왕위에 등극한 후에는 그에게 이조참판과 대사헌 등 높은 관직을 제수하였다. 하지만 홍국영은 정조가 자신을 총애하는 것을 이용하여 권력의 중심에 서고자 자신의 누이를 정조의 후궁으로 들 여보내며 점점 과도한 세도를 부렸다.

그러나 홍국영의 세도는 오래가지 못했다. 자신의 누이는 후사 없이 일찍 죽었고 정조 또한 그의 세도를 경계하기 시작했다. 조급 해진 그는 결국 왕비를 독살하려는 계획을 세웠다가 발각되는 바람 에 고향으로 내쫓겨 시름시름 앓다가 이듬해 병으로 죽고 말았다.

장마덕에 후궁이 된 수빈 박씨

박명원은 자신도 모르게 절로 한숨이 나왔다.

'허 참, 이를 어쩐다? 그렇게 호언장담을 했는데 전하께 뭐라 아뢰어야 한단 말인가?'

답답한 심사를 견디다 못한 박명원이 닫힌 방문을 활짝 열어 젖혔다.

밖에는 며칠 전부터 시작된 장마가 여전히 계속되고 있었다.

추적추적 내리는 빗소리를 듣자니 그는 마음이 더욱 착잡해졌다.

'이럴 줄 알았다면 사촌 조카딸이라는 단서라도 붙이지 말 것을……'

추녀 끝으로 떨어지는 빗방울을 멍하니 바라보는 박명원의 기억 속으로 정조를 알현했던 그날의 일이 다시금 떠올랐다.

"허허, 과인의 나이 아직 어린데 무엇이 급하다고 이리 서두르는지 모르겠소."

"전하, 그리 생각하시면 아니 되옵니다. 종묘사직을 생각하옵소서. 어서 후사를 보셔야 왕실이 안정되는 법이옵니다. 신은 항시 그것이 걱정이옵니다."

그는 정조의 혼인을 성사시키고자 간곡히 말했다.

박명원은 정조의 고모부로, 살아 생전 아버지 사도세자를 적극적으로 변호해 준 화평 옹주의 남편이었기에 정조는 그를 남달리 신임하고 있었다.

"과인이 이토록 건강한데 무엇이 그리 걱정이랍니까?"

효의왕후가 자녀를 생산하지 못하고 뒤를 이어 간택된 선빈 성씨가 낳은 문효세자도 어린 나이에 세상을 뜬 후 더 이상 후사가 없자 많은 신하들이 후궁을 들일 것을 적극 간청했지만 정조는 매번 거절했다.

그러나 박명원은 사사로운 고모부의 입장에서 생각할 때, 더는 미룰 일이 아니라고 여겨 벌써 며칠째 정조에게 똑같은 주청을 올리고 있었다.

"전하 통촉하옵소서."

정조는 박명원의 주청에 못 이기는 척 말했다.

"정 그러시다면 좋은 규수를 찾아 주십시오. 신료들이 아무도 반대하지 않을 그런 사람 말입니다."

정조가 승낙하자 박명원은 기뻐하며 아뢰었다.

"전하, 실은 소신의 질녀 중에 재색을 두루 갖춘 규수가 한 명 있사옵니다. 가세가 그리 넉넉한 편은 아니오나 전하를 모시기에 부족함이 없을 것으로 사료되옵니다."

박명원은 은근히 심중에 두고 있던 사촌 조카딸 얘기를 꺼냈다.

"그럼 간택이다 뭐다 해서 일을 복잡하게 하지 마시고 공의 사촌에게 의견을 물어서 좋다 하면 알아서 처리해 주십시오."

정조는 모든 일을 박명원에게 일임하였다.

박명원은 퇴궐하자마자 사촌의 집으로 부리나케 달려가 의논하였다.

그런데 기뻐 날뛸 줄 알았던 사촌은 심드렁한 표정으로 언성을 높였다.

"형님! 그 무슨 말씀이시오? 대궐의 후궁 자리는 왕자를 생산하지 못하면 그걸로 끝인 데다 설령 왕자를 생산한다 해도 시기와 암투가 끊이지 않는 곳인데 내 어찌 귀한 딸을 그런 곳에 보낸단 말이오!"

"이보시게! 이 일이 성사되면 가문의 영광이 아닌가?"

박명원이 의아해하며 말했다.

"내 비록 가난하지만 곱게 기른 딸자식을 호랑이 굴 같은 대궐에 보내면서까지 가문을 빛낼 생각은 추호도 없습니다. 그런 말씀 하시려거든 그만 돌아가십시오."

"허허……, 이거 참!"

박명원은 혀를 찼다.

"자네 생각이 정 그렇다면 어쩌겠는가? 평양 감사도 제 싫으면 안 하는 것을……. 내 이만 돌아가겠네."

그날부터 박명원은 혼자 속을 끓이기 시작했다.

'허, 이를 어쩐다? 친척이라 말해 놓았는데 이제 와서 다른 집 규수를 고를 수도 없고…….'

박명원은 방문을 닫고 다시 자리에 누웠다. 그러나 아무리 생각해도 뾰족한 방도가 떠오르지 않았다.

박명원이 끙끙거리며 골머리를 앓고 있는데 밖에서 하인의 목소리가 들렸다.

"나리! 박 생원님이 오셨습니다!"

박명원은 자리에서 일어나 앉았다.

'저 양반은 또 웬일이신가?'

박 생원은 박명원의 먼 친척뻘 되는 이로 전라도 여주에서 농사를 지으며 서생 노릇을 하고 있었다.

　집안이 워낙 곤궁하여 친척들과는 일절 연락을 끊고 사는 박 생원이었지만 박명원은 가끔 한양에 올라오는 그를 며칠씩 집에 묵게 하고 내려갈 땐 노자라도 얼마 손에 쥐어서 보내곤 했다.

　"아니, 대감, 어디 편찮으시오?"

　박 생원이 박명원의 낯빛을 보더니 놀라 물었다.

　"아닙니다. 헌데 이 장마에 한양까지 어인 일이십니까?"

　"실은 이번 장마로 집이고 뭐고 다 홍수에 떠내려가고 말았네. 그래서……."

　이번 장마로 여주 일대가 큰 피해를 보았는데 박 생원 역시 살고 있던 살림살이 하나 건지지 못하고 그저 식솔들을 데리고 몸만 간신히 빠져 나왔다는 것이었다.

　살림이야 워낙에 가난하여 건질 것도 없었지만 그나마 유일한 생계 수단이었던 논 몇 마지기마저 불어난 강물에 다 씻겨 내려가 살길이 막막하여 무작정 한양으로 올라왔다고 했다.

　"무작정 오긴 했는데 당장 거처할 곳도 없어 이렇게 염치 불구하고 찾아왔네그려. 다른 이는 몰라도 대감께서는 우리를 무정하게 내치지 않을 것 같아서……."

　박생원의 눈가에 희미하게 눈물이 고였다.

　"그럼 식솔들은 지금 어디 있습니까?"

　"우선 남문 근처에서 기다리라고 했네. 이제 곧 어두워질 텐데 다 큰 딸자식을 그런 곳에 두고 와서 영 마음이 놓이질 않는군."

　"딸이라고요?"

　박명원의 귀가 번쩍 트였다.

"딸아이가 올해 몇입니까?"

"말하기 창피하지만 벌써 열아홉이구먼. 그 아이도 어서 혼처를 정해야 하는데 누가 우리 같은 가난뱅이와 사돈을 맺으려 하겠는가?"

박 생원의 말에 박명원은 마음이 급해졌다.

"여봐라! 당장 박 생원님을 모시고 가서 식솔들을 모셔오도록 하라! 그리고 마님과 따님도 계시다 하니 가마를 대령하여 가도록 하라!"

박명원의 예기치 않은 환대에 박 생원은 기뻐 어쩔 줄 몰랐다.

'잘만 하면 체면은 세우겠군. 시골에서 자란 아이니 조금 모자라긴 하겠지만 부인이 잘만 가르치면 되겠지.'

박명원의 가슴은 십 년 묵은 체증이 내려가는 듯 시원해졌다.

얼마 후 박 생원이 식솔들을 데리고 돌아왔다.

박명원은 하인에게 미리 일러 둔 방으로 박 생원과 식솔들을 모시게 한 후 박 생원의 딸만 자신의 방으로 불렀다.

사뿐한 걸음걸이로 방으로 들어오는 박 생원의 딸을 본 박명원은 놀라지 않을 수 없었다.

'옥이 진흙 속에 묻혀 있었구나! 시골 아이인 데다 집안이 가난하여 기대하지 않았거늘…….'

박 생원의 딸은 그야말로 어느 양갓집 규수에게도 뒤지지 않을 만큼 아름다운 미모와 품격을 지니고 있었다.

또한 박명원이 묻는 말에 또박또박 공손하고 재치 있게 대답하니 박명원의 입에서는 연신 웃음이 배어나왔다.

"허허허, 형님께서 딸아이 교육은 제대로 하시었소. 정말 훌륭한 아이입니다. 이렇게 오셨으니 남의 집이라 생각지 마시고 자리가 잡힐 때까지 편히 지내도록 하십시오."

아무것도 모르는 박 생원은 그저 박명원의 말에 감격할 따름이었다.

며칠 후, 박명원은 가벼운 마음으로 정조를 알현했다.

"전하, 지난번 말한 규수의 집에서 승낙을 받았사옵니다."

"그러셨습니까? 한 번 더 말하지만 규수는 별 탈 없을 사람이겠지요?"

정조는 신료들이 후궁 간택을 두고 이러쿵저러쿵 말이 많은 터라 집안도 그렇거니와 인물 됨됨이도 정숙한 여인을 원했다.

"그 점은 염려하지 않으셔도 될 것이옵니다. 한 가지 흠이 있다면 가세가 좀 곤궁하다는 것뿐이옵니다."

"가세가 곤궁하다? 허허, 그거 오히려 잘 되었습니다그려. 처가가 가난하니 세도를 부릴 염려가 없을 것이고 어느 당파에도 속하지 않았을 것이니 신료들의 당쟁에도 관여치 않을 것 아닙니까?"

정조는 박명원이 중매를 선 박 생원의 딸을 후궁으로 맞아들였다.

장마통에 재산을 모두 잃은 아버지를 따라 한양에 올라온 것이 계기가 되어 하루아침에 후궁이 된 이 시골 처녀는 다름 아닌 정조의 셋째 부인인 수빈 박씨였다. 그녀가 낳은 아들은 정조의 뒤를 이어 왕위에 오른 조선 제23대 왕인 순조이다.

권돈인의 출세길

괴나리봇짐을 등에 멘 이재 권돈인은 측은해 보일 만큼 어깨를 축 늘어뜨리고 혼자 터벅터벅 걸어가고 있었다.

'나름대로 하느라고 했건만 아무래도 벼슬길에 오를 팔자가 아닌가……'

권돈인이 과거에 낙방한 것이 올해로 벌써 몇 번째인지 모른다. 매해 마지막이라는 마음으로 응시를 했건만 결과는 번번이 낙방이었다.

나이 사십 줄에 올해도 영낙없이 낙방의 고배를 마신 권돈인은 자신의 신세가 한없이 처량하고 한심하게만 느껴졌다.

'이제부터 과거 같은 건 잊어버리고 오늘 내려가면 다시는 한양에 오지 말아야지. 마지막으로 추사에게 작별 인사나 하고 가야겠다.'

권돈인은 추사 김정희의 집으로 발길을 돌렸다.

추사 김정희는 당대 최고의 서화가로서 조선뿐 아니라 청 나라에도 그 명성이 자자한 인물이었다.

김정희는 권돈인이 오자 몸소 나와 반가이 맞아들였다.

"어서 오시게. 이게 얼마만인가?"

김정희는 권돈인을 방으로 들게 하고 하인을 시켜 주안상을 마련토록 일렀다. 서로의 안부를 묻고 이런저런 이야기를 나누던 끝에 권돈인이 추연한 얼굴로 넋두리를 했다.

"내 이번에도 낙방을 하고 말았네. 내 실력이 부족하여 떨어진 것이니 누구를 탓하겠는가. 하지만 내 나이 벌써 마흔을 넘겼는데 아직도 대소과에 한 번도 급제를 못하니 가족들은 물론이거니와 주위 사람들 보기 민망할 뿐이네."

권돈인은 한숨을 내쉬며 고개를 떨구었다.

"나이가 무슨 상관인가. 고금을 돌아보면 나이 오십에 손자뻘 되는 젊은이들과 나란히 급제하여 나중에 정승에까지 오른 사람도 있지 않은가? 그런 말 말고 기운 내시게."

"아닐세. 난 그만한 인물이 못 되나 보이. 그래서 이제 과거는 영영 단념하고 고향에서 논밭이나 갈며 지낼 생각일세. 이번에 내려가면 더는 한양에 올 일이 없을 듯하여 이렇게 마지막으로 자네 얼굴이나 한 번 보려고 온 걸세."

권돈인은 쓸쓸한 미소를 지으며 김정희를 바라보았다.

"이보게, 이재! 그런 생각은 접어 두게. 자네의 문장은 내가 잘 알고 있네. 지금 자네만한 학식을 구비한 선비가 이 나라에 몇이나 되겠는가. 대기 만성이라는 말도 있지 않은가? 조금만 참고 노력하면 반드시 좋은 일이 있을 것일세. 이대로 자네가 초야에 묻힌다면 나라로서도 아까운 인물을 놓치는 셈이 되네."

김정희는 권돈인의 마음을 돌려놓으려 애썼다. 그리고 청 나라에 갔을 때 사주 본 얘기를 해주었다.

"자네한텐 말하지 않았네만 내가 일전에 청 나라에 갔을 때 그곳에서 제일 용하다는 점쟁이에게 사주를 본 적이 있다네. 내 사주를 척척 맞추길래 생각난 김에 자네 사주도 넣어 보았더니 그 점쟁이가 예사롭지 않은 듯이 정성 들여 보더군. 점쟁이 말이 사십 전은 호랑이가 함정에 빠진 형국으로 재주는 있으되 고생길을 벗어나지 못하나 사십을 넘어서면 호랑이가 함정에서 빠져 나와 점차로 승승장구할 사주라 하더군. 점쟁이 말대로라면 자네는 대기 만성할 운세니 조금만 더 기다려 보게."

김정희는 다시 한번 권돈인을 설득했다.

"굳이 점쟁이의 말이 아니더라도 자네는 크게 될 인물이야. 내가 장담하지. 그러니 당분간 우리 집에 기거하며 다른 생각 말고 글이나 짓게. 자네 고향집에는 내가 따로 전곡을 보내 주겠네. 신세진다 생각 말고 부디 그렇게 하게나. 훗날 잘 되었을 때 갚으면 되지 않겠나."

"자네 말은 고맙기 한이 없으이. 하지만 다 부질없는 짓일세. 자네가 굳이 나를 돕고 싶다면 논 몇 마지기나 얻어 주게. 그게 나을 듯하이."

"그걸 말이라고 하는가? 정승이 될 사람이 농사꾼이 되겠다니……."

더 이상 말로는 권돈인의 마음을 돌릴 수 없다고 판단한 김정희는 연거푸 술 몇 잔을 기울이고는 말했다.

"그럼 이렇게 하세. 며칠 후면 풍고 김조순 대감이 세검정에서 시회詩會를 열 것이네. 자네도 알다시피 풍고 대감은 전하의 장인으로 이 나라에서 둘째가라면 서러워할 세도가가 아닌가. 그런 만큼 그 자리에는 내로라 하는 문인이며 세도가들이 참석할 걸세. 나 역시 그곳에 참석할 것이네. 그때 자네는 세검정을 지나 북한산으로 올라가는 척하게. 내가 자네를 보고 달려가 붙잡으면 세속의 인연을 끊고 중이 되겠노라고 말하게. 그리고 내가 한사코 만류하면 못 이기는 척하고 시회에 참석하게. 그러면 세도가의 집을 찾아가지 않아도 자연스럽게 자네를 소개할 수 있지 않겠나."

김정희의 말에 권돈인의 마음이 십분 누그러졌다.

"이번 한 번만 내 말을 따라 주게. 그러면 나도 더 이상 자네를 붙잡지 않겠네."

김정희는 권돈인의 손을 힘주어 잡았다. 권돈인은 자신을 진정으로 생각해 주는 추사의 간곡한 부탁을 기꺼이 받아들였다.

"자네 뜻이 정 그러하면 그대로 따르겠네. 나머지는 다 자네에게 맡김세."

두 사람은 그날을 기약하며 밤이 깊도록 술잔을 기울였다.

세검정에서 시회가 열리는 날, 권돈인은 간단히 짐을 꾸려 어깨에 메고는 세상 모든 것을 포기한 사람 행색으로 북한산을 향했다.

북한산의 초입인 세검정이 가까워오자 사람들이 모여 떠드는 소리가 들려 왔다.

정자 위에는 영의정 김재찬, 영안부원군 김조순, 병조판서 이상황 등 높은 관료들이 자리하였고, 그 주변에는 조수삼, 이명오 등 장안의 내로라 하는 일류 시객들이며 젊은 명사들이 무리를 지어 앉아 있었다.

술은 벌써 한 순배 돌고 이런 자리에선 늘 그렇듯 악공이 연주를 하고 기생들이 그 장단에 맞춰 시조가락을 뽑고 있었다.

그때 권돈인은 산을 올라가다 정자에서 그리 멀지 않은 냇가에서 잠시 걸음을 멈추고 땀을 씻고 있었다.

권돈인이 나타나기를 기다리던 김정희가 그 모습을 보고는 깜짝 놀라는 척하며 벌떡 일어나더니 곧장 달려왔다.

"아니, 자네 이재가 아닌가? 참으로 오랜만일세그려. 안 그래도 이번에 발표된 방목에 자네 이름이 보이지 않아 섭섭했네. 위로라도 하러 갈까 하던 터였는데 참으로 잘 만났네. 마침 시회가 열리고 있으니 자네도 자리하여 문인들과 인사도 나누고 시도 한 수 짓고 가게나."

김정희는 정자에까지 들릴 만큼 큰소리로 말했다.

"당치 않네. 과거에 낙방한 사람이 무슨 염치로 귀척 각신들이 노니는 자리에 낀단 말인가? 자네를 만난 것으로 족하니 나는 그만내 갈 길을 가려네."

"섭하이. 잠시 앉아 회포나 풀면 될 것을……. 그런데 대체 지금 어디로 가는 겐가?"

"이십여 년 동안 한 번도 과거에 급제를 못했으니 무슨 낯으로 처자식이며 고향 사람들을 보겠는가. 이대로 절에 들어가 중이나 되려고 하네."

"그게 무슨 말인가? 과거에 낙방한 사람이 어디 한둘인가? 그런 사람들이 다 자네처럼 중이 되겠다고 하면 이 나라는 어찌 되겠는가. 다 때가 있는 법이니 조금만 참게. 그리고 오늘만은 내가 반가운 벗을 놓칠 수 없네. 자, 개의치 말고 어서 같이 가세."

김정희는 한사코 만류하는 권돈인을 억지로 끌었다. 권돈인은 마지못하는 척 김정희 손에 이끌려 정자에 올라갔다.

김정희는 자리에 앉아 있는 관료들에게 권돈인을 소개하며 학식이 깊고 문장이 뛰어나다고 입에 침이 마르도록 칭찬했다.

"어허, 그리 뛰어난 선비를 못 알아봤다니. 시관의 눈이 밝지 못한가 보이."

풍고 김조순이 혀를 차며 말했다.

"그렇지만 너무 괘념치 말게. 보아하니 아직 젊은 것 같은데 그리 쉽게 세상을 등지다니 말이 되는가? 과거는 내년에도 있으니 중이 되려는 생각은 그만 접고 여기 앉아 술 한잔 하면서 함께 시나 짓게."

김조순이 진심으로 권돈인을 위로하고 나서자 권돈인도 마지못한 듯 그 뜻을 정중히 받들어 심사 숙고하겠노라고 말했다.

그날 시회에서 권돈인은 문필로 보나 말솜씨로 보나 단연 돋보였다. 김정희를 비롯한 여느 선비보다 무엇 하나 뒤지지 않았다.

그런 권돈인을 유심히 살펴보던 김조순은 시회가 끝날 무렵 그를 가까이 불렀다.

"가히 추사의 말이 그르지 않네. 다음번 양화도에서 있을 시회에도 꼭 참석하게나."

김조순은 흡족한 표정을 지으며 정자를 내려갔다.

어느새 김정희가 권돈인의 곁에 다가와 미소를 지으며 말했다.

"그것 보게. 청 나라 점쟁이의 점괘가 참으로 신통하지 않은가."

"이 모든 것이 자네 덕이네. 정말 고마우이."

그날 권돈인의 인물됨과 문필에 감탄한 김조순은 다음번 시회가 있을 때까지 그를 아들의 집 사랑방에 기거할 수 있도록 배려해 주었다.

권돈인은 양화도에서 열린 시회에서 자신의 재주를 마음껏 발휘하여 주목을 받았으며 두 번의 시회를 계기로 사람들에게 그의 이름이 알려지게 되었다.

세인의 관심은 물론 조정에서 막강한 권력을 행사하는 김조순의 총애를 받게 된 권돈인은 그해 겨울 황감별시에 당당히 급제했다.

그뒤 그의 앞날은 그야말로 탄탄대로가 기다리고 있었으니, 다른 사람 같으면 몇십 년 걸렸을 것을 몇 년 지나지 않아 조정에까지 진출하게 되었다.

　권돈인은 벼슬길에 오른 지 십여 년이 채 지나지 않아 자신에게 출세길을 열어 준 추사에 앞서 정이품 호조판서에 올랐고, 헌종대에 와서는 영의정에까지 올랐다.

정만석과 김 진사

아침을 먹자마자 정만석은 괴나리봇짐을 꾸려 떠날 채비를 했다.

쾌청한 하늘 아래 눈부시도록 맑은 햇살이 부서져 내리고 있었지만 만석의 마음은 간밤에 들은 이야기 때문인지 다소 무거웠다.

아니, 어쩌면 그건 무겁다기보다는 알 수 없는 거대한 음모를 파헤치려는 가슴속의 비장한 결의가 그렇게 느껴지게 하는지도 몰랐다.

묵고 있던 주막을 나와 김 진사의 집을 찾아가면서, 만석은 허리춤에 깊숙이 숨긴 마패를 한 손으로 확인하며 아랫배에 천천히 힘을 주었다.

임금의 명을 받아 암행을 하는 어사로서 간밤에 들은 마을 사람들의 은밀한 수군거림은 결코 간과해서는 안 될 중요한 사안이었다.

지난밤, 고단한 하룻길을 마친 만석이 혼자 주막집 마루에 걸터앉아 지는 노을을 바라보며 국밥 한 그릇에 술 한 병을 혼자 들이켜고 있을 때였다.

일을 마치고 집으로 돌아가다 주막에 들러 술추렴을 하던 농부들의 푸념 섞인 말투가 만석의 등뒤를 타고 넘어왔다.

"도대체 그 김 진사란 작자는 어디서 무얼 하기에 그렇게 돈이 많아?"

"낸들 알겠는가? 처음 우리 동네에 들어올 때부터 내 기분이 좋
지 않았다구!"

그 말을 받아 얼큰하게 술이 오른 한 농부가 제법 큰소리를 내
었다.

"내가 보기엔…… 아무래도 그 작자는 도적의 우두머리이거
나……, 아니면…… 사기꾼이 분명해!"

그 말이 좀 심했던지 같이 앉은 일행들이 그의 입을 막으며 조심
하라는 듯 손사랫짓을 했다.

그러나 사내는 화가 난 목소리로 더욱 크게 떠들었다.

"왜? 내가 무슨 틀린 말 했어? 틀린 말 했느냐 말이야?"

농부 일행은 안 되겠다 싶었던지 저마다 그만 집으로 돌아가자
며 자리에서 일어섰다. 그뒤를 쫓아 부엌에서 뛰어나온 주모가 또
외상이냐고 악을 써댔다.

잠시 후 만석은 주모를 불러 물 한 잔을 청한 뒤 넌지시 말을 붙
였다.

"대체 김 진사라는 이가 뉘시오?"

주모는 의아한 눈초리로 만석의 위아래를 훑어보다가 만석이 주
머니에서 엽전 소리를 내며 좀 전에 농부 일행이 먹고 간 술값을 대
신 치르겠다고 하자 얼른 표정을 바꾸며 그 자리에 앉아 해도 될 말
안 해도 될 말을 한동안 떠들어댔다.

"……그런데 말이에요, 손님. ……정말 이상한 것은 김 진사는
한 달에 한 번 정도 어딘가를 갔다오는데 그럴 때마다 돈 보따리를
싸 짊어지고 온다는 소문이에요."

주모는 주위를 곁눈질하며 만석의 귀에다 대고 마지막으로 그렇

게 속삭였다. 주모의 목소리는 혹시 누가 들으면 무슨 큰일을 당할 것처럼 약간 상기되어 있었다.

만석은 주모의 말을 다시 한번 떠올리고는 주모가 일러 준 김 진사의 집 위치를 머릿속으로 재차 확인하며 걸어 갔다.

주모의 말대로 동네를 가로질러 산기슭을 타고 언덕으로 난 사잇길로 접어들자 갑자기 시야가 탁 트이며 들판이 나타났고 그 왼편으로 한양에서도 보기 힘든 고래등 같은 기와집이 우람한 형체를 드러냈다.

만석은 우선 집의 규모에 놀랐다. 이런 시골에 저만한 집을 짓고 사는 인물이라면 막강한 재력가이거나 아니면 세도가의 후손임에 틀림없었다.

만석은 크게 한 번 헛기침을 하고는 주저 없이 대문을 두드렸다. 잠시 후 문지기의 안내를 받아 마당으로 들어선 만석은 또 한 번 놀라지 않을 수 없었다.

마당 한쪽은 아름드리 나무들이 하늘을 찌를 듯 빽빽했고 그 반대쪽은 맑고 투명한 연못이 온갖 꽃들과 함께 아름다운 정원을 이루고 있었다.

만석은 잠시 넋을 잃은 듯 그 풍경에 취했다가 사랑방으로 들어갔다. 방은 한쪽 벽면에 걸린 산수화 한 폭을 제외하곤 별다른 장식 없이 비교적 정갈하고 깔끔하게 꾸며져 있었다.

때마침 점심때여서 계집종 아이가 밥상을 들여왔고 만석은 사양하지 않고 한 그릇을 맛나게 비웠다. 밥을 먹으면서도 만석은 줄곧 밖의 동정을 살피는 것을 잊지 않았다.

가끔씩 마당의 나무 사이를 빠져나가는 바람 소리를 제외하곤 집안은 텅 빈 것처럼 조용했다.

만석이 그렇게 귀를 곤두세우고 앉아 저녁밥까지 얻어먹고 났을 때에야 문밖에서 두어 번 헛기침 소리가 나더니 집주인인 김 진사가 술상을 받쳐든 하인을 앞세우고 방으로 들어왔다.

김 진사는 한눈에 보기에도 기골이 장대하고 귀티가 나는 인물이었다.

상대방을 제압하는 듯한 눈빛과 그러면서도 한없이 인자하고 너그러운 마음씨를 가진 듯한, 뭐라 딱히 꼬집어 표현하기 힘든 인상을 풍겼다.

만석은 정중하게 예를 갖춘 다음 인사부터 했다.

"생면부지인 소인을 이렇게 훌륭하게 대접해 주셔서 고맙습니다."

김 진사는 잠자코 만석에게 술잔부터 권하며 말했다.

"우선 한잔 드시지요. 이렇게 만난 것도 인연이 아니겠습니까?"

그렇게 만석과 김 진사는 서로 술잔을 주거니 받거니 하면서 늦은 밤까지 이런저런 세상 돌아가는 이야기를 나누었다.

만석은 겉으로는 웃으며 김 진사와 얘기를 나누면서도 한치의 경계심도 늦추지 않고 김 진사의 말이나 행동에서 그 어떤 미심쩍은 점을 발견하려고 애를 썼다.

그러나 밤이 이슥하여 김 진사가 먼저 잠자리에 들어야겠다고 일어설 때까지 이렇다 할 그 무엇도 발견하지 못했다.

김 진사가 돌아간 뒤 불을 끄고 잠자리에 누워서도 만석은 수만 가지 생각에 쉬이 잠을 이룰 수 없었다.

겉으로 보기에는 성인 군자 같으나 그 속에 도적의 괴수가 들었을 수도 있고, 음흉한 협잡꾼이 들어앉았을 수도 있었다.

새벽닭이 울었을 때에야 겨우 잠이 들었을까?

마당에서 웅성거리는 사람들의 말 소리와 분주하게 오가는 발걸음 소리 때문에 만석은 얕은 잠에서 깼다.

만석은 얼른 문가에 귀를 갖다대고 밖의 동정을 살폈다.

분명 무슨 일이 생긴 듯 어제의 정적과는 너무나 대조될 만큼 소란스러웠다.

만석은 곧바로 옷을 입고 괴나리봇짐을 챙겼다. 여차하면 자신의 신분을 밝히고 김 진사를 비롯한 모든 집안 사람들을 관가로 잡아들일 작정이었다.

"어험! 안에 일어나셨는가?"

그런데 뜻밖에도 문밖에서 김 진사의 목소리가 들려 왔다.

만석은 잠시 긴장했지만 곧 목소리를 가라앉히고 대답했다.

"예, 일어났습니다."

"내가 볼일이 있어 한 며칠 어디 좀 다녀와야 하오. 그러니 아무 주저 말고 계시고 싶을 때까지 맘 편히 계시다 가시오, 젊은이."

김 진사의 말이 끝나자마자 만석이 다급한 목소리로 대답했다.

"아닙니다. 저도 갈 길이 바쁩니다. 곧 채비를 해서 떠나야 합니다."

"그럼 아침이라도 먹고 천천히 떠나시오. 잘 가시오, 젊은이."

김 진사는 그 말을 남기고 마당에 모인 사람들을 이끌고 대문 밖을 나서는 기색이었다. 만석은 인기척이 사라지자 얼른 방을 나와 김 진사의 뒤를 밟았다.

김 진사의 뒤를 따르는 하인들은 족히 삼사십 명은 됨직했다. 만석은 발소리를 죽여가며 멀찌감치 떨어져 뒤를 쫓았다.

김 진사 일행은 해가 질 무렵에야 산밑의 제법 큰 주막 안으로 들어갔다. 아마도 오늘 밤은 거기에서 묵으려는 것 같았다.

자신이 김 진사 일행을 미행했다는 사실을 눈치 채지 못하도록 하기 위해 만석은 일부러 시간을 두고 주막 안으로 들어갔다.

김 진사의 하인들은 마당에 멍석을 깔고 앉아 질펀하게 술판을 벌이고 있었고 김 진사는 마루 위에 앉아 혼자 술잔을 기울이고 있었다.

만석이 주막 안으로 들어서자 김 진사는 마치 만석을 기다리고 있었던 것처럼 반갑게 자기 옆자리로 불러 앉혔다.

"어서 이리 오시오, 젊은 양반. 우린 보통 인연이 아닌가 보오. 이런 곳에서 또 이렇게 다시 만날 줄이야……. 타지에선 고향 까마귀만 봐도 반갑다고 하잖소. 이곳은 나나 젊은 양반이나 둘 다 타지인 셈이니 반가운 마음으로 우리 한번 실컷 취해 봅시다그려. 하하!"

김 진사는 호탕한 웃음을 날리며 술잔을 만석에게 권했다.

"그러게 말입니다, 진사 어른. 이렇게 다시 뵙게 되어서 정말 기쁩니다."

만석은 술 한 잔을 단숨에 비우고 다시 김 진사에게 술을 권했다. 둘은 어제와 마찬가지로 밤이 이슥해서야 각자의 방으로 들어갔다.

그날 밤도 만석은 밖의 동정을 살피느라 한숨도 제대로 자지 못했다.

다음날 아침, 아침상을 물리고 앉았는데 일행 중 나이가 들어 보이는 사내 하나가 김 진사에게로 다가와 조심스럽게 말을 건넸다.

"진사 어른, 오늘 이 주막에서 셈을 치르고 나면 노자가 하나도 남지 않을 듯합니다."

그러나 김 진사는 그 말을 들었는지 못 들었는지 그저 마당에 떨어지는 낙숫물만 물끄러미 바라보고 있었다. 새벽부터 내리던 비가 제법 굵어지고 있었다.

아침나절이 지나 점심때가 다가오는데도 김 진사는 일행들에게 짐을 챙기라는 말을 하지 않았다.

그들 또한 그저 김 진사의 말이 떨어질 때까지 무작정 기다리는 듯 별달리 신경 쓰지 않았다.

얼마나 시간이 흘렀을까?

웬 젊은 여인이 머리에 무거운 짐을 이고 한 손에는 보따리 하나를 들고 빗속을 달려오더니 사람들에게 길을 물었다.

김 진사는 손짓으로 여인을 자기 앞으로 부르더니 침착한 어조로 말했다.

"내 말을 잘 들으시오. 보아하니 누군가에게 쫓기고 있는 모양인데 누구나 알고 있는 길로 가서는 안 되오. 비록 험한 길이긴 하지만 산을 넘어가야 화를 면할 수 있을 것이오."

젊은 여인은 놀란 표정으로 김 진사를 바라보더니 고맙다는 인사를 이것으로 대신하겠다며 한 손에 든 보따리를 김 진사 앞에 내려놓고는 황급히 그곳을 떠났다.

여인이 떠나자 김 진사는 아까 그 중년 사내를 불러 보따리를 잘 간수하라고 명하고 일행들을 위해 푸짐한 점심상을 차리도록 했다.

을씨년스럽게 내리는 비 때문에 우중충하던 주막 안은 금방 활기를 되찾았다.

주모는 급히 닭 몇 마리를 잡았고 일행들은 다시 한바탕 신나게 술판을 벌였다.

그런데 웬일인지 김 진사는 아무 말도 없이 마루에서 일어나 주막 앞마당을 가로질러 밖으로 나가더니 누군가를 기다리는 것처럼 멀리 한 점을 응시하고 있었다.

만석은 도무지 김 진사의 행동을 이해할 수가 없었다. 만석은 유심히 김 진사를 지켜보았다.

잠시 후 한 무리의 사람들이 손에 몽둥이를 들고 주막으로 몰려

오는 것이 보였다. 멀리서 보기에도 그들은 한껏 기세 등등하여 살의까지 느껴졌다.

주막 앞에 도착한 그들은 큰소리로 물었다.

"혹시 좀 전에 이리로 웬 계집 하나가 지나가지 않았소?"

김 진사는 침착한 목소리로 대답했다.

"머리에 짐을 인 여인 말이오? 저기 아래로 허겁지겁 달려갑디다."

만석이 뭐라 참견할 겨를도 주지 않고 그들은 다시 미친 듯이 그곳을 향해 우르르 몰려갔다.

그 모습을 가만히 지켜보던 김 진사는 그제야 주막 안으로 들어와 주모에게 밥과 술을 청했다.

술 한 병을 다 비울 때까지 김 진사는 만석에게 아무런 말도 하지 않았다. 만석 역시 아무 말 없이 김 진사의 술잔에 술만 따랐다.

술이 두 병째 비었을 무렵, 김 진사는 만석에게 말했다.

"이보게, 젊은이. 아무래도 자네와 나는 보통 인연이 아닌 것 같으이. 그러니 지금부터 나와 동행하는 것이 어떻겠는가?"

뜻밖의 말에 만석은 속으로 쾌재를 불렀다. 그것이야말로 만석이 바라던 바였다.

만석의 대답을 기다릴 것도 없이 김 진사는 일행들에게 곧 떠날 채비를 하라고 명했다.

김 진사의 말이 떨어지자마자 일행들은 일사불란하게 움직여 짐을 꾸렸다. 내리는 비에도 아랑곳없이 김 진사와 일행은 주막을 나섰다.

주막을 떠난 일행이 고갯마루를 넘어 굽은 산길을 내려가고 있는데 어디선가 구슬픈 만가 소리와 함께 사람들의 곡 소리가 들려왔다.

그 소리는 산 아래로 내려갈수록 더욱 커졌다. 이윽고 일행이 숲 길을 빠져 나오자 산비탈 낮은 언덕 위에 족히 백 명은 됨직한 사람들이 모여 장례를 치르는 것이 보였다.

겉으로 드러난 규모나 조문객들의 수를 보건대 돈이 많거나 권세 있는 대갓집의 장례식이 분명하였다.

일행이 잠시 걸음을 멈추었다가 다시 출발하려는데 갑자기 김 진사가 성큼성큼 언덕을 올라가더니 다짜고짜 상주를 찾는 것이었다.

만석은 황급히 그를 뒤쫓아갔다.

김 진사는 자신을 이름난 지관이라고 소개하고는 상주에게 이렇게 말했다.

"이보시오. 지금 이곳에 묘를 썼다간 큰일이 날 줄 아시오. 대체 지금 당신들이 파놓은 묏자리가 어떤 곳인지 알기나 하시오? 밑도 끝도 없는 어두운 땅속의 구덩이란 말이오! 당신은 자식된 도리로서 부모님을 그 구덩이로 밀어 넣고 싶단 말이오?"

상주가 믿어지지 않는다는 표정을 짓자 김 진사는 곧바로 그의 팔을 잡아 끌고 파놓은 묏자리로 향했다.

그러더니 손에 들고 있던 긴 막대기로 바닥을 몇 번 세차게 내리쳤다. 그러자 놀랍게도 땅이 쑥 꺼지더니 컴컴한 구덩이가 지옥의 아귀처럼 검은 입을 벌렸다.

상주는 물론 만석 또한 벌린 입을 한동안 다물 수가 없었다. 주위 사람들이 몰려와 그 광경을 보고는 저마다 기겁을 하며 뒷걸음질 쳤다.

상주는 급히 김 진사에게 절을 하고는 절박한 어조로 말했다.

"나리, 참으로 이 은혜 백골 난망이옵니다. 부탁하건대 나리께서는 부디 제 아버지의 묏자리를 다시 잡아 주십시오. 사례는 충분히 하겠습니다."

　김 진사는 상주의 손을 잡아 일으키고는 주위의 산세를 찬찬히 둘러보았다. 쓸 만한 묏자리를 찾는 듯했다.

　잠시 후 김 진사는 건너편 산자락에다 새로운 묏자리를 잡아 주었다.

　상주가 사례의 표시로 보따리를 내밀자 역시 전과 마찬가지로 중년의 사내가 김 진사 대신 나서서 받았다.

　만석은 갈수록 김 진사의 기이한 행동에 감탄하면서도 혹시나 하는 의구심을 떨칠 수 없었다. 세상사를 두루 깨친 도인 같기도 했고, 그럴싸한 말과 행동으로 사람들을 미혹시키는 것 같기도 했다.

　'아무튼 오늘 저녁에는 기어이 내 저자의 정체를 밝혀내고 말리라.'

　만석은 굳게 다짐하며 일행을 쫓아 마을로 향했다.

　그날 밤 주막에서는 또다시 한바탕 술판이 벌어졌다. 만석은 김 진사와 단둘이 방에 앉아 술잔을 주고받고 있었다.

　일행이 하나둘 곯아떨어지고 술자리가 파할 무렵 김 진사가 좀 전과는 달리 나지막한 목소리로 말했다.

　"이보게 젊은이. 나는 처음부터 모든 걸 알고 있었네. 자네가 어사라는 것도, 그리고 왜 나를 찾아왔는지도 말이야."

　만석은 일순 숨이 멎는 듯했다.

　김 진사는 만석의 그런 태도와는 상관없이 계속 말을 이어나갔다.

　"자네는 여러 모로 나에 대해 궁금한 것이 많을 걸세. 그렇다면 지금부터 내가 하는 말을 잘 들어 보게. 먼저 낮에 보았던 젊은 여인은 정부와 바람난 것이 들통 나서 도망가는 길이었다네. 그것이 나쁜 짓인 줄을 알면서도 내가 그 여인에게 살길을 알려준 것은 이 세상에 사람의 목숨보다 소중한 것은 없기 때문이라네. 그리고 장례식에서 내가 그 묏자리의 구덩이를 알아낸 것도 실상 따지고 보면 누구나 알 수 있는 일이라네. 산에는, 특히 땅속 깊이 보이지 않는 곳에는 허방이 많은 법이라네. 농사를 오래 지은 이나 산에서 오래 산 사람들은 누구나 흔히 알고 있는 것들이지. 그런데 사람들이 묏자리를 팔 때 너무 얕게 파는 바람에 종종 그 허방을 모르는 경우가 있다네. 그러면 그곳에 묻힌 시신은 어찌 되겠는가? 아마도 얼마 지나지 않아 바닥이 무너져 내려 땅속 끝없는 곳으로 추락하고 말 걸세. 조상의 시신을 그렇게 함부로 할 수는 없지 않은가? 그래서 내가 그것을 일러 주고 그 대가로 돈을 받은 거라네. 자, 이래도 내가 자네가 생각하는 것처럼 도적의 괴수이거나 그럴싸한 말로 사람을 미혹시켜 돈이나 빼앗는 협잡꾼으로 보이는가?"

만석은 자신이 부끄러워 몸둘 바를 몰랐다. 김 진사가 범상치 않은 인물이라는 것을 깨달은 그는 곧 자세를 고쳐 무릎을 꿇고 앉아 정중하게 사과했다.

김 진사는 말없이 술잔을 비우고 다시 만석에게 잔을 권했다.

잠시 침묵이 흘렀다. 만석은 받은 술잔을 단숨에 들이켜고는 김 진사에게 말했다.

"진사 어른, 제 짧은 소견에도 진사 어른께서는 이렇게 초야에 묻혀 지내시는 것보다 조정에 나가 백성들을 위해 나랏일을 돌보시는 게 더 좋을 듯합니다. 이 길로 저와 함께 한양으로 가시지요. 제가 있는 힘을 다해 진사 어른을 도와드리겠습니다."

그러나 김 진사는 술잔만 비울 뿐 한마디 대꾸도 하지 않았다.

밤은 깊어 어느덧 새벽이 다가왔다. 창문으로 희미한 여명이 밝아오고 멀리서 닭 울음 소리가 이른 아침을 재촉하고 있었다.

그때까지 말없이 술잔만 비우던 김 진사는 만석을 바라보며 천천히 입을 열었다.

"젊은이의 말은 고맙지만 사람은 누구에게나 각자의 길이 있는 법이라네. 그 길을 거스르는 자는 하늘의 명을 거역하는 것과도 같네. 나는 이 길로 짐을 꾸려 내 길을 떠날 것이니 나를 찾거나 하는 부산은 피우지 말게. 그리고 자네와 나는 앞으로 이십 년 후 다시 만날 것이네. 그럼 잘 가게."

김 진사는 곧 일행들을 깨워 어디론가 길을 떠났다.

아직 이른 새벽녘이라 희미한 안개가 끼지 않았더라도 그들의 향방을 가늠하기란 어려운 일이었다.

그로부터 20년이 지난 1822년 겨울, 평안도에서 홍경래의 난이 일어났다.

조정에서는 장만석을 평안도 위무사 겸 감진어사로 임명하여 급히 평안도로 파견했다.

그러나 이미 관리들의 노략질에다 극심한 흉년까지 겹쳐 흉흉해질 대로 흉흉해진 민심의 불길은 쉽사리 누그러질 기미가 보이지 않았다.

농민군은 오히려 의기 충천한 기세를 몰아 청천강 이북의 여덟 마을을 순식간에 점령하고는 정주성定州城에 주둔하였다.

그들은 정주성에서 관군과 무려 넉 달 동안이나 치열한 공방전을 벌이고 있었는데 뚜렷한 계책이 없는 한 관군의 승리를 장담할 수 없는 상태였다.

그러던 어느 날, 밤늦도록 불을 밝히고 앉아 이런저런 계책에 골몰하고 있는 만석의 방문을 누군가 은밀하게 두드렸다.

만석이 누구냐고 묻기도 전에 방문이 소리 없이 열리며 20년 전에 헤어졌던 김 진사가 불쑥 들어섰다.

만석은 놀랍기도 하고 반갑기도 하여 자리에서 벌떡 일어나 김 진사의 손을 덥석 잡았다. 그러고는 얼른 그를 상석으로 모셨다.

"잘 지내셨는가?"

그렇게 안부를 물어 오는 김 진사는 예나 지금이나 하나도 변하지 않았다. 오히려 그때보다 더 기골이 장대해진 듯했다.

"진사 어른의 말씀대로 올해가 꼭 이십 년째 되는 해라 안 그래도 이곳으로 내려오면서 왠지 이상한 예감이 들었습니다. 그때 진사 어른이 하셨던 말씀이 지금 이곳에서 벌어지는 일과도 전혀 무관하지 않다는 생각이 들어서지요. 그래서 마음 한구석으로는 날마다 진사 어른을 기다리고 있었습니다."

김 진사는 낮은 한숨을 내쉬더니 입을 열었다.

"자네도 알다시피 그 동안 백성들의 생활은 너무 도탄에 빠져 있었네. 지금의 이 일도 거기에서 비롯된 것이라 아니할 수 없네. 지렁이도 밟으면 꿈틀하거늘 하물며 사람이야 오죽 하겠는가?"

만석은 김 진사의 말에 고개를 끄덕였다.

"그렇지만 세상의 모든 일은 순리를 따라야 하는 법. 흐르는 물을 보게나. 어디 거꾸로 치솟아 흐르는 물을 본 적이 있는가? 걱정하지 마시게나. 내가 보기엔 이 일을 꾸민 홍경래의 운세 또한 여기가 끝이야."

김 진사의 표정에 설핏 어둔 그늘이 드리워지는 것 같더니 이내 본연의 표정으로 되돌아갔다.

만석은 조심스럽게 입을 열었다.

"그럼, 진사 어른께선 혹 무슨 계책이라도 있으신지요?"

김 진사는 다시 한번 낮은 한숨을 내쉬더니 단호하게 말했다.

"한 가지 계책밖에 없네. 내 말을 잘 들으시게, 땅 밑으로 굴을 파는 수밖에 없네."

"예? 땅 밑으로 굴을 파라면…… 땅굴을 뜻하시는 겁니까?"

"바로 그걸세. 정주성 아래에까지 땅굴을 파고 들어가 화약으로 정주성을 한번에 날려버리게!"

만석은 고개를 끄덕이며 눈빛을 번득였다.

그러나 만석은 김 진사의 얼굴에 어리는 깊은 수심은 알아차리지 못했다.

얼마 지나지 않아 정주성은 일거에 무너지고 말았다. 한때 자신의 삶과 권리를 부르짖던 민초들은 자욱한 초연처럼 덧없이 허공으로 흩어져 갔다.

모든 일이 끝난 후, 만석은 다시 김 진사를 한양으로 데려가려고 했지만 그는 예전과 마찬가지로 극구 사양하며 홀연히 종적을 감추어버렸다.

장만석은 죽을 때까지 김 진사를 잊지 못했지만, 초연 자욱한 정주성을 뒤로 한 채 홀로 돌아서던 김 진사의 가슴에 처연하게 흘러내리던 민초들에 대한 죄스러움과 회한의 눈물은 결코 알지 못했다.

안종학과 대원군

갑자기 몰아닥친 눈보라에 모두들 갈 길을 재촉하고 있는 금강 나루터 한 모퉁이에 거지 행색을 한 부녀가 쭈그리고 앉아 있었다.

아버지는 벌써 의식을 잃은 듯했고 어린 딸은 애처로이 제 아비를 부르며 울음을 터뜨렸다.

"쯧쯧, 이 엄동설한에 어찌 저리 되었을꼬?"

나루터를 지나는 사람들은 그저 불쌍한 눈초리로 바라보며 혀를 찰 뿐, 누구 하나 선뜻 도와 주려 나서지 않았다.

"어찌 이리 되었느냐?"

애처롭게 아비를 부르는 여자 아이의 목소리가 너무 처량하게 들렸던지 마침내 한 선비가 걸음을 멈추고 물었다.

"나리, 소녀의 아비를 살려 주십시오!"

여자 아이는 선비의 옷자락을 붙잡고 눈물 어린 호소를 했다.

선비는 먼저 의식을 잃은 아이 아버지의 상태를 살피고는 근처 주막으로 옮겼다. 그리고 의원을 불러 약을 짓게 하고는 자신이 직접 그 약을 달여 먹였다.

선비의 정성 어린 간호 덕분인지 아이의 아버지는 며칠 후 정신을 차리고 조금씩 건강을 회복하였다.

"나리, 이 은혜를 어찌 갚으오리까?"

"은혜는 무슨 은혜이겠소. 살다 보면 누구나 그리 될 수 있는 일이오. 그런데 어쩌다가 이런 지경에까지 이르렀소?"

"소인은 한양에 사는 이 첨지라 하온데 큰딸의 시가가 모두 천주학을 믿고 있습니다. 그런데 며칠 전 나라에서 천주학을 믿는 자들을 모두 잡아들인다고 하여 모두들 전주로 피신을 갔지요. 헌데 그 여파가 우리 집에도 미쳐 졸지에 이리 도망 다니는 신세가 되고 말았습니다."

"그거 참 안됐구려. 그래 어디 갈 곳이라도 있는 게요?"

"예, 소인의 큰딸이 있는 전주로 갈까 합니다."

"아직 몸도 성치 않으니 내가 전주까지 데려다 드리리다."

선비의 말에 이 첨지는 감동했다.

"고맙습니다, 나리. 어디 사시는 뉘신지 존함이라도 알려 주십시오."

"나는 남원 사는 안 학자라고 하오."

다음날 안 학자는 이 첨지와 그 딸을 데리고 전주로 향했다. 며칠 후 무사히 전주에 도착하자 안 학자는 한 주막에 이 첨지 부녀의 거처를 마련해 주고 약간의 돈과 글이 적힌 종이 한 장을 건네주었다.

"이 종이에 당신이 천주학을 믿지 않고 유학을 신봉한다고 적었으니 관가에 잡혀가도 이것을 보이면 쉽게 풀려날 것이오. 그리고 이 돈은 얼마 되지 않소이다만 급한 대로 요긴하게 쓰도록 하시오."

안 학자는 그 말을 남기고 남원으로 발길을 돌렸다.

세월이 흘러 천주교인에 대한 탄압이 멈추자 이 첨지는 큰딸의 시가 사람들과 함께 한양으로 돌아왔다.

이 첨지는 안 학자가 써준 글을 언제나 소중히 간직하고 있었는데 우연한 기회에 그 글을 본 중국의 장사치가 천하의 명필이라며 천냥이라는 거금을 주고 사갔다.

이 첨지는 그 돈을 밑천으로 장사를 시작하여 큰돈을 벌게 되었다. 그는 형편이 점차 나아지자 그 옛날 자신을 살려 준 안 학자의 행방을 수소문했다.

하지만 평생 글을 읽는 가난한 선비였던 안 학자는 하나뿐인 아들을 데리고 이미 오래 전에 남원을 떠나고 없었다.

"참으로 대인이로다! 자신도 그렇게 어렵거늘 어찌 처음 보는 나에게 그렇듯 큰 은혜를 베풀었다는 말인가?"

이 첨지는 그제야 안 학자가 곤궁함을 무릅쓰고 자신을 도왔다는 것을 알았다.

그는 그후로도 계속 안 학자의 행방을 수소문하였으나 결국 안 학자를 만나지 못하고 그만 세상을 떠나고 말았다.

안 학자 역시 이 첨지가 자신을 그토록 찾아다니는 줄도 모른 채 세상을 뜨고 말았다.

그가 죽자 그의 아들 안종학은 고생이 이만저만이 아니었다.

'젠장, 입에 풀칠하기도 어려운데 무슨 놈의 책을 읽는담. 아버지도 무심하시지 이까짓 책만 읽는다고 무슨 돈이 나오나 쌀이 나오나……'

안종학은 가난만을 대물림하고 세상을 떠난 아버지가 원망스러웠다.

'자식 걱정도 좀 하시지. 언제까지 이렇게 살아야 한단 말인가?'

참다 못한 안종학은 돈을 벌 요량으로 글공부를 팽개치고 한양으로 올라갔다.

그러나 막상 작정을 하고 올라오기는 했지만 글공부만 하던 선비가 할 수 있는 일은 그리 많지 않았다.

고생 끝에 겨우 일자리를 구한 곳이 객사의 허드렛일을 하는 것이었는데 그나마 그 일도 쉽지 않았다.

그러던 어느 날 안종학이 심부름을 나갔다 돌아오는데 객사의 주인 마님이 안종학을 불렀다.

주인 마님은 언제나 안채에서 기거하며 바깥일에는 일체 관여를 하지 않았기에 안종학은 여태 한 번도 얼굴을 마주친 적이 없었다.

안종학은 궁금한 마음에 고개를 갸웃거리며 안채로 들어갔다.

"객사에서 일하신다 들었는데 얼굴을 뵙기는 처음이지요?"

주인 마님이 인자한 얼굴로 미소를 지으며 말했다.

"소인이 먼저 인사를 여쭈어야 하는데…… 죄송합니다."

"아닙니다. 하온데 듣자 하니 존함이 안종학이라 하던데……."

"예, 그러합니다만……."

"고향이 전라도 남원이라 들었는데 맞는지요?"

"예."

주인 마님은 잠시 안종학을 유심히 바라보았다.

"혹시 아버님께서 안 학자라는 분이 아닌지요?"

안종학은 어리둥절하였다. 고향을 묻는 것이며, 거기에다 선친에 대해 묻는 이유를 도무지 짐작할 수가 없었다.

"맞습니다만 그런 걸 왜 물으시는지……?"

안종학이 되묻자 주인 마님은 대답을 않고 서랍에서 편지가 든 봉투 한 장을 꺼내며 말했다.

"이 편지를 여기 적힌 이 주소로 찾아가 주인에게 좀 전해 주십시오. 그리고 꼭 답장을 받아 오셔야 합니다."

안종학은 주인 마님의 의중을 몰라 답답했지만 편지를 받아 들고 안채에서 나왔다.

그가 편지를 전하기 위해 주소에 적힌 집을 물어물어 찾아가 보니 그곳은 겉으로 보기에도 으리으리한 부잣집이었다.

안종학이 문 앞에서 하인을 불러 편지를 전한 후 답장을 받기 위해 기다리는데 하인이 다시 나오더니 그를 사랑채로 안내했다.

그런데 잠시 후 기다리는 답장은 안 오고 상다리가 휘어질 만큼 잘 차려진 주안상이 들어왔다.

'거 참, 편지를 받았으면 어서 답장이나 써줄 것이지, 이게 웬 해괴한 짓인고?'

때마침 저녁 무렵이라 시장기가 돌던 안종학은 의아해하면서도 술과 안주를 맛나게 먹어치웠다.

그러나 그 동안에도 여전히 기다리는 답장은 오지 않았다.

'거 참 그냥 이대로 돌아가야 하는 건가?'

안종학이 그렇게 고민하고 있는데 방문을 열고 한 여인이 들어왔다.

여인은 안종학을 보며 수줍게 미소를 지었다.

"제가 이 집의 주인입니다."

"……"

"답장을 기다리고 계시지요?"

"그렇습니다만……."

"그 편지는 답장이 필요한 것이 아니랍니다. 그저 안 학자님의 자제 분을 편히 모시라는 편지였지요."

"예? 그게 무슨 말씀이십니까?"

안종학이 크게 놀라며 물었다.

"편지를 보낸 분은 저의 언니입니다. 그 동안 저는 안 학자님의 자제 분을 찾고자 여기저기 수소문하고 있었습니다."

영문을 몰라 어리둥절해 있는 안종학에게 여인은 자신을 이 첨지의 둘째 딸이라고 소개하고 지난날 안 학자와의 인연을 들려주었다.

"안 학자님의 행방을 수소문하던 중 우연히 그 자제분께서 한양으로 올라오셨다는 이야기를 듣고 이곳 저곳으로 알아보았습니다. 헌데 우연히 제 언니 집에 안씨 성을 가진 분이 계시다는 얘기를 듣고 이처럼 확인을 해본 것입니다."

"허……!"

안종학은 말을 잃고 멍하니 앉아 있었다.

"이제라도 안 학자님의 자제분을 만났으니 지하에 계시는 저의 아버지께서도 편히 눈을 감으실 것입니다."

여인의 눈에는 어느덧 눈물이 고였다.

"이 집의 재산은 모두 안 학자님께서 저희 부녀를 살려 주셨기에 모을 수 있었던 것입니다. 하오니 이제 아무 걱정 마시고 벼슬길에 나가 가문을 빛내시는 데 전념하십시오."

"말씀은 고맙습니다만 벼슬길에 나가는 것이 어디 그리 쉬운 일입니까? 과거가 있는 것도 아니고 특별히 아는 사람도 없으니……."

"인연이야 만들면 되지요. 내일부터 대원군의 집을 드나드는 사람들을 만나십시오. 그분들과 친분을 만들다 보면 분명 길이 있을 것이옵니다."

그 다음날부터 안종학은 한양의 유명한 기생집을 돌아다니며 대원군의 주변 사람들을 만나고 다녔다.

당대의 문사이기도 한 그들은 돈을 펑펑 쓰고 다니며 자신들을 대접하는 안종학을 졸부쯤으로 여기고 그리 거리를 두지 않았다.

하루는 대원군이 직접 시회詩會를 연다고 하여 많은 문사들이 초대를 받았는데 평소 그들과 친분을 나누고 있던 안종학도 그 자리에 참석하였다.

안종학은 초대받은 문사들이 시를 다 지을 동안 조용히 앉아 그 모습을 지켜보고만 있었다.

안종학은 아버지 안 학자 밑에서 글공부를 하여 시문에 조예가 깊었지만 섣불리 나서지 않고 문외한인 듯 잠자코 자리를 지키고 있었다.

한편으론 자신을 무지한 사람으로 보이게 하는 것도 좋을 듯하여 문사들이 모이는 정자에 '무량수각无量壽閣'이라고 써 있는 현판을 일부러 '원량수각元量壽閣'으로 읽기도 했다.

그러자 문사들은 그를 놀리며 '원량'이라고 불렀다. 그 자리에 있던 대원군도 안종학을 보고 비웃듯 쓴웃음을 지었다.

그뒤로도 안종학은 매번 시회에 참석하였지만 문사들이 글을 지으면 옆에서 감탄하는 척만 할 뿐이었다. 어쩌다 자신에게 시를 지으라 하면 고개를 절레절레 흔들며 피하기만 했다.

그러던 어느 날 대원군이 주최하는 시회에서 마침내 안종학은 자신의 시문을 사람들에게 보이게 되었다.

그날의 시회는 대원군이 띄우는 운자로 시를 짓지 못하면 다시는 모임에 참석하지 못한다는 조건이 붙어 있어 모두들 긴장하고 있었다.

대원군이 제일 먼저 지목한 사람은 다름 아닌 안종학이었다.

"오늘은 마침 천렵川獵도 하고 했으니 운자를 고기 어魚자로 하지. 어디 안공 먼저 지어 보게."

안종학은 기다렸다는 듯이 글을 써서 대원군에게 바쳤다.

새는 붉은 산에 들어간 후에야 봉황이 되었고〔鳥入丹山 然後鳳〕

용은 푸른 바다를 날기 전에는 한낱 물고기였을 뿐이다〔龍飛碧海 以前魚〕

대원군의 눈이 휘둥그레졌다. 이는 분명 대원군 자신을 빗대어 지은 글이었기 때문이다.

'대원군이라는 지위와 권력을 얻었기에 영웅이 된 것이지 그것이 아니면 당신도 우리와 별다를 것이 무엇이냐' 하는 뜻이 담겨 있는 글이었다.

대원군은 안종학을 바라보았다. 그의 눈에서는 지금까지 느끼지 못했던 무언가가 느껴졌다.

'허허, 그랬었군. 일부러 자신을 숨기고 있었군.'

그뒤 안종학은 대원군의 신임을 얻어 차후 장단부사長端府使라는 벼슬에까지 오르게 되었다.

안종학은 비록 대물림된 가난으로 고생을 하였지만 아버지 안학자가 쌓은 공덕으로 인해 훗날 이와 같은 영화를 누릴 수 있었다.

인오상보

"까르르…… 깍! 까르르…… 깍!"

오늘도 구룡산에서 까마귀 한 마리가 울어대는 바람에 강동 현령 황갑정은 신경이 예민해졌다.

예로부터 까마귀 울음 소리는 좋지 않은 소식을 전한다 하여 흉물로 취급하고 있는지라 황갑정은 백성들이 동요할까 더욱 신경을 곤두세우고 있었다.

하지만 까마귀의 울음 소리는 며칠이고 계속되었고 급기야 흉한 소문이 마을 사람들의 입에 오르내리게 되었다.

"아니, 저놈의 까마귀가 왜 저리 울어댄담?"

"그러게 말이야. 아무래도 우리 마을에 뭔가 좋지 않은 일이 생기려나 보이."

"까마귀가 울면 사람이 죽는다는데, 혹여 누가 죽기라도 하는 것 아닌가?"

마을 사람들의 수군거림이 점차 번져 가며 인심이 흉흉해지자 황갑정은 더 이상 그대로 보고 있을 수만은 없었다.

우선 형리刑吏로 하여금 흉한 말을 하는 자에게는 엄한 벌을 내리라 명하고, 자신이 직접 구룡산에 가서 까마귀가 우는 연유를 캐 보기로 마음먹었다.

그날 밤 황갑정은 수하 몇 명을 이끌고 조용히 구룡산으로 갔다.

'분명 까마귀가 그렇게 우는 데에는 그만한 까닭이 있을 터······.'

밤이 깊은 구룡산은 금방이라도 컴컴한 어둠 속에서 무서운 산짐승이 나타날 것같이 괴괴한 정적만이 감돌고 있었다.

수하들은 황갑정의 명령에 이끌려 오기는 했지만 험한 산중을 그것도 야심한 밤에 헤매는 것이 못내 무섭고 두려울 뿐이었다.

황갑정 역시 무작정 산을 헤매는 것이 막연하기는 했지만 그렇다고 마을 사람들의 동요를 그냥 보고만 있을 수는 없었다.

황갑정이 수하들과 구룡산을 헤맨 지도 얼추 두세 시간이 지났다. 일행들은 내색하지는 않았지만 서서히 두려움과 막연함에 지쳐가고 있었다.

그때 연못 속 흐느적거리는 물풀들처럼 습기를 머금고 축 늘어져 있는 나무들을 깨우듯 건너편 숲속에서 날카로운 까마귀 울음 소리가 들렸다.

"까르르 깍! 까르르 깍."

황갑정은 수하들과 함께 까마귀의 울음 소리가 들리는 곳을 향해 급히 달려갔다. 고요하던 산중에 사람들의 다급한 발소리가 이어졌다.

먹장구름 속에 갇혀 있던 달빛이 그제야 희미하게 제 모습을 드러내며 황갑정 일행의 앞길을 비추었다.

실개천이 흐르는 건너편 언덕 한 곳에서 울고 있던 까마귀는 사람들이 다가오자 하늘로 날아올라 그 주위를 빙빙 원을 그리며 날았다.

황갑정은 까마귀가 앉아 있던 자리로 가보았다.

'까마귀가 나뭇가지가 아닌 이런 맨땅에 앉아 울고 있었다면 필시 무슨 곡절이 있을 것이다.'

그렇게 생각한 황갑정은 까마귀가 앉아 있던 땅을 유심히 살펴보았다.

"음……!"

한참을 살피던 황갑정은 손으로 흙을 한 줌 쥐어 보고는 낮은 신음 소리를 흘렸다.

"사또, 무슨 일이십니까? 흙 속에 뭐가 들어 있습니까?"

한 수하가 물었다.

"봐라. 이곳은 인적이 드문 산중이라 주위에 풀이 무성하다. 그런데 유독 이 자리에만 풀이 자라지 않고 또 움푹 패어 있지 않느냐?"

"그러고 보니 정말 이곳만 흙이 드러나 있사옵니다."

달빛에 언뜻 보아도 근처에는 풀들이 무성했으나 그곳만 흙이 드러나 있었다.

"이곳을 파도록 하라!"

황갑정은 수하들에게 다급하게 명령했다.

"예?"

수하들이 어리둥절한 표정을 지으며 바라보자 황갑정의 재촉이 이어졌다.

"뭣들 하는 게냐? 어서 이곳을 파라지 않느냐?"

수하들은 제각기 주변에서 땅을 팔 만한 기다란 나뭇가지나 날카로운 돌멩이를 주어다 일제히 땅을 파기 시작했다.

중천에 떴던 달은 어느새 새벽달이 되어 있었고 그 달빛 아래에서 땅을 파는 사람들의 모습은 기괴하기 짝없는 광경이었다.

얼마나 땅을 파내려 갔을까?

"아악!"

누군가 비명을 지르며 흠칫 넘어질 듯 뒤로 물러났다.

"여, 여, 여기……, 사람의 손가락이 보입니다."

땅을 파던 다른 이들도 일제히 뒷걸음질을 쳤다.

"뭘 하는 게냐? 어서 마저 파지 않고!"

황갑정의 불호령에 움찔했던 수하들은 계속해서 땅을 팠다.

새벽달은 가없이 기울어 가고 반면 산 위쪽에서부터 천천히 푸
르스름한 기운이 번져 가고 있었다.

싸늘한 새벽 기운 탓이었을까? 시체를 파내는 수하들의 얼굴은
하나같이 땀으로 범벅이 되어 있었지만 전신은 오한이 든 것처럼 벌
벌 떨려 왔다.

땅속에서 파낸 시체는 몸집이 건장한 사내였다.

황갑정은 시체를 자세히 살펴보았다. 누군가에게 목을 맞아 즉
사한 듯했다.

"나리, 여기 말채찍이 있사옵니다."

수하 중 한 명이 손가락으로 시체의 옷자락 사이에 숨겨져 있는
말채찍을 가리켰다.

잠시 생각에 잠겼던 황갑정은 수하들에게 시체를 다시 땅에 묻
게 한 다음 단단히 입 단속을 시켰다. 그리고 시체와 함께 묻혀 있던
말채찍을 가지고 산을 내려왔다.

날이 밝자 황갑정은 이방에게 마방馬房에서 일하는 마부들을 각
자의 채찍과 함께 모두 잡아들이라고 명했다.

마을 사람들과 마부들은 사또가 괴이한 명령을 내리자 이 모든
일들이 까마귀의 울음 소리 탓이라는 원망만 늘어놓았다.

땅에서 시체를 발견한 날 밤 황갑정은 시체의 옷자락에서 나온 채찍의 주인이 바로 범인이라고 생각했다. 그러나 과연 범인을 어떻게 가려내야 할지 뾰족한 방법이 떠오르지 않아 늦도록 잠을 못 이루고 몸을 뒤척였다.

그러다 한순간 깜빡 잠이 들었을 무렵 방문이 저절로 열리는가 싶더니 산중에 묻혀 있던 사내가 나타났다.

"나리, 소인의 원한을 풀어 주십시오."

황갑정은 놀란 가슴을 진정시키며 차분히 물었다.

"말해 보라. 자네를 죽인 자가 대체 누구인가?"

"소인의 원수는 비도비행非桃非杏이요, 비좌비행非坐非行이옵니다."

사내는 말을 마치자마자 문밖으로 사라졌고 다시 문이 저절로 닫혔다.

황갑정은 순식간의 일이라 꿈인지 생시인지 분간할 수 없었으나 사내의 그 말만은 생생하게 기억할 수 있었다.

"복숭아도 살구도 아니라면 그것과 비슷한 오얏李을 말하는 것인가. 하면 앉은 것도 가는 것도 아니라 함은 서 있음立인데…….음, 그렇다면 이것은 이립李立을 말하는 것인데, 대체 무슨 뜻일까?"

황갑정은 어제처럼 다시 뜬눈으로 새벽을 맞았다.

다음날 황갑정은 동헌 앞뜰에서 잡아들인 마부들을 하나하나 문초하기 시작했다.

먼저 황갑정은 마부들에게 걷어들인 말채찍을 뜰 앞에 쌓아 놓았다. 물론 그 속에는 지난밤 무덤에서 찾아낸 채찍도 포함되어 있었다.

"이것들 중에 자신의 말채찍을 찾아가도록 하라!"

사또의 명령이 떨어지자 마부들은 한 사람씩 나와서 자신의 말채찍을 찾아갔다. 그러나 시체와 함께 있던 채찍만이 임자 없이 동헌 마당에 그대로 놓여 있었다.

황갑정은 막막했다.

'이들 중에 범인이 없단 말인가? 허허.'

황갑정은 답답한 가슴을 지그시 누르며 이번에는 마부들의 명단이 적힌 도록都錄을 살펴보았다.

도록을 하나하나 살펴 내려가던 황갑정의 시선이 어느 한 곳에서 딱 멈춰 섬과 동시에 추상 같은 명령이 떨어졌다.

"여봐라! 저들 중 당장 이립이라는 자를 끌어내도록 하여라!"

그 도록에 적힌 마부 중에 이립이라는 이름을 가진 자가 있었던 것이다.

갑작스러운 호명에 당황한 이립은 몸을 벌벌 떨며 포졸들에게 끌려 나와 사또 앞에 무릎을 꿇었다.

"이놈! 어찌하여 네놈이 무고한 사람을 죽여 구룡산에 묻어 놓고도 이리 시침을 떼고 있단 말이냐!"

이립의 얼굴은 금방 사색이 되었다.

"네 이놈! 이 채찍이 네 것이 아니더냐?"

이어지는 황갑정의 호통에 이립은 이내 고개를 떨구며 울음을 터뜨렸다.

"흑흑…… 사또 나리! 소인 죽을죄를 지었습니다. 돈에 눈이 어두워 소인도 모르게 그만 흑흑…… 용서하여 주십시오, 나리……."

이립이 실토하자 동헌에 잡혀 와 있던 마부들과 구경을 하러 왔던 마을 사람들은 놀라움을 금치 못했다. 그저 사또의 현명함과 기지가 신기하고 또 신기할 따름이었다.

이립이 죽인 자는 마을마다 돌아다니며 금붙이를 파는 장은張恩

이라는 장사치였다.

장은이 이립을 만난 것은 하루 장사를 끝마치고 주막에서 하룻밤 묵기 위해 마을로 내려가던 산길에서였다. 이립 역시 말 품을 팔고 집으로 돌아가는 중이었다.

호젓한 산길을 걷다 보니 두 사람은 자연스레 이런저런 얘기를 나누게 되었는데 얘기 끝에 이립이 은근슬쩍 말꼬리를 달았다.

"어르신, 어차피 저도 마을로 가는 길인데 이렇게 말을 그냥 끌고 가느니 막걸리 몇 사발 값만 주시면, 어르신을 태워 가도록 하지요."

마침 해질녘이라 더 어두워지기 전에 마을에 당도하려면 말을 타고 가는 것이 빠를 것 같아 장은은 기꺼이 이립의 제의를 받아들였다.

장은을 말에 태운 이립은 오늘 술값은 공짜로 벌었다는 생각에 흥겨운 노랫가락을 흥얼거리며 신나게 말고삐를 잡아 끌었다.

두 사람이 그렇게 산길을 가다가 구룡산 모퉁이를 돌아가려는데 문득 한 소년이 까마귀를 가지고 장난을 치는 것이 눈에 띄었다.

소년은 까마귀의 발목에 실을 묶고는 마치 강아지를 몰고 다니듯 이리저리 제멋대로 까마귀를 끌고 다녔다.

까마귀는 실에 묶인 발목이 아픈지 날개를 퍼덕거리며 애처로이 울고 있었다. 천성적으로 마음이 여린 장은은 그 까마귀가 가여웠다.

장은은 잠시 말에서 내려 소년에게 다가가 물었다.

"애야, 이 까마귀로 대체 무엇을 하려는 것이냐?"

"글쎄요? 산에 갔다 우연히 잡은 놈이니 적당히 갖고 놀다 죽으면 구워 먹을 작정입니다."

소년은 여전히 까마귀의 발목을 묶은 실을 잡고 장난을 치며 말했다.

"애야, 그 까마귀를 나에게 팔지 않겠니?"

그 말에 솔깃한 소년은 장은을 쳐다보았다.

"얼마나 쳐주실 건데요?"

"네가 하루 종일 주전부리를 할 정도는 될 게다."

"예, 그렇게 하겠습니다."

소년은 장은이 전대에서 엽전 몇 닢을 꺼내 주자 얼른 장은의 손에 까마귀를 넘겨주고는 신이 나서 뛰어갔다.

그런데 그것이 화근이었다.

장은이 전대에서 엽전을 꺼낼 때 그 속에 든 금붙이를 본 이립의 눈빛이 마른번개처럼 빛나는 것을 장은은 눈치 채지 못했다.

장은은 까마귀의 발목에 묶인 실을 푼 다음 조심스럽게 하늘 높이 놓아주었다.

"쯧쯧, 이젠 잡히지 말고 잘 살아가거라."

까마귀는 그의 말을 알아들었는지 장은의 머리 위를 몇 번 돌더니 어두워지는 저녁 숲으로 훨훨 날아갔다.

까마귀가 사라지자 장은은 다시 말에 올라 길을 재촉했다.

그러나 장은의 전대 속에 들어 있는 금붙이를 본 이립의 머릿속은 여러 가지 생각들로 재빠르게 회오리치기 시작했다.

주위엔 인가 하나 없는 깊은 산중인 데다 이미 어두워지고 있었으므로 일을 치르기는 한결 수월할 것이었다.

거기에다 장은은 타지 사람이므로 죽어 행방이 묘연하다 해도 자신만 시치미를 떼고 모른 척 한다면 죽을 때까지 혼자만의 비밀로 남을 것이었다.

생각이 이에 미치자 이립은 머릿속 회오리가 천천히 가라앉고 그 속에서 살인귀의 붉은 안광이 형형한 빛을 발했다.

이립은 장은에게 말고삐를 쥐어 주며 말했다.

"어르신, 죄송합니다만 잠깐 뒤를 보고 오겠으니 고삐를 잡고 먼저 가십시오."

"그렇게 하게나."

장은이 직접 말고삐를 잡고 말을 몰아 가는 동안 이립은 산속으로 들어가 굵직한 나뭇가지를 찾아 몽둥이를 만들었다.

등뒤에 몽둥이를 숨겨 가지고 살며시 장은에게로 다가온 이립은 장은의 목덜미를 있는 힘껏 내리쳤다.

장은은 갑작스럽게 당한 일이라 그대로 정신을 잃고 말에서 떨어졌고 이립은 쓰러진 장은을 몇 번 더 내리쳤다.

장은이 목이 부러져 죽은 것을 확인한 이립은 전대를 풀어 허리춤에 두르고, 시체를 인적 드문 실개천 언덕에 암매장했다.

정신없이 일을 마친 이립은 말을 타고 마을로 달렸다. 그러다 문득 자신의 말채찍이 없어진 것을 알게 되었으나 그곳을 빠져나가야 한다는 생각에 급급했던 이립은 그것을 찾으러 갈 경황도 없이 그대로 산을 내려왔다.

아무도 본 사람이 없다는 생각에 안심하고 있던 이립은 시침을 떼려고 했으나 현장에 떨어뜨리고 온 말채찍을 증거물로 내미는 데는 더 이상 어쩔 수가 없었다.

황갑정의 문초가 계속될 때였다. 공중에서 난데없이 까마귀 한 마리가 날아오더니 이립의 눈을 잽싸게 쪼아버리는 것이었다.

이립이 고통스러워하며 두 손으로 피가 흐르는 눈을 가리자 까마귀가 이번에는 목덜미를 쪼기 시작했다.

이립은 까마귀를 쫓으려고 손을 휘둘러 보았지만 까마귀는 도망가지 않고 줄기차게 온 몸을 사정없이 쪼아댔다.

사람들이 어떻게 손을 써볼 겨를도 없이 이립이 피투성이가 되어 바닥에 피를 토하며 쓰러지자 까마귀 역시 그 곁에 힘없이 떨어져 죽었다.

까마귀는 그렇게 자신을 살려 준 장은의 은혜에 보답한 것이었다. 이를 지켜보던 사람들은 놀라움을 금치 못하며 까마귀의 보은에 감탄했다.

그후 황갑정은 장은의 시체를 찾아 그 가족에게 전했다. 장은의 가족들은 까마귀의 시체도 거두어 장은과 함께 똑같이 수의를 입혀 장례식을 치렀다.

그리고 둘을 나란히 묻어 주고 '인오상보人烏相報' 라는 글씨가 새겨진 비석을 세워 주었다.

윤동춘과 이청룡

"허, 이곳이 바로 평양이란 말이지. 내 친구 윤동춘이 감사로 있는 평양 말이야."

행색이 초라하다 못해 꾀죄죄한 한 선비가 평양 성문을 뒤로 한 채 기쁨에 겨운 듯 큰소리로 이렇게 말하며 얼굴 가득 함박웃음을 지었다.

"그래, 동춘이가 이곳 평양 감사로 부임한 지도 꽤 여러 해가 지났으니 나를 보면 얼마나 반가워할꼬."

선비는 오가는 사람들에게 길을 물어 부랴부랴 평양 감영을 찾아갔다.

그러고는 당당하게 걸어 들어가려는데 대문을 지키는 포졸이 선비를 가로막으며 호통 쳤다.

"여기가 감히 어디라고 함부로 들어가려는 게냐!"

"허허, 이 사람들아, 간 떨어지는 줄 알았네. 나는 평양 감사 윤동춘의 죽마고우인 이청룡이라는 사람일세. 그러니 어서 들어가서 감사께 이청룡이라는 사람이 멀리서 벗을 찾아왔다고 이르시게나."

포졸은 선비가 비록 행색은 초라해도 평양 감사의 이름까지 들먹이며 당당하게 소리치자 고개를 갸우뚱거리면서 대문 안쪽으로 사라졌다.

그러나 잠시 후 돌아온 포졸은 아까보다 더 큰소리로 호령했다.

"네가 지금 나를 놀리는 게냐? 우리 감사 나리는 이청룡이고 뭐고 모른다 하시네. 그러니 어서 썩 물러가지 못할까? 머리에 갓 쓰고 양반 행세한다고 다 똑같은 양반인 줄 알아?"

"아니, 이보시게. 자네 들어가서 감사한테 내 이름을 제대로 알려 준 건 확실한가?"

이청룡은 당황하여 포졸에게 재차 물었다.

"이자가 누구를 귀머거리로 알아? 이름이 이, 청, 룡이라고 들은 것 같은데, 자넨 어떤가?"

포졸은 옆에서 같이 보초를 서고 있는 동료에게 물었다.

"나도 그리 들은 것 같으이."

"이제 됐지? 그러니 어서 썩 꺼져! 그렇게 꾸물대면 옥에다 처넣어 버릴 테니까!"

힘없이 돌아선 이청룡은 포졸의 말이 믿어지지 않았다.

'동춘이 나를 모른다고 하다니? 그럴 리가 있나, 우리가 어떤 사인데……'

그도 그럴 것이 일찍 과거에 급제하여 지금의 평양 감사 자리에 오른 윤동춘과 아직 과거에 급제하지 못해 가난한 선비에 불과한 이청룡은 그 신분의 차이가 크다 해도 두 사람은 어릴 적부터 함께 동문 수학한 죽마고우였다.

또한 두 사람은 이 다음에 커서 누가 먼저 벼슬길에 나설지 모르지만 남은 친구가 벼슬에 오를 때까지 서로를 박대하지 말고 도와주기로 굳게 언약한 사이였다.

"그 친구가 나를 잊었을 리가 없어. 뭔가 착오가 있었던 것일

게야."

이청룡은 허망함을 감추기 어려웠지만 이렇게 스스로를 위로하며 기운을 잃지 않으려 애썼다.

터벅터벅 걸어가는 이청룡의 그림자는 친구를 의심하는 마음과 그렇지 않을 것이라는 두 가지 생각이 마음속에서 서로 자리다툼을 하는 것처럼 이리저리 흔들거렸다.

어느새 저녁이 다가오고 있었다.

성내 민가에서 솟아오르는 밥짓는 연기가 종일 굶은 이청룡의 허기를 새삼스레 일깨웠다.

이청룡은 돈을 아끼기 위해 제일 값싸고 허름한 객사에 여장을 풀고 탁주 몇 사발로 허기를 때웠다.

노을이 사라진 하늘 자리에 잔별들이 철새떼처럼 무리를 지어 피어났다.

그 속으로 고향에서 평양으로 떠난 자신이 돌아오기만을 학수고대하고 있을 아내와 다른 집 아이들이 밥 먹듯이 끼니를 거르는 자식들 얼굴이 아프게 살아났다.

지금 이청룡은 몇 번의 과거 실패로 가세가 기울대로 기울어 무엇 하나 변통할 수 없는 처지였다.

그래서 염치 불구하고 평양 감사가 된 친구 윤동춘에게 약간의 도움을 얻고자 찾아온 것이었다.

그런데 윤동춘을 만나 도움을 청해 보기는커녕 문전 박대를 당하고 보니 이청룡은 실로 자신의 신세가 한심스러웠다.

밤새도록 갖가지 생각들로 뒤척이다 뜬눈으로 아침을 맞은 이청룡은 또다시 윤동춘을 찾아가 수모를 당하느니 돌아가는 것이 낫겠다고 생각하고 주섬주섬 행장을 꾸려 객사를 나섰다.

이청룡이 평양 성문으로 통하는 저잣거리를 지나가는데 길바닥에 물건을 늘어놓고 파는 장사치들의 수군거리는 소리가 들렸다.

"오늘도 잔치가 벌어지려나 보이."

"그러게 말일세! 거 참 잔치 벌인 지가 얼마나 되었다고, 쯧쯧……. 헐벗고 사는 백성들의 고초는 안중에도 없나 보구먼."

"감사 나리가 그런 걸 조금이라도 안다면 저렇게 사흘이 멀다 하고 잔치를 벌이겠는가?"

이청룡은 윤동춘이 잔치를 벌인다는 말에 귀가 솔깃했다.

'그래, 기왕지사 평양까지 왔으니 돌아가기 전에 얼굴이나 한 번 보자! 막상 대면하면 또 태도가 달라질지도 모를 일이지.'

이청룡은 장사치들에게 물어 잔치가 벌어진다는 대동강변의 연광정으로 향했다.

이청룡이 연광정에 도착한 것은 잔치가 시작된 지 얼마 되지 않아서였다.

관비들이 부지런히 음식을 만들어 정자 위에 차려진 상으로 올리고 있었는데 잔치를 제법 크게 벌이는지 고기 굽는 연기가 강변 주위 풀숲에 안개처럼 띠를 둘렀고 갖가지 음식 냄새가 강둑에까지 진동했다.

이청룡의 눈에 감사 윤동춘이 연광정의 상석을 차지하고 앉아 양옆에 기생들을 끼고 노닥거리고 있는 모습이 보였다.

이청룡은 어떻게든 윤동춘과 대면을 해야겠다는 생각이 들었다. 그러나 연광정 주변은 포졸들로 둘러싸여 경비가 삼엄했다.

이청룡은 한참 주위를 살피다가 마침 큰 술독을 들고 가는 사람들 틈에 섞여 포졸들 눈에 띄지 않고 연광정에 오를 수 있었다.

이청룡은 망설임 없이 곧장 윤동춘 앞으로 걸어가 소리쳤다.

"이보시게, 윤 감사, 정녕 나를 모르시겠는가? 죽마고우 이청룡을 이래도 모른다 하시겠는가?"

윤동춘은 갑자기 나타난 이청룡을 보고 깜짝 놀라는 눈치더니 이내 그를 노려보며 포졸들에게 소리쳤다.

"여봐라! 아무나 들이지 말라고 했거늘, 웬 실성한 자가 나타나 잔치의 흥을 깨는 게냐. 어서 잡아 밖으로 내쳐라!"

포졸들은 서둘러 이청룡을 잡아 무릎을 꿇렸다. 순간 이청룡은 한 가닥 희망마저 사라지고 다만 기막히고 분할 뿐이었다.

지금까지 자신이 윤동춘을 대하매 서운하게 한 것이 없었거늘 벼슬이 높아졌다고 지난날의 친구를 이리도 매정하게 대한단 말인가!

"자네와 내가 동고동락한 세월이 얼마인데, 자네가 나를 이리 업신여길 수 있단 말인가? 친구와의 의리조차 헌신짝 버리듯 매정하게 저버리는 자가 어찌 백성들을 다스리는 벼슬아치란 말이더냐?"

이청룡은 죽을힘을 다해 소리쳤다.

"여봐라! 저 실성한 놈이 본관을 농락하는 것을 보고만 있을 터이냐! 당장 거적에 싸서 강물에 던져버리거라! 괘씸한 놈 같으니라구!"

포졸들은 감사의 처벌이 다른 때에 비해 그 정도가 심하다고 여겼으나, 명령이 이미 내려졌으니 실행할 수밖에 없었다.

"감사 나리의 처벌이 오늘은 유독 심하시구먼⋯⋯."

"그러게 말일세. 친군지 실성한 사람인지 알 순 없지만 저 사람 정말 안됐군그래."

구경꾼들도 안쓰러운 마음에 저마다 한마디씩 수군거렸다.

잠시 후 포졸들이 이청룡을 거적에 싸 대동강 물에 던져버리자 윤동춘은 잔치를 계속하도록 명했다.

막 잔치가 재계되려는데 윤동춘이 가장 총애하는 기생 춘외춘이 얼굴을 찡그리며 윤동춘의 귓전에다 소곤거렸다.

"저, 감사 나리. 송구하옵니다만 소녀 아무래도 아침에 먹은 것이 체했는지 배가 아파 집에 가서 의원의 진찰을 좀 받았으면 하옵니다."

"얼굴을 보니 많이 안 좋은 모양이구나?"

"송구하옵니다, 감사 나리."

춘외춘은 더욱 얼굴을 찡그렸다.

"그래, 그렇다면 먼저 집에 들어가 쉬어라. 내 잔치가 끝나면 들르겠느니라."

윤동춘은 춘외춘이 간다고 하자 술맛이 싹 가시는 듯했지만 오늘 초대한 손님들은 소홀히 대접할 이들이 아닌지라 마지못해 웃으며 허락하였다.

그리하여 잔치에서 빠져 나온 춘외춘은 그 길로 뱃사공을 찾아가 강물에 배를 띄우도록 했다. 그녀는 아무래도 윤 감사의 지나친 처사가 마음에 걸렸고, 이청룡의 태도 또한 거짓이 아닌 듯하여 두 사람 사이에 필경 무슨 연유가 있을 것이라고 생각한 것이다.

뱃사공은 서둘러 노를 저었고 춘외춘은 뱃전에서 이청룡을 싼 거적을 찾았다. 과연 멀지 않은 곳에서 둘둘 말린 거적 하나가 강물에 거의 잠긴 채 아래로 흘러가고 있었다.

뱃사공의 도움으로 거적을 건져 올려 보니 이청룡은 정신을 잃고 사경을 헤매고 있었다.

춘외춘은 사람들의 눈을 피해 이청룡을 자신의 집 뒤뜰에 있는 골방으로 옮겼다.

그리고는 여종을 시켜 급히 의원을 불러와 진맥을 하게 한 다음 탕약을 달여 먹이며 정성껏 간호했다.

물론 뱃사공과 의원에게는 수고비 말고도 비밀을 지켜야 한다는 조건으로 후하게 웃돈을 얹어 주었다.

춘외춘의 정성이 갸륵했던지 이청룡은 며칠 후 기적적으로 정신을 차리고 자리에서 일어났다.

춘외춘이 기방에 나가 집을 비운 사이 이청룡은 시중을 드는 여종에게서 그간 있었던 일들을 모두 전해 들었다.

그날 저녁 기방에서 돌아온 춘외춘에게 이청룡은 고개도 제대로 들지 못하고 그저 감사하다는 말만 되풀이했다.

"감사하고 또 감사하오. 이 은혜를 어찌 갚아야 할지……."

"아닙니다, 나리. 어떤 사연인지는 모르겠으나 사람을 그렇게 무참히 죽게 할 수는 없는 일이지요. 소녀는 다만 할 일을 한 것뿐이옵니다."

춘외춘은 얼굴뿐 아니라 심성도 고운 기생이었다.

"나리. 아무 걱정 마시고 기력을 회복할 때까지 저희 집에서 몸을 추스르십시오."

처음에는 몸을 추스르는 대로 어서 아내와 아이들이 기다리는 고향으로 돌아가려고 생각했던 이청룡은 춘외춘의 선녀 같은 마음씨에 반했는지 몸이 다 나았는데도 떠날 날짜를 차일피일 미루기만 했다.

춘외춘 역시 이청룡이 조금 더 자기 곁에 있어 주기를 바라는지 날마다 갖은 정성으로 이청룡을 받들고 따랐다.

결국 그들은 이것 또한 하늘이 맺어준 인연이라고 여기고 언제부터인가 합방을 하며 지냈다.

그러던 어느 날 나라에서 과거령이 내렸다. 춘외춘은 이청룡에게 과거에 응시할 것을 권했다.

이청룡은 선뜻 내키지는 않았지만 윤동춘과의 일을 떠올리며 마침내 결심을 굳혔다.

"나리! 여기서는 제가 바깥일이 있는지라 일일이 챙겨 드리지를 못하옵니다. 하오니 댁으로 돌아가셔서 과거를 준비하십시오."

그러면서 춘외춘은 두둑한 보따리 하나를 내밀었다.

"이것이면 식구들 끼니 걱정은 안 하시고 공부에만 전념하실 수 있을 것이옵니다."

"이보오, 내 목숨을 살려 주고 여태껏 보살펴 준 것만도 평생 못 갚을 빚이거늘……."

"그리 말씀하시면 소녀 섭섭하옵니다. 서방님을 향한 제 마음을 왜 빚이라 하십니까?"

"고맙구려 고마워. 정말 고맙구려."

다음날 이청룡은 춘외춘과 아쉬운 작별을 하고 한양에 있는 집으로 돌아왔다.

이청룡은 평양에서 있었던 모든 일들을 아내에게 솔직하게 이야기하고 다시 한번 과거에 응시하겠다는 결의를 보였다.

이청룡의 아내는 남편의 말을 잠자코 듣고 앉았다가 눈물을 흘리며 말했다.

"여보, 이번에는 꼭 과거에 급제해서 춘외춘이라는 그 기생에게도 당신의 장한 모습을 보여 주세요."

"내 이미 각오는 되어 있소! 단지 당신을 또 고생시켜 미안하구려."

이청룡은 아내의 손을 잡다가 왈칵 눈물을 쏟을 뻔했다. 아내의 손은 얼마나 고생을 했던지 앙상하게 뼈만 남은 데다 상처투성이였다.

아내의 뒷바라지와 춘외춘의 정성이 더한 덕분인지 이청룡은 그해 과거에서 당당하게 장원으로 급제했다.

어사화를 쓴 이청룡을 껴안고 아내는 쌓였던 설움이 터진 듯 울고 또 울었다.

한편 조정에서는 이청룡에게 암행어사를 제수하여 평양성을 감찰하라는 어명을 내렸다.

평양 감사가 백성들의 안위는 돌보지 아니하고 주색 잡기에 빠져 수시로 잔치를 열어 국고와 세금을 낭비하고 있다는 상소문이 조정에 올라왔던 것이다.

이청룡에게는 드디어 윤동춘에게 당한 원한을 풀 길이 열린 셈이었다.

자신의 신분을 은폐하기 위해 일부러 초라한 행색으로 평양에 당도한 이청룡은 먼저 춘외춘의 집으로 갔다.

춘외춘과 마주한 이청룡은 미안한 기색으로 말했다.

"미안하이. 내 또 이런 몰골로 오게 되었네. 그간 자네 볼 면목이 없어 못 찾아왔네."

"어서 오세요, 나리. 그리고 너무 낙담치 마십시오. 기회는 또 오게 마련이옵니다. 불편해하지 마시고 전처럼 편히 쉬십시오."

이어 춘외춘은 이청룡이 갈아입을 옷가지들을 손수 챙겨 가지고 왔다. 옷들은 깨끗하게 빨아 반듯하게 다림질까지 되어 있었다.

그것을 본 이청룡의 가슴은 또 한 번 고마움에 미어지는 것 같았다.

그날부터 이청룡은 춘외춘의 집에 머물면서 평양 감영의 동태를 은밀히 살펴보았다.

그러던 어느 날, 아침 일찍 일어나 목욕을 하고 난 춘외춘이 곱게 몸단장을 하며 말했다.

"오늘은 감사 나리께서 대동강 연광정에서 잔치를 벌이신답니다. 소녀도 명을 받았사오니 잠시 다녀오겠사옵니다."

이청룡은 마침내 기다리던 때가 왔다고 생각하며 내심 쾌재를 불렀지만 겉으로는 내색하지 않았다.

"오늘이 무슨 날인가?"

"듣기로 감사 나리의 생신이라 하옵니다. 그럼 편히 쉬고 계시어요."

이청룡은 춘외춘이 나가자 급히 포졸들을 불러 연광정 주변에서 출도할 준비를 하라고 일렀다. 그리고 자신은 곧장 연광정으로 말을 달렸다.

'윤동춘 이놈, 네 생일날이 제삿날이 될 것이니라!'

연광정에서는 윤동춘이 자신의 생일을 맞아 근방에 있는 모든 수령들을 불러모아 성대한 잔치를 벌이고 있었다.

이청룡은 이번에도 연광정 위로 뛰어올라가 소리쳤다.

"윤동춘! 이 사람아, 오늘도 나를 모른다 하시겠는가? 나 이청룡일세!"

윤동춘은 죽은 줄 알았던 이청룡이 나타나자 기겁하였다. 그 옆에 앉아 있던 춘외춘도 놀라기는 마찬가지였다.

윤동춘은 고래고래 소리를 질렀다.

"아니! 저놈은 내가 죽이라 하지 않았더냐!"

"그래! 자네가 나를 죽이려 했지만 난 춘외춘과 뱃사공의 도움으로 이렇게 살아 있다네."

"아니, 이년이? 네가 감히 나를 속여! 여봐라! 이년을 당장 끌어내거라!"

윤동춘은 길길이 뛰며 소리쳤다.

"내려갈 사람은 춘외춘이 아니라 바로 윤동춘 자네네! 여봐라! 당장 평양 감사를 끌어내라!"

이청룡의 명령이 떨어지자 연광정 주변에 숨어 있던 포졸들이 우루루 몰려나왔다.

"암행어사 출두요! 암행어사 출두요!"

연광정은 순식간에 아수라장이 되었다.

잠시 후 이청룡은 연광정에 앉아 땅바닥에 무릎을 꿇고 있는 윤동춘을 내려다보았다.

"지금도 나를 모른다 하겠는가?"

윤동춘은 아무 말도 하지 못하고 침울한 표정으로 땅만 내려다보고 있었다.

이청룡은 그런 옛 친구의 모습을 보고 있자니 괘씸한 마음 한편으로 불쌍하고 측은한 생각이 들어 조금씩 가슴이 아려 왔다.

"이보시게. 자네와 내가 어찌하여 이렇게 되었단 말인가. 어찌하여 나를 그리도 박정하게 대하였는지 그 이유나 들어 보세?"

이청룡이 말하자 윤동춘은 잠시 한숨을 쉬더니 말문을 열었다.

"글쎄, 이제 와서 굳이 이유를 말하면 무엇하겠는가마는……. 휴, 지난날 내가 이곳으로 부임하기 전에 자네 집에서 하룻밤 묵으며 이별주를 나누지 않았는가?"

"그래, 그랬었지."

"그때 술상을 봐주던 여종을 기억하는가?"

"……."

이청룡은 윤동춘의 앞으로 발걸음을 옮겼다.

"내 그 여종이 마음에 든다고 자네한테 말했었지?"

"그래, 그랬었지."

이청룡은 윤동춘의 입에서 그날의 얘기가 나오자 이내 얼굴이 굳어졌다.

"사실, 나는 그 여종이 너무나 마음에 들었었네. 그래서 부끄러움을 무릅쓰고 자네에게 그 여종을 달라고 말했던 것이네. 하지만 자네는 그런 내게 핀잔과 무안만을 주었었지."

"……."

윤동춘의 이야기를 들으며 이청룡의 얼굴은 더욱 굳어져 갔다.

"우리 사이에 그깟 여종 하나쯤 주는 것이 무엇이 어렵다고 친구를 그렇게 면박하나 싶었네. 자네와의 우정이 모두 허사라고 느꼈지. 하여 그때 내 다시는 자네를 보지 않기로 결심했던 것이네."

이청룡은 윤동춘의 손을 덥석 잡아 일으키며 말했다.

"그랬구먼, 그랬었구먼. 그래서 자네가 나를 모른 척했었구먼. 그렇다면 모든 것은 내 탓인 게지. 하지만 그날 일은 내게도 사연이 있네."

"사연이라니?"

"실은 그 무렵 우리 집 형편이 굉장히 어려웠었네. 그래서 부리는 종은커녕 먹을 것조차 변변히 구하기 어려웠지."

"아니, 그럼. 그때 내게 대접한 주안상과 그 여종은 뭐란 말인가?"

윤동춘이 놀라며 물었다.

"사실 음식은 아내가 이웃집을 돌아다니며 나중에 품을 팔기로 하고 먼저 받은 품삯으로 어렵게 마련한 것이었네."

"그렇다면 왜 진작 말하지 않았는가?"

"그리고……, 놀라지 말게. 자네가 마음에 있어 하던 그 여종은 실은 내 아내라네. 내 집에서 친구를 대접하는데 술시중을 들 여종이 없다고 하여 어찌 아내에게 술시중을 들라고 할 수 있겠는가? 그래서 자네 대접하는 것을 그만두자 했더니, 아내가 자신이 여종인 것처럼 꾸미고 술시중을 들겠다고 자청하는 바람에……."

"그런 일이……."

"미안하이. 먼길 떠나는 친구를 그냥 보낼 수 없어 그리한 것인데, 그것이 화근이 될 줄 몰랐네. 미안하네. 내 탓이었네."

"그럼 내가 자네 아내를 욕보인 것이나 마찬가지 아닌가?"

윤동춘이 당황하여 말했다.

"이보시게, 이젠 다 지난 일이 아닌가, 다 잊도록 하시게나. 이제라도 오해를 풀었으니 우리 예전의 우정을 다시 이어 보도록 하세."

이청룡과 윤동춘은 서로 얼싸안고 다짐했다.

차마 친구를 벌줄 수 없었던 이청룡이 사직 상소를 올리라고 권하자 윤동춘은 상소를 올린 후 평양 감사 자리에서 물러나 낙향했다.

한편 춘외춘은 그후 기적에서 빠져 나와 이청룡을 평생 가까이 모시며 살았다.

꽃 중의 꽃

올해도 북한산에는 어김없이 봄이 찾아왔다.

시원한 물줄기가 굽이굽이 흐르는 계곡과 바위틈에는 형형색색의 봄꽃들이 만발하였고, 나비와 벌들이 꿀을 찾아 꽃들 사이를 이리저리 날아다니고 있었다.

북한사에서 과거를 준비하며 동문 수학하고 있는 박유선과 안상렬은 잠시 춘흥을 만끽하기로 하고 오랜만에 산길을 걸어 뒷동산으로 올라갔다.

산길을 오르며 숲속에 핀 두견화를 바라보던 박유선은 자신의 부인이 처음 시집 오던 날이 생각났다.

그날은 말 그대로 온 마을이 잔치 분위기로 떠들썩했다.

홀어머니 밑에서 자라난 박유선은 집안 형편도 어렵고 해서 마을 사람들은 모두 장가 가기가 어려울 것이라 했었다.

그런데 우연히 가문 좋은 송씨 집안에서 통혼이 들어와 이렇게 혼례를 치르게 되었으니 그것은 비단 박유선 집안의 경사일 뿐만 아니라 마을의 경사라 할 만큼 온 마을 사람들이 기뻐했다.

박유선의 어머니는 사돈 댁의 가문도 가문이거니와 조금도 부족한 것 없이 살아왔을 규수가 한마디 불평도 없이 가난한 집안의 며

314

느리로 들어와 주는 것이 고마웠다.

더욱이 며느리의 모습이 참으로 고왔으니, 마을 사람들은 그런 송씨 부인을 보고 '화수화花羞花'라 부르며 꽃 중에도 그렇게 예쁜 꽃은 없을 것이라 칭찬하였다.

"아니, 무엇을 그리 골똘히 생각하나?"

안상렬이 두견화에 정신을 팔고 있는 박유선에게 물었다.

"응, 실은 이 꽃을 보니 아내 생각이 나서……."

박유선은 민망한 듯 상기된 얼굴로 대답했다.

"거 참, 아내 없는 사람 서럽게 하는군. 그래 자네 아내가 그 꽃을 닮았는가?"

안상렬은 박유선을 짓궂게 놀렸다.

"그런 게 아니고……, 실은 아내의 별칭이 화수화거든."

"화수화? 꽃 중의 꽃이라는 뜻인가?"

"뭐 굳이 말하자면 그렇지."

"자네 아내가 그리도 미색이라는 말인가?"

안상렬은 화수화라는 말에 호기심이 생겼다.

"뭐, 그렇게까지……. 그냥 마을 사람들이 하는 말이지. 허허 내가 아직 미장가인 친구에게 너무 아내 자랑을 하는 것 같군. 이제 그만두세. 허허!"

안상렬은 더 이상 묻지 않았지만, 박유선의 아내가 얼마나 고우면 화수화라는 별칭을 얻었을까 싶어 몹시 궁금하였다.

안상렬과 박유선이 이곳에서 만나 학문을 닦은 지도 어언 3년이 다 되어 가고 있었다.

그 동안 서로 잡생각을 버리고 학문에만 전념하였거늘 오늘 낮 송씨 부인의 이야기를 들은 이후로 안상렬은 마음이 흔들리고 있었다.

'허, 화수화花羞花라…… 화수화. 얼마나 미색이면 화수화라 했을까.'

잠자리에 들어서도 쉽사리 잠을 이룰 수 없었던 안상렬은 더 이상 누워 있을 수가 없었다.

'이 사람은 무슨 복을 타고났기에 그리도 아름다운 아내를 얻었을꼬.'

옆에서 곤히 잠든 박유선을 바라보던 안상렬은 무언가 결심한 듯 짐을 챙겨 새벽 안개를 밟으며 북한사를 떠났다.

안상렬은 그 길로 박유선의 집이 있는 경성으로 갔다.

경성에 도착한 안상렬은 혹시라도 자신의 신분이 탄로 날까 두려워 이름을 바꾸고 방물장수의 집에 방을 얻은 후 박유선의 집 근처를 매일같이 배회했지만 좀처럼 박유선의 아내를 볼 수 없었다.

그렇게 며칠이 지나자, 조급해진 안상렬은 방물장수 할머니에게 은근히 물었다.

"할멈, 이 근방에서 미색이 뛰어나 화수화라 불리는 여인이 산다던데 혹 알고 있소?"

"아, 박씨 댁 아씨를 말씀하시는 모양이구먼요."

할멈은 단번에 대답했다.

"그 아씨가 그리도 미색인가?"

"아, 두말하면 잔소리죠. 아마 양귀비나 서시도 와서 보면 울고 갈 걸요?"

할멈은 마치 자신의 자랑거리인 듯 대답했다.

"휴, 헌데 요즘 그 아씨께서 병이 나신 모양이어요. 하긴 병날 만도 하시지, 부잣집에서 편히 살다 밤낮으로 일을 하시려니 병이 안 나시겠어요? 게다가 서방님은 공부하러 가신 후 통 연락도 없으시니……."

"왜, 어디 아프신가?"

"몸살이 나신 모양인데 가난한 살림에 의원 한번 부르지 못하고, 약 한 첩 못 드시는 모양인가 봅디다."

안상렬은 그 말에 귀가 번쩍 뜨였다.

"그거 참, 안됐군. 할멈, 사실은 내가 의원인데 이 근방으로 이사를 오려고 터를 알아보는 중이었소. 그런 딱한 사정을 들으니 내 가만히 있을 수가 없구려. 내가 한번 봐드릴 터이니 그 집에 기별을 해주시게나."

안상렬은 자신이 의원인 듯 거드름을 피며 말했다.

할멈은 안상렬의 말에 기뻐하며 그 길로 박유선의 집으로 달려가 이 소식을 전했다.

하지만 송씨 부인은 그다지 반가워하지 않았다.

"제 병이 그다지 심한 것도 아니니, 그리 수선을 피울 필요 없습니다. 혹, 맥을 보여야 한다면 지아비에게 먼저 알리고 상의한 후 처리해야 하는 것이 도리이니 말씀만은 고맙다고 전하여 주십시오."

할멈은 더 이상 권하지 못하고 돌아왔다.

안상렬은 기대했던 기회가 허망하게 사라지자 송씨 부인에 대한 마음이 더욱 간절해졌다. 그러한 간절함이 얼굴만 보고 가려고 했던 그를 걷잡을 수 없는 욕망 속으로 빠뜨리고 말았다.

'내 기필코 송씨 부인을 얻고야 말리라.'

그러나 며칠이 지나도 송씨 부인을 만날 기회가 오지 않자, 안상렬은 월장을 하기로 결심했다.

그날 밤 안상렬은 살그머니 박유선의 집으로 가 주변을 살핀 후 담장 위로 뛰어올랐으나 순찰을 돌던 포졸들에게 들키고 말았다.

"게 누구냐?"

안상렬은 담 위에서 황급히 내려와 죽을힘을 다해 도망쳤다.

포졸들의 눈을 피해 자신의 고향집으로 돌아온 안상렬은 여전히 송씨 부인을 차지하겠다는 마음을 버리지 못하고 허송세월만 보내고 있었다.

결국 안상렬은 사람을 시켜 보쌈을 하기로 결심했다. 그러나 계획이 착착 진행되어 보쌈할 날짜만 기다리고 있을 무렵 마침 나라에서 과거령이 내려 박유선이 과거 시험을 치르기 위해 집으로 돌아오자 그마저도 수포로 돌아가고 말았다.

한편 박유선은 과거에 당당히 급제하여 벼슬길에 오르게 되었다.

안상렬은 이런 박유선의 소식에 분해하며 여전히 송씨 부인을 빼앗을 기회만 노리고 있었다.

그러던 어느 날 박유선이 평양 감사가 되어 식솔을 이끌고 길을 떠난다는 소식을 접하게 되었다.

'옳지, 드디어 기회가 왔구나.'

안상렬은 박유선 일행이 지나가는 청석골에서 돈으로 매수한 불량배들과 함께 대기하고 있었다.

드디어 박유선 일행이 청석골을 지나가려 할 때였다.

"이보시게, 그간 안녕하셨는가?"

안상렬은 말을 타고 박유선 일행 앞에 나타나 큰소리로 말했다.

박유선은 갑자기 산적이라도 나타난 줄 알고 깜짝 놀랐으나 그가 안상렬임을 알고 반갑게 말했다.

"아니, 이게 누구신가? 안공이 아니신가? 그간……."

"긴 말 필요 없네! 난 자네를 보기 위해 이곳에서 기다린 것이 아니네! 화수화라 불리는 자네 아내를 데리러 온 걸세. 그러니 순순히 내놓고 가게!"

안상렬의 말에 박유선은 깜짝 놀라 입을 다물지 못했다.

주위에는 안상렬의 부하인 듯한 사람들이 창과 칼을 들고 험한 표정을 짓고 서 있었다.

"난 화수화를 얻기 위해 수년을 기다렸네. 그러니 무사히 이곳을 지나시려면 내 말을 들으시게나."

박유선은 어찌해야 할지 망막해하며 아내가 타고 있는 가마로 다가갔다.

그러나 박유선이 가까이 다가가기도 전에 가마에서 먼저 아내의 목소리가 들려 왔다.

"이 안에서 듣자 하니, 안 장군은 대장부 중에 제일의 대장부이신 것 같군요. 여인이 평생에 대장부를 모실 기회가 어디 흔하겠사옵니까? 내 기꺼이 따라가지요."

아내의 말에 박유선은 기가 막혔다.

아무리 목숨이 위험한 지경에 이르렀다 해도 그리 쉽게 다른 남정네를 따라 나서겠다고 할 수 있는 것이며 안상렬을 언제 보았다고 장군이라고 부르며 사내 대장부 운운하는지 그는 도무지 이해할 수 없었다.

하지만 안상렬은 쾌재를 부르며 아이처럼 좋아했다. 일이 이렇게 쉽게 성사되리라고는 미처 생각하지 못했던 것이다. 그는 한바탕 크게 싸움이 벌어질 거라고 생각했었는데, 송씨 부인이 스스로 자신에게 오겠다고 하니 여간 기쁘지 않았다.

"새로이 지아비를 섬기려는바, 안 장군께 몇 가지 청이 있사옵니다."

송씨 부인이 가마 안에서 말했다.

"어서 말해 보시오. 부인의 부탁이라면 얼마든지 들어드리리다."

안상렬은 그저 기쁜 마음에 웃으며 말했다.

"우선, 새로이 혼례를 올리되 육례를 갖추어 할 수 있도록 해주시고, 둘째로 가까운 주막이라도 들어가 제가 혼인에 앞서 목욕을 할 수 있게 해주십시오. 그리고 제가 준비를 끝내고 가마에 오르면 곧장 남편이 있는 곳에서 멀리 떠나 주옵소서. 그리해 주신다면 안 장군을 기꺼이 따르겠사옵니다."

안상렬은 당장 근방에 있는 주막으로 박유선 일행을 끌고 갔다. 그리고 주모에게 엽전 꾸러미를 던지며 목욕을 할 수 있도록 물을 데우고 술과 기름진 안주를 어서 내오라고 시켰다.

처음에는 목욕 소리에 얼토당토않다는 표정을 짓던 주모는 엽전 꾸러미를 보더니 입이 함빡 벌어져 안상렬이 시키는 대로 목욕물을 데우는 것은 물론 술과 고기까지 한달음에 내왔다.

안상렬 일행은 모두 먹고 마시며 흥겨워했는데 특히 안상렬은 벌어진 입을 다물 줄을 몰랐다.

이윽고 채비를 마친 송씨 부인의 가마가 나오자 안상렬 일행은 박유선에게는 눈길도 주지 않고 어디론가 한달음에 말을 달려 떠났다.

주막에 남은 박유선은 허탈했다.

'허허, 여자의 마음이란……. 내 이 꼴을 당하고 어찌 평양 감사를 하랴. 벼슬을 내놓고 고향집으로 돌아가 농사나 지으며 여생이나마 편히 보내는 게 나을 듯하구나.'

박유선이 망연자실하여 안상렬이 사라진 곳을 바라보고 있는데 주모가 다가와 잠시 방안으로 들기를 권하였다.

만사가 허탈해진 박유선은 술이나 한잔할 요량으로 방문을 열고 안으로 들어갔다.

"아니, 부인!"

방안에는 아내가 조용히 미소를 지으며 앉아 있었다.

"부인! 어찌된 일이오. 허면 가마에는 누가……?"

"유모가 타고 있지요."

다소곳한 아내의 대답에 그제야 앞뒤 정황을 이해한 박유선은 아내의 지략에 감탄하며 기뻐했다.

한편, 안상렬은 송씨 부인의 청을 들어주기 위해 단숨에 송도까지 말을 달린 후 한적한 주막에 자리를 잡았다.

"부인, 이만하면 청석골에서 멀리 오지 않았소? 이제 부인의 얼굴이나마 봅시다. 어서, 가마에서 나오도록 하시오."

그런데 가마에서는 아무런 기척이 들리지 않았다.

한참이 지나도록 기척이 없자 더 이상 참을 수 없었던 안상렬이 직접 가마 문을 열며 말했다.

"허허, 어차피 방으로 들어가 쉬어야 하지 않소? 어서 나오도록 하시오."

이윽고 가마에서 한 여인이 정숙한 발걸음으로 조심스레 나왔다.

"아니! 넌 누구냐?"

순간 안상렬의 입에서 비명에 가까운 소리가 터져 나왔다.

"누구긴? 당신이 데려온 장차 당신의 아내가 될 여인이지."

"아니, 송씨 부인은 어디 가고 이런 늙어빠진 할망구가 나온단 말이냐?"

"아이고, 세상에 송씨 부인만 여자고, 난 뭐 여자가 아니란 말이야? 이래뵈도 자식 열은 더 낳을 수 있는 몸이라구!"

유모는 안상렬의 기세에 지지 않고 또박또박 대꾸를 했다.

"에잇, 이런 일이……. 당장 내 눈앞에서 사라지지 못하겠는가?"

"아니, 여기까지 데려와 놓고는 이제와 어딜 가라는 말이야!"

유모의 말대답도 만만찮았다.

일이 이쯤 되자 허탈해진 것은 안상렬이었다. 더 이상 서 있을 수도 없어 그 자리에 털썩 주저앉고 말았다.

안상렬은 큰소리로 허탈하게 웃으며 그간의 어리석었던 자신의 욕망을 허공 속으로 날려 보냈다.

"진정 화수화는 화수화로다, 화수화야! 내 어찌 그리도 어리석었단 말인가!'

안상렬은 우선 송씨 부인의 유모에게 많은 재물을 주어 돌려보낸 후 자신은 그 길로 북한사에 들어가 중이 되었다.

이휘정과 백 이방

군데군데 기워 넝마가 다 된 도포를 입고 구멍이 나 너덜너덜해진 갓을 쓴 중년의 선비 한 사람이 강가를 거닐고 있었다.

선비는 물새가 한가로이 나는 강을 쳐다보며 희미하게 미소를 지었다.

'여기쯤이었던가? 이 년 전 내가 백 이방을 처음 만났던 곳이……. 만약 그때 백 이방을 만나지 못했더라면 나는 지금쯤 어찌되었을까?'

선비의 아련한 기억은 어느새 백 이방을 처음 만났던 그날로 돌아가고 있었다.

선비의 이름은 이휘정李輝廷으로 충청도 예산에 살고 있었다.

이휘정은 본시 재력 있는 가문의 후손으로 학문도 뛰어나고 성품 또한 호탕하여 주변에 사람들이 끊이지를 않았다.

단지 한 가지 아쉬운 것은 번번이 과거에 낙방을 하여 아직 벼슬길에 나아가지 못한 것이었다.

이휘정의 친구들은 처음에는 이휘정을 위로하고 격려를 아끼지 않았다. 그러나 그가 과거를 보러 한양을 오르내리며 조금씩 가산을 탕진하게 되자 하나둘씩 그의 곁을 떠나기 시작했다.

결국 외톨이 신세가 된 이휘정은 모든 가산을 정리하여 마지막으로 과거를 보러 한양으로 갔지만 결과는 낙방이었다.

수중에 돈도 떨어지고 갈 곳도 없어진 이휘정은 며칠을 굶으며 막연히 고향으로 내려가던 중 충주에 도착하여 강가에 앉아 신세 한탄을 했다.

'내 신세가 어찌 이 꼴이 되었단 말인가? 이렇게 고향에 돌아간다 해도 어느 누가 반겨 줄 것인가?'

이휘정은 전신에서 기운이 쏙 빠져 나가는 것 같아 자리에 벌렁 드러누웠다.

"아니, 이보시오. 어찌하여 이곳에 이러고 있소?"

땅바닥에 누워 눈을 감고 있는 이휘정에게 누군가 말을 걸었다. 눈을 떠보니 나이가 꽤 들어 보이는 사내가 그를 찬찬히 내려다보고 있었다.

이휘정은 혹여 밥 한 술이라도 얻어먹을 수 있을까 해서 처량 맞은 목소리로 말했다.

"나는 장사꾼인데 한양에서 장사를 하다가 그만 쫄딱 망해서 가산을 모두 탕진하고 말았소. 그랬더니 마누라는 도망가고, 친구도 일가친척도 모두 모른체하니 살길이 막막하여 그만 이 강에 빠져 죽을까 생각중이오."

"아니, 아직 젊은 사람이 어찌 그런 몹쓸 생각을 하시오?"

사내는 나무라듯 말했다.

"쓸데없는 생각 말고 우리 집으로 갑시다. 마누라가 없어 서럽다면 내 마누라라도 드리리다."

"뭐요, 노형의 마누라를 내게 준다 했소? 예끼, 무슨 망발을 그리하시오!"

이휘정은 기가 막히다는 듯 소리를 쳤다.

"어허, 이 사람. 내 말이 실없는 소리로 들리시오? 이래뵈도 내 마누라가 이 동네에서는 알아주는 미색이라네. 자, 여러 말 말고 어서 우리 집에 갑시다. 보아하니 며칠을 굶은 게 분명하구먼!"

사내의 말에 이휘정은 머리를 저었다.

"내 관상을 조금 볼 줄 아는데, 보아하니 자네는 장차 큰 인물이 될 사람이야. 그러니 이곳에서 이러지 말고 내 집으로 가세나."

결국 이휘정은 사내에게 이끌려 그의 집으로 갔다.

"나는 백 아무개로 이 마을 관아에 이방으로 있소."

백 이방은 이휘정을 찬찬히 보며 말했다.

"그렇게 죽기에는 아직 젊지 않소? 앞으로 무엇을 한들 한 번은 이름을 날릴 관상이니 더 이상 망측한 생각은 하지 마시오."

"……."

"자, 난 이만 일이 있어 나가 봐야 하오. 조금 있으면 수발을 들 사람이 올 것이니 마음놓고 편히 쉬시게."

백 이방은 하인에게 이휘정이 갈아입을 새 옷을 준비하고 저녁 상을 푸짐하게 차려 내라 이른 뒤 집을 나갔다.

이휘정은 염치 불구하고 새 옷으로 갈아입고 저녁까지 배불리 먹은 뒤 자리에 누워 오랜만에 느껴 보는 포만감에 한껏 젖어 있었다.

"들어가도 되옵니까?"

그때 문밖에서 들려오는 젊은 여인의 목소리에 이휘정은 자리에서 벌떡 일어나 앉았다.

"뉘시오?"

"잠시 들어가겠습니다."

이어 조용히 문이 열리더니 주안상을 든 젊은 여인이 들어왔다.

"주인께서 바쁘셔서 대신 왔사옵니다."

여인은 조금은 수줍은 듯했다.

"그래도 누군지 알아야……."

"우선 한잔 받으세요."

여인은 이휘정이 말을 마치기도 전에 술을 권했다.

한 잔, 두 잔…… 여인은 말없이 술잔을 채웠고 계속해서 잔을 비우다보니 이휘정도 어느덧 술기운이 올랐다.

그러나 무엇이든 과하면 실수를 하게 되는 법. 이휘정이 술 기운에 바라보니 눈앞의 여인이 그리 어여쁠 수가 없었다. 자세히 보니 서른이 갓 넘은 것 같았다.

이휘정은 백 이방이 자신을 대접하려고 기생을 부른 것으로 생각하고는 살며시 여인의 손을 잡으려 했다. 그러자 여인은 깜짝 놀라며 한 걸음 뒤로 물러나 앉았다.

순간 이휘정의 머리에 낮에 백 이방이 하던 말이 생각났다.

'내 마누라라도 주리다. 알아주는 미색이라오.'

이휘정은 퍼뜩 정신이 들었다.

'아니, 그럼 이 여인이 백 이방의 부인이란 말인가? 세상에 미친 사내가 아니고서야 어떻게 자기 아내를 다른 남정네에게 준단 말인가!'

이휘정은 자세를 고쳐 앉은 후 점잖게 말했다.

"혹, 백 이방의 부인이시오?"

"……."

"어허, 낮에 백 이방이 말은 그렇게 했지만 설마 진심인 줄은 몰랐소. 난 그저 부인이 기생이나 이 집 몸종이려니 생각했소이다."

이휘정은 어이가 없었다.

"대관절 이 무슨 망측한 일이란 말이오? 백 이방이라는 사람은 나를 어찌할 속셈으로 이러는 게요?"

"저⋯⋯, 실은 소녀는 백 이방 어른의 소실이옵니다. 사실 저도 백 이방 어른이 시키는 일인지라 어쩔 수 없이 이 방에 들어왔답니다."

여인은 평소 백 이방이 많은 사람들을 구제해 주었다는 것과 자신의 아버지가 억울한 누명을 쓰고 죽게 된 것을 백 이방이 돈을 써서 풀어주었다고 눈물을 흘리며 이야기했다. 그리고 자신은 아버지의 은인인 백 이방에게 평생을 다해 은혜를 갚고자 십 년 전에 자청하여 그의 소실로 들어왔다고 했다.

그러나 백 이방의 생각은 여인과 달랐다.

'내 나이 벌써 오십 줄이 넘었거늘 무슨 복으로 저 젊은 아이를 계속해서 내 곁에 두겠는가? 어디 마음 맞는 사람이 있다면 보내 줘야 옳지. 어린 것이 아버지를 생각하여 이 집 몸종으로라도 있겠다고 고집을 부리는 바람에 할 수 없이 소실로 들이긴 했지만 십 년이 넘은 지금까지 곁에 둔다는 건 사람의 인정이 아니지.'

백 이방은 괜찮은 사람만 나타나면 두말없이 여인을 내보낼 마음을 품고 있었다.

그러던 차에 마침 강가에서 이휘정을 보자 행색은 초라해도 그 인물이 귀한 상인지라 여인을 보내기로 결심한 것이다.

백 이방의 그런 속내를 알 리 없는 여인은 갑자기 나타난 남정네와 합방을 하라는 말에 펄쩍 뛰었다.

"나리, 그런 천부당만부당한 소리가 어디 있습니까? 소녀 죽으면 죽었지 그리는 못 하옵니다."

"얘야, 그러지 말고 내 말을 들어 보거라. 너와 나는 전생에 지은 업이 있어 현세에서 이런 운명으로 만난 것이다. 만약 우리가 현세에서 그 업을 풀지 못하면 내세에서 또 어떤 악연으로 만날지 모르는 일이다."

백 이방은 여인을 지그시 바라보며 말을 이었다.

"그 업을 풀 수 있는 유일한 길은 네가 그 사내를 따라가는 것이다. 그러니 부디 내 말을 따르도록 해라."

백 이방은 어린 아이 달래듯 여인을 달랬고 결국 여인은 그의 말을 따를 수밖에 없었다.

"어허, 그것 참,……"

여인의 말을 모두 들은 이휘정은 어떻게 해야 할지를 몰라 생각에 잠겼다. 눈 딱 감고 백 이방의 말을 따를 것인가, 아니면 그냥 이대로 떠날 것인가?

그러나 이휘정은 여인을 취할 수 없다고 결론 지었다. 일이야 어찌 되었건 자신에게 호의를 베푼 사람의 여인을 취한다는 것은 선비가 할 도리가 아니라고 여겼던 것이다.

"백 이방의 마음은 알겠지만 합방은 있을 수 없는 일이오. 그렇다고 해서 부인이 이 방에서 나가면 백 이방이 서운해할 것이니 그냥 얘기나 나누며 밤을 지새도록 합시다."

이휘정은 그렇게 말하고 방 한쪽에 놓인 거문고를 가져다 곡조를 타기 시작했다.

여인은 자리에서 일어나 거문고 소리에 맞춰 조용히 춤을 추었다.

거문고 곡조의 높낮이에 따라 여인의 춤사위도 시시각각 바뀌었다. 마치 거문고의 아름다운 곡조와 여인의 어여쁜 춤사위가 합방을 하는 것처럼 느껴졌다.

이윽고 새벽이 오자 이휘정은 거문고를 멈추고 일어섰다.

"자, 난 이만 가겠소이다."

그러자 여인은 왈칵 눈물을 쏟아내었다. 밤새 자신과 백 이방의 체면을 지켜 준 이휘정의 의리와 호탕함에 감복하고 만 것이다.

"어찌하여 눈물을 보이십니까? 부인은 정조를 지켰고 나는 백 이방에 대한 의리를 지켰지 않소. 백 이방이 돌아오면 이 은혜 잊지 않겠다고 전해 주시오."

강가에 앉아 지난 생각에 잠겨 있던 이휘정은 회심의 미소를 지으며 자리에서 일어났다.

'그때나 지금이나 내 행색이 말이 아니니 백 이방이 보면 뭐라고 할까?'

이휘정은 백 이방의 집으로 향했다.

이휘정이 반가운 마음으로 대문을 두드리려는데 집안에서 희미하게 여인의 울음 소리가 새어 나왔다.

이휘정이 살며시 문을 열고 들어가니 백 이방의 소실이 흐느끼고 있었다.

직감적으로 무슨 변괴가 생겼다고 생각한 이휘정은 급히 여인에게로 다가갔다.

"나를 알아보겠소?"

여인은 천천히 고개를 들어 이휘정을 바라보다가 깜짝 놀라며 대답했다.

"전에 뵈었던 선비님이 아니신지요?"

"그렇다네. 그런데 무슨 일이 있는가? 백 이방은 어디 갔는가?"

이휘정이 집안을 두리번거리며 묻자 여인은 더욱 서럽게 흐느끼며 백 이방이 어려운 사람들을 도우려다 그만 관아의 곡식에 손을 댔다고 말했다.

"관아의 곡식에 손을 댔다면 이는 그냥 넘어갈 일이 아닌

데……."

"나리, 이 일을 대체 어쩌면 좋겠습니까?"

가만히 생각에 잠겨 있던 이휘정이 여인에게 말했다.

"실은 내가 어사의 직분으로 이곳에 왔소이다. 하지만 아무리 어사라 할지라도 관아의 곡식에 손을 댄 자를 그냥 풀어줄 수는 없는 노릇이오. 방법은 오직 하나 그만큼의 돈을 물어내야 하는데……."

"그야 알지만 지금 당장 그만한 돈이 어디 있어야지요. 흑흑."

"부인, 내게 좋은 생각이 있소. 내가 내일 관가에 나갈 터인즉 나를 찾아오시오."

이휘정은 이렇게 말하며 미소를 지었다.

다음날 이휘정은 아침 일찍 관가에 들어가 자신의 신분을 밝혔다.

갑작스러운 암행어사의 출현으로 관가뿐만 아니라 고을 전체가 떠들썩해졌다.

억울한 일을 당한 백성들은 이 기회에 어사또에게 자신의 억울함을 호소하려고 관가 주위를 빼곡하게 둘러쌌다.

이때 백 이방의 소실이 사람들을 헤집고 나타나 큰소리로 말했다.

"어사또가 오셨다고 들었소. 어사또를 직접 뵙고 내 억울한 사연을 고해야겠소!"

백 이방의 소실은 앞길을 가로막는 포졸들과 실랑이를 벌이며 재차 어사또를 만나게 해달라고 목소리를 높였다.

이휘정은 소리나는 쪽을 바라보다가 짐짓 놀라는 표정을 짓더니 버선발로 뛰어나와 여인의 손을 덥석 잡으며 반가워했다.

"아니, 아주머니! 이곳에서 아주머니를 뵙다니……. 그간 평안하셨는지요? 이것 참, 제가 지금은 공무가 바쁜지라 짬을 낼 수가 없으니 우선 집에 가 계시면 수일 내로 찾아뵙겠습니다. 하시고 싶은 이야기는 그때 자세히 듣도록 하지요."

백 이방의 소실은 이휘정의 속내를 알 수 없었지만 일단 그 길로 집으로 돌아갔다.

그날부터 백 이방의 집에는 문턱이 닳을 정도로 많은 사람들이 드나들었다. 그제야 그녀는 이휘정의 의중을 이해할 수 있었다.

그들은 하나같이 백 이방의 소실에게 자신의 억울한 일을 보살펴달라는 부탁과 함께 슬그머니 돈과 곡식을 놓고 간 것이다.

그녀가 그렇게 해서 모아진 돈과 곡식을 관가에 갖다 바쳐 백 이방은 무사히 풀려날 수 있었다.

백 이방과의 의리를 끝까지 지킨 이휘정은 훗날 그 벼슬이 판서의 자리에까지 올랐다.

"아니, 저렇게 젊은 사람이 뭐가 아쉬워서 도적질을 했대?"

"그러게 말일세. 인물도 좋구먼, 어쩌다 그런 흉악한 도적이 되었을꼬?"

"그나저나 우리 신임 사또에겐 경사지 뭔가. 그 동안 저 떳다리 놈을 잡지 못해 바뀐 사또만 해도 어디 한둘인가?"

마을 사람들이 관가 밖에서 삼삼오오 모여 이렇게 쑥덕이고 있는 동안 관가 마당에는 젊은이 한 명이 오랏줄에 묶인 채 무릎을 꿇고 있었다.

"네가 진정 떳다리라는 도적이냐?"

신임 사또 역시 믿기 어려운 듯 엄하게 소리쳤다.

떳다리는 몇 년 전부터 경남 밀양 일대를 누비며 부잣집만을 골라 털어 온 유명한 도적이었다.

떳다리가 그토록 유명해진 것은 부잣집만을 골라 턴 까닭도 있었지만 도적질할 부잣집에 자신의 이름과 도적질할 날짜를 적어 미리 알려주었기 때문이다.

일단 떳다리의 통보를 받은 부잣집에서는 관가에 도움을 청해 포졸들을 집 주위에 철통같이 배치시켰으나 워낙에 신출귀몰한지라 번번이 당하고 말았다.

이렇듯 떳다리가 관가의 수사망과 포위망을 비웃으며 활개를 치고 다닌다는 소문은 한양에까지 퍼졌다. 조정에서는 몇 번이고 안찰사를 파견하거나 밀양 사또를 바꾸어 보았지만 결과는 마찬가지였다.

조정에서는 다시 밀양의 지리를 잘 아는 자라야만 떳다리를 잡을 수 있다는 공론이 일어 그곳 출신인 김태수가 새로 부임하게 되었다.

김태수는 떳다리에 대해 익히 들어 알고 있는지라 부임하기 전부터 걱정이 태산 같았다. 떳다리를 사로잡지 못하면 자신도 파직당할 것이 분명했기 때문이다.

그런데 김태수가 밀양 사또로 부임한 지 얼마 되지 않아 돌연 떳다리가 자수하겠다는 의사를 밝히더니 약속한 날 제 발로 관가에 나타난 것이다.

"예, 소인이 떳다리가 맞사옵니다."

젊은이는 당당하게 말했다.

"도적놈치고는 제법 당당하구나! 네놈이 지은 죄를 알고 있으렸다?"

"사또! 도적질이 죄라면 처자식을 버린 아비는 무슨 죄이옵니까?"

"무어라? 처자식을 버린 아비의 죄?"

김태수는 잠시 할말을 잃었다. 그 말에는 분명 사연이 있을 거란 생각이 들었다.

"그 말에는 필시 무슨 사연이 있는 듯하니 숨김 없이 고하도록 하라."

떳다리는 망설임 없이 가슴에 묻어 두었던 이야기를 시작했다.

떳다리는 섣달 그믐날 김해에 있는 떳다리(浮橋) 밑에 버려진 것을 손씨 노인이 데려다 키웠는데 듣기에도 생소한 떳다리라는 이름은 그렇게 해서 지어진 것이다.

어려서부터 영특하고 착하기만 했던 떳다리는 자라면서 자신이 주워온 아이라는 걸 알게 되었고 그때부터 조금씩 비뚤어지기 시작했다.

혈육을 그리워하는 것은 숨길 수 없는 인정인지라 떳다리도 자랄수록 자신을 낳아 준 부모에 대한 그리움이 더해만 갔다.

떳다리는 12살 되던 해 섣달 그믐날 밤 자신이 버려졌던 떳다리 밑으로 들어가 밤새 목놓아 어머니를 불렀다.

그날 밤 이후 떳다리는 밤마다 어머니를 목놓아 불렀고 사연을 알 길 없는 마을 사람들은 부모에게 버림받아 죽은 아이의 원귀가 나타났다고 수군거렸다.

그 소문은 꼬리에 꼬리를 물고 퍼져나가 마침내 떳다리의 어머니에게도 들어가게 되었다. 그녀는 어느 날 밤 떳다리 밑으로 찾아와 눈물을 흘리며 혼자 넋두리를 늘어놓았다.

"아가야, 불쌍한 우리 아가야, 너는 갑신년甲申年 12월 27일생으로 태어나자마자 이 몹쓸 어미에게 버림을 받아 죽어 원귀가 되었구나. 이 어미는 이제야 그 죄를 뉘우치고 늦게나마 네 옷과 음식을 지어 왔단다. 부디 이것으로나마 네 한을 풀고 극락으로 가려무나."

이 소리를 듣고 있던 떳다리는 어두컴컴한 다리 밑에서 기어 나와 한달음에 어머니의 품에 안겼다.

"어머니!"

시커먼 그림자가 갑작스레 품에 안겨들자 여인은 가슴이 철렁 내려앉았다. 그러나 곧 아들을 알아보고는 뜨거운 눈물을 흘렸다.

"어머니! 제가 밤마다 다리 밑에서 목놓아 운 것은 친부모님을 찾기 위해서였습니다."

떳다리는 그간의 일을 이야기해 주며 어머니를 안심시켰다.

"네가 그 동안 얼마나 한이 맺혔으면 이런 일을 벌였겠느냐?"

"어머니, 왜 저를 버리셨습니까?"

"......"

어머니는 말이 없었다. 그저 한없이 눈물을 쏟으며 떳다리에게 용서를 빌 뿐이었다.

떳다리의 어머니 이씨는 시집 온 지 채 일 년도 안 되어 남편을 여의고 슬하에 자식 하나 없이 하루하루 외롭게 살아가고 있었다.

낮이면 집안일에 매달리고 밤이면 물레질을 하며 적적함을 달래던 어느 밤, 난데없는 고함소리가 온 집안을 떠들썩하게 울렸다.

"도둑이야! 도둑이야!"

이씨가 방문을 열고 나갔을 때 마당에서는 한바탕 큰 소란이 벌어지고 있었다.

도둑이라고 고래고래 소리치며 쫓아가는 하인을 피해 황급히 몸을 날려 담을 뛰어넘는 사람은 동네 글방에서 공부를 하는 반가의 도령들이었다.

아마도 밤이 깊어 출출해지자 닭서리를 하러 왔다 하인에게 들킨 모양인지 닭장 속에서 닭 울음 소리가 요란하게 들렸다.

이윽고 쫓고 쫓기는 소란이 잠잠해지고 이씨는 방으로 들어가려다 말고 잠시 마당을 거닐기 시작했다.

달은 휘영청 밝아 마당에는 마치 메밀꽃이 피어난 것처럼 달빛이 자잘하게 뿌려져 있었다.

이씨는 고적한 심사를 달랠 길 없어 멍하니 하늘을 바라보았다.

"저……, 초면에 실례인 줄은 압니다만……, 좀 도와주십시오."

마당 저쪽에서 어두운 그림자가 머뭇머뭇 말을 붙여 왔다.

"누……, 누구시오?"

"놀라지 마십시오. 닭서리를 하러 왔다가 그만……."

"그런데 무슨 일이시오?"

대답 대신 어두운 그림자가 천천히 마당으로 걸어 나왔다.

"급하게 도망을 치다 그만 거름통에 빠졌습니다. 이 꼴을 하고 도저히 그냥 갈 수가 없어서……."

그림자가 가까이 다가올수록 심한 악취가 코를 찔렀다. 이씨는 웃음이 터져 나오려는 것을 간신히 참고 도령을 집 뒤편에 있는 우물로 안내했다.

도령이 몸을 씻고 난 후 이씨는 그를 방으로 데리고 들어가 예전에 남편이 입었던 옷을 꺼내 주었다.

옷을 다 입은 도령은 고맙다는 인사를 하면서 이씨의 얼굴을 뚫어지게 쳐다보았다.

'참으로 아름다운 여인이구나.'

도령은 가슴 속에서 뜨거운 열정이 솟구치는 것을 느꼈다.

"이제 어서 가십시오. 혹시라도 시부모님이 아시면 저뿐만 아니라 도련님도 온전치 못할 것입니다."

도령의 시선을 의식한 이씨는 민망한 표정으로 재촉했다.

'소복을 입은 자태가 더욱 곱구나.'

도령은 이씨의 재촉을 외면하고 엉뚱하게도 자신을 소개했다.

"저는 올해 스무 살로 밀양에 사는 김태수라 합니다. 이곳 김해에는 친척 댁에 잠시 다니러 왔습니다."

"속히 가십시오. 행여 누가 들어오기라도 하면……."

도령은 방에서 나갈 생각은 않고 이런저런 얘기만 늘어놓았다.

처음에는 들킬까 봐 속이 타는 것 같던 이씨도 도령의 얘기를 듣다 보니 점차 마음이 편안해졌다.

이씨가 보기에도 도령은 훤칠하니 잘생긴 미남이었다. 거기에다 어찌 그리 얘기를 재미있게 하는지 조금씩 마음이 끌리는 것을 숨기느라 도령의 얼굴을 제대로 쳐다보지도 못했다.

어느덧 날이 새려는지 첫닭이 울었다.

그때 도령은 자리에서 일어나려는 듯하더니 갑자기 촛불을 끄고 이씨를 품에 안았다.

이씨도 별다른 저항 없이 순순히 도령의 품에 안겨 가만히 몸을 맡겼다.

열정의 시간은 짧고도 아쉬웠다. 전신이 땀에 젖은 두 사람은 날이 밝아 오는 게 못내 아쉬운지 긴 입맞춤으로 작별 인사를 대신했다.

그것이 이씨와 도령의 마지막이었다. 그러나 그날 밤의 흔적은 지울 수 없었다. 아기를 가진 이씨는 결국 시가에서 쫓겨나고 말았다.

갈 곳 하나 없고 혼자 몸으로 아기를 키울 자신도 없었던 이씨는 아기를 뗏다리 밑에 버리고 피눈물을 흘리며 어디론가 떠났다.

다시 만난 모자는 그날부터 함께 살았다.

뒤늦게 찾은 어머니였기에 뗏다리는 지극 정성으로 모셨다.

그러나 성장할수록 뗏다리의 마음속에는 아버지에 대한 원망 섞인 그리움이 커져 갔다.

뗏다리의 마음을 눈치 챈 어머니 이씨는 부질없는 짓인 줄 알면서도 밀양으로 김태수를 찾아갔다.

그러나 이씨는 눈물을 머금고 되돌아올 수밖에 없었다.

"네 아버지라는 사람은 지금 일가를 이루고 벼슬도 하여 잘 지내고 있더라만, 내가 네 이야기를 하였더니 펄쩍 뛰며 자기는 전혀 모르는 일이라고 시치미를 떼더구나."

떳다리의 두 볼에 굵은 눈물이 흘렀다. 그의 가슴속에서는 뜨겁게 타오르는 장작불 같은 증오와 한이 꿈틀거렸다.

'세상에 자식을 모른체하는 아비가 있단 말인가? 내 어디 그런 냉혈한의 얼굴을 한번 보리라!'

그 길로 떳다리는 집을 나와 밀양으로 향했다. 그러나 떳다리가 밀양에 도착했을 때 김태수는 한양으로 이사를 가고 없었다.

전신에 힘이 빠져 터벅터벅 김해로 돌아오던 떳다리의 가슴속에는 아버지에 대한 증오와 원망이 세상에 대한 원망과 분노로 바뀌어 가고 있었다.

'망할 놈의 세상! 내 가만 있지 않을 것이다!'

떳다리의 도적질은 그때부터 시작되었다. 그러나 부잣집에서 훔친 재물들은 가난하고 힘없는 사람들에게 몰래 나눠주었다.

떳다리가 말을 마치자 주변의 분위기는 사뭇 숙연해졌다.

신임 사또 김태수는 조용히 자리에서 일어나 방으로 들어갔다. 그러고는 떳다리를 불러들였다.

떳다리는 김태수에게 큰절을 올렸다.

"이리 가까이 오너라."

떳다리가 다가앉자 김태수는 눈물을 흘리며 말했다.

"내가 네 아비인 줄 어찌 알았느냐?"

"어머니께서 신임 사또의 함자와 고향이 밀양이라는 말을 들으시고 제게 말씀해 주셨습니다."

"나를 용서하거라. 가문의 대를 이을 몸으로 과부와 정을 통하였다는 소문이 나면 벼슬길이 막힘은 물론 집안 어른들을 뵐 면목이 없어 그랬느니라."

떳다리의 눈에서도 눈물이 흘렀다.

"소자, 이제 아버지의 얼굴을 뵈었으니 죽어도 여한이 없습니다. 단지 한 가지 청이 있다면 혼자 살고 계신 어머니의 뒤를 부탁드리겠습니다."

"아니다. 네가 지은 죄는 모두 이 못난 아비의 죄과이니라! 그러니 이 길로 어머니를 모시고 멀리 떠나도록 하여라. 뒷일은 내가 알아서 하마!"

"아버지!"

"이제라도 너희 모자를 거두지 못함을 용서하고 다시는 도적질을 하지 말거라."

김태수는 머뭇거리는 떳다리의 등을 다독거리며 잘못을 빌고 용서를 구했다.

떳다리는 자리에서 일어나 다시 큰절을 올린 후 차마 떨어지지 않는 발걸음을 옮겼다.

김태수는 자신이 저지른 지난날의 잘못을 비롯하여 떳다리에 대한 모든 사연을 소상히 적은 상소문을 올렸다.

그 상소문을 읽은 임금은 떳다리가 비록 도적질을 했으나 그 재물로 가난한 백성들을 구제한 점을 인정하여 죄를 묻지 않기로 했다. 또한 덮어두고 넘어갈 수 있었던 자신의 허물을 밝히고 스스로 단죄를 청하는 김태수의 마음을 갸륵히 여겨 죄를 묻지 않고 근신할 것을 명했다.

집으로 돌아간 떳다리는 어머니 이씨를 모시고 깊은 산중으로 들어갔고, 그뒤부터 그들 모자에 대한 소식을 아는 사람은 아무도 없었다.

부모를 살린 지혜

"아버지! 무슨 연유로 이러시는지 그 이유라도 말씀하여 주십시오."

아들 인준寅俊이 사랑방 문전에 붙어 앉아 계속해서 간곡하게 말하는데도 영변 군수 김지태金志泰는 단호하게 소리쳤다.

"네가 알 필요 없으니 어서 물러가라고 하지 않았느냐!"

이들 부자의 이런 입씨름은 벌써 며칠째 반복되고 있었다.

"하오나 아버지, 이 집의 장손으로서 아버지의 죽음을 이대로 보고 있을 수만은 없습니다. 또 어찌 죽음을 결심하셨는지 그 이유조차 모른다는 것은 자식된 도리가 아니라 사료되옵니다."

"……."

"그러니 부디 그 이유만이라도 소자에게 말씀해 주십시오. 그것도 모른 채 이대로 아버지를 여읜다면 소자 어찌 얼굴을 들고 살아갈 수 있겠습니까?"

김지태는 결국 아들 인준의 눈물 어린 말에 감동을 받았는지 고개를 끄덕이며 굳게 닫아걸었던 방문을 열었다.

영변 군수 김지태가 이렇게 며칠째 방문을 닫아걸고 식음을 전폐한 이유는 오로지 평양 감사 이시운李時雲과의 마찰 때문이었다.

평양 감사 이시운은 특별한 이유도 없이 영변 군수 김지태를 달가워하지 않았다.

그뿐 아니라 여러 사람들이 모인 자리에서 은근히 김지태에게 면박을 주거나 모욕적인 언사를 내뱉기 일쑤였다.

그러나 아랫사람인 김지태로서는 평양 감사의 그런 행동에 한마디 항변도 못하고 고스란히 당하고 있을 수밖에 없었다.

얼마 전 있었던 이시운의 생일 잔치에서도 그와 같은 일을 또 당하게 되니, 차라리 사내 대장부답게 깨끗이 죽는 길을 선택했던 것이다.

인준은 아버지의 말을 듣고는 굳은 표정으로 말했다.

"아버지! 어찌하여 그만한 일로 쉽게 목숨을 끊는단 말씀이시옵니까? 이유 없이 모욕을 당했다면 당연히 묻고 따지고 그래도 안 된다면 똑같이 갚아야지요."

"그게 무슨 소리냐? 상대는 평양 감사니라! 괜한 일을 벌였다간 오히려 화를 자초할 수도 있느니라. 게다가 무슨 수로 앙갚음을 한다는 말이냐?"

아들의 말에 김지태가 놀라 말했다.

"아버지, 소자에게 생각이 있사오니 제게 맡겨 주십시오."

인준은 말리는 아버지를 안심시키고 곧장 평양으로 향했다.

평양에 도착한 인준은 먼저 유명한 기생집들을 돌며 평양 감사 이시운이 평소 가까이하는 기생을 수소문했다.

인준은 평양 감사가 계향이라는 기생과 가까이 지낸다는 것을 알아내고 계향을 찾아가 다짜고짜 돈 천 냥을 내놓으며 말했다.

"내 네게 긴히 부탁할 일이 있어 이리 찾아왔다. 만약 내 부탁을 들어준다면 돈 천 냥을 더 주마. 들어줄 수 있겠느냐?"

계향은 인준의 행색을 한 번 훑어보더니 대답했다.

"소녀처럼 미천한 기생이 돈을 마다할 리가 있겠사옵니까? 부탁할 일이 무엇인지요."

"내 듣기에 평양 감사 이시운 대감이 평소 너를 총애한다고 들었다. 다음에 이시운 대감이 너를 찾아오거든 대감의 주머니를 몰래 뒤지거라. 하면 상감 마마께서 직접 하사하신 평양 감사의 인장이 있을 것이니 그것을 훔쳐서 내게 주면 된다."

"상감 마마께서 직접 하사하신 평양 감사의 인장이라 하셨습니까?"

계향은 뜻밖의 부탁에 놀라 되물었다.

"그렇다. 그 인장은 목숨보다 소중한 것이니 늘 몸에 지니고 다닐 것이다."

"한데 그것을 무엇에 쓰려고 하십니까?"

"나쁜 일에 쓰려는 것은 아니니 걱정하지 말고 넌 그저 내가 시키는 대로만 하면 된다."

잠시 후 계향은 고개를 천천히 끄덕였다.

"알겠습니다. 그만한 일이야 어렵지 않지요."

며칠 후, 계향은 자신을 찾아온 평양 감사 이시운이 술에 취해 잠들자 주머니에서 인장을 꺼내 인준에게 건네주었다.

인준은 그 길로 곧장 집으로 돌아왔다.

"아버지, 상감 마마께서 하사하신 인장을 잃어버렸으니 이제 평양 감사의 목숨은 경각에 달렸습니다."

"오호! 네가 어찌 그것을 손에 넣었단 말이냐? 네 재주가 참으로 기특하구나, 하하하! 이시운 이놈, 네놈이 평양 감사라는 직위만 믿고 나를 업신여겼겠다! 어디 두고보자!"

김지태는 인준이 건네주는 평양 감사의 인장을 받으며 그렇게 큰소리를 쳤다.

　한편, 평양 감사 이시운은 뒤늦게 인장이 없어진 것을 알고 그날로 자리에 드러누웠다.

　당장 조정에 이 사실이 알려지기라도 하면 자신은 목숨을 부지하기도 어려울 것이었다.

　'상감 마마께서 직접 하사하신 인장을 잃어버렸으니 어찌 살기를 바라겠는가? 차라리 이대로 죽는 것이……'

　이시운은 식음을 전폐하고 속만 끓이고 있었다.

　'이는 필시 영변 군수 김지태의 소행이다. 며칠 전 그자의 아들이 평양에 나타났다고 하더니 사람을 시켜 인장을 훔쳐간 게야!'

　그러나 이시운은 그 사실을 확인할 방도가 없어 더욱 난감하기만 했다. 말 그대로 심증은 있는데 물증이 없는 것이다.

　"아버지, 소녀 설화이옵니다. 잠시 들어가겠습니다."

　이시운의 하나뿐인 외동딸 설화가 쟁반에 죽을 받쳐들고 들어왔다.

　"아버지, 제발 일어나 진지를 좀 드십시오. 벌써 며칠째 곡기라고는 입에 대지 않으시니 소녀 걱정이 이만저만이 아니옵니다."

　"됐다. 거기 두고 나가거라."

　이시운의 심드렁한 말에 설화는 입술을 꼭 다물고 있다가 단단히 결심한 듯 말했다.

　"아버지께서 정 진지를 안 드시면 소녀도 지금부터 물 한 모금 입에 넣지 않겠습니다!"

　이시운은 자리에서 벌떡 일어나 앉았다.

　"설화야……!"

"말씀하세요, 아버지."

이시운은 어려서부터 어미 없이 자란 딸이 애처로워 깊은 한숨을 쉬었다.

"실은 말이다……. 미안하구나, 네 얼굴 볼 면목이 없다."

이시운은 인장을 잃어버린 얘기와 그것이 영변 군수 김지태의 소행일 것이라는 자신의 의중을 딸에게 낱낱이 얘기했다.

아버지의 말을 들은 설화는 입가에 빙긋 미소를 띄우며 말했다.

"아버지, 왜 진작 말씀하시지 않으셨습니까? 소녀에게 방도가 있사옵니다."

설화는 아버지에게 가까이 다가가 무어라 귓속말을 속삭였는데 딸의 말을 듣는 이시운의 얼굴에 점차 희색이 만면해졌다.

다음날 이시운은 인근 고을 군수들에게 사령을 보내 소집령을 전달했는데 영변 군수 김지태에게만은 참석하지 않으면 벌을 주겠다는 글을 따로 덧붙였다.

김지태는 왠지 께름칙하여 아들 인준을 불러 상의하였다.

"네가 보기에 내가 꼭 그 자리에 갈 필요가 있겠느냐?"

"아버지, 어려우시겠지만 꼭 가시는 것이 좋겠사옵니다. 이것은 어차피 아버지를 불러들이기 위함인 것 같사옵니다."

"내 생각도 그러하다만, 아무래도 무슨 꿍꿍이가 있는 것 같구나."

김지태는 못마땅한 듯 얼굴을 찌푸리며 말했다.

"제 생각도 그렇습니다. 그러니 이번에 가실 때 필히 인장을 지니고 가십시오. 아마도 인장을 내놓아야 할 때가 있을 것입니다. 그때는 서슴지 마시고 아무도 모르게 되돌려 주십시오."

"아니, 어찌 얻은 인장인데……."

"하지만 인장보다 사람의 목숨이 더 중하지 않사옵니까? 필히 인장을 가지고 가십시오, 아버지."

며칠 후 김지태는 평양으로 갔다.

평양 감사 이시운은 군수들을 맞이하여 큰 잔치를 벌이고 있었다. 그런데 김지태가 도착하자 평소와 다르게 반갑게 맞이하며 자신의 옆자리에 앉히고 직접 술까지 따라 주었다.

김지태는 이시운의 환대가 석연치 않았으나 모른 척하고 있었다.

이시운은 그간의 안부를 다정하게 물으며 이것저것 음식을 권하는 등 김지태를 마치 오랜 친구를 대하듯 하니 오히려 주위 사람들이 어리둥절해할 정도였다.

한창 잔치의 흥이 무르익어 갈 무렵, 별안간 밖에서 소란스러운 소리가 들렸다.

"불이야! 불이야!"

모두들 놀란 표정으로 서로를 쳐다보고만 있는데 하인 한 명이 급히 이시운을 찾았다.

"나리! 나리! 큰일났사옵니다! 연광정에 불이 났다 합니다!"

연광정은 평양 대동강에 위치한 명소로서 많은 문사들이 풍류를 즐기는 유명한 곳이었다.

이시운은 자리를 박차고 벌떡 일어났다.

"아무래도 내가 직접 가봐야겠소. 김 군수, 잠시 내 도포를 맡아 주시오."

이시운은 자신의 도포를 벗어 김지태에게 건네주고는 서둘러 밖으로 나가버렸다. 순식간의 일이라 김지태는 당황하여 어찌할 바를 몰랐다.

'아차, 이것이로군. 평양 감사가 돌아와 인장이 없어졌다고 하며 나를 문책하려는 속셈이로구나.'

김지태는 퍼득 정신이 들었다. 그는 아무도 모르게 인장을 이시운의 도포 주머니에 넣어두었다.

그로부터 얼마 지나지 않아 이시운이 돌아왔다. 그는 김지태에게 도포를 돌려받아 입으며 주머니에 인장이 들어 있는 것을 확인하고는 만면에 득의의 미소를 띄웠다.

"다행히 불은 그다지 크지 않았소이다. 괜히 잔치의 흥이 깨졌구려. 여봐라! 어서 음식을 더 내오너라!"

이시운은 환한 얼굴로 크게 소리쳤다.

그날 저녁 이시운은 따로 자리를 마련하여 김지태와 마주앉았다.

"지난 일은 다 잊고 우리 솔직히 말해 봅시다. 우선 내 인장을 돌려주어서 고맙소."

이시운의 말에 김지태의 낯빛이 사색으로 변했다.

"죽을죄를 지었습니다, 대감."

"아니오, 그런 뜻으로 한 말이 아니오. 난 단지 어떻게 내 인장을 가져갔으며 또 오늘 일을 어찌 짐작하고 인장을 다시 가져왔는지 그것이 궁금할 따름이오?"

이시운은 전에 없이 친근한 목소리로 물었다.

"그리 말씀해 주시니 고맙습니다. 실은 저에게 아들놈이 하나 있는데 이 모두가 그 아이의 계략이었습니다."

"오호라, 그래요? 실은 나도 딸자식의 꾀로 오늘 인장을 되찾은 것이오, 하하하!"

이시운은 김지태의 아들의 지혜에 감탄하며 호탕하게 웃었다.

"그래, 아들은 올해 몇이나 되었소?"

"스물입니다."

"그래요? 젊은 사람이 어지간히 영특하구려. 그러고 보니 우린 자식 덕을 톡톡히 보았습니다그려."

"그렇습니다, 대감."

"이보시오, 김 군수! 자식들 혼기도 꽉 찼으니 우리 이 기회에 사돈을 맺는 것이 어떻겠소?"

"아니, 그리 황송한 말씀을……."

"내 생각엔 이 모든 일이 다 하늘의 뜻인 것 같소! 만약 그 아이들이 아니었다면 우리가 이리 마주앉아 있을 수도 없는 일. 그러니 한시바삐 혼인날을 잡아 두 아이를 맺어 줍시다."

"대감과 사돈을 맺는 것은 저희 가문의 영광이지요."

김지태는 기꺼이 승낙했다.

"하하하! 이리 좋은 날 술이 빠져서는 안 되지. 여봐라, 여기 주안상 차려 오너라!"

하마터면 평생 서로 미워하며 지낼 뻔했던 이시운과 김지태는 지혜로운 자식들 덕에 지난날의 감정을 모두 잊고 사돈의 인연을 맺게 되었다.

조선 왕조표

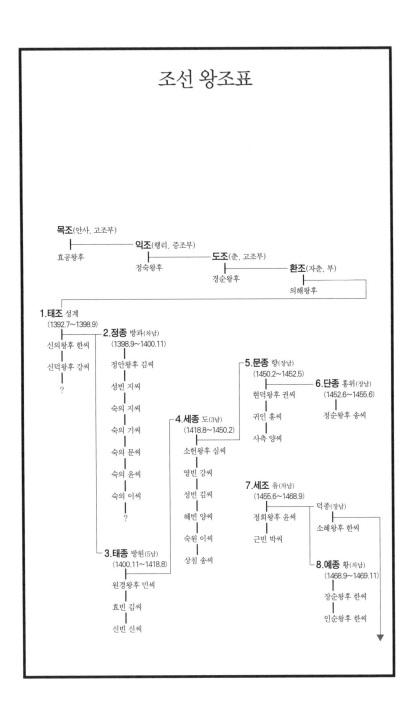

목조(안사, 고조부)

효공왕후

익조(행리, 증조부)

정숙왕후

도조(춘, 고조부)

경순왕후

환조(자춘, 부)

의혜왕후

1.태조 성계
(1392.7~1398.9)

신의왕후 한씨

신덕왕후 강씨

?

2.정종 방과(차남)
(1398.9~1400.11)

정안왕후 김씨

성빈 지씨

숙의 지씨

숙의 기씨

숙의 문씨

숙의 윤씨

숙의 이씨

?

3.태종 방원(5남)
(1400.11~1418.8)

원경왕후 민씨

효빈 김씨

신빈 신씨

4.세종 도(3남)
(1418.8~1450.2)

소헌왕후 심씨

영빈 강씨

성빈 김씨

혜빈 양씨

숙원 이씨

상침 송씨

5.문종 향(장남)
(1450.2~1452.5)

현덕왕후 권씨

귀인 홍씨

사측 양씨

6.단종 홍위(장남)
(1452.6~1455.6)

정순왕후 송씨

7.세조 유(차남)
(1455.6~1468.9)

정희왕후 윤씨

근빈 박씨

덕종(장남)

소혜왕후 한씨

8.예종 황(차남)
(1468.9~1469.11)

장순왕후 한씨

인순왕후 한씨

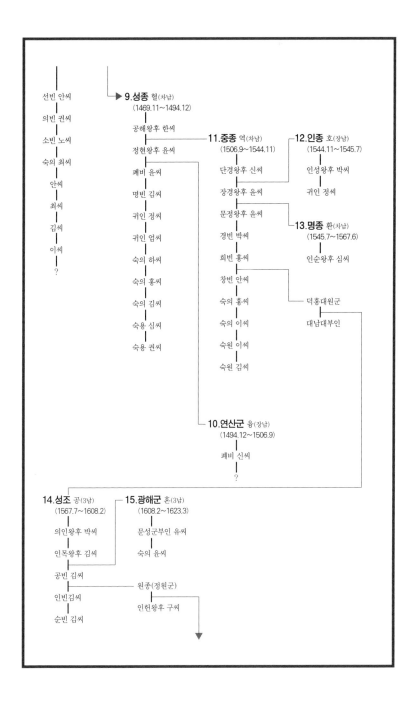

선빈 안씨

의빈 권씨

소빈 노씨

숙의 최씨

　안씨

　최씨

　김씨

　이씨

　?

▶ 9.성종 혈(차남)
　　(1469.11~1494.12)

공혜왕후 한씨

정현왕후 윤씨 ─── 11.중종 역(차남) ─────── 12.인종 호(장남)
　　　　　　　　　　(1506.9~1544.11)　　　　　(1544.11~1545.7)

폐비 윤씨　　　　　단경왕후 신씨　　　　　　인성왕후 박씨

명빈 김씨　　　　　장경왕후 윤씨　　　　　　귀인 정씨

귀인 정씨　　　　　문정왕후 윤씨

귀인 엄씨　　　　　경빈 박씨　────────── 13.명종 환(차남)
　　　　　　　　　　　　　　　　　　　　　　(1545.7~1567.6)

숙의 하씨　　　　　희빈 홍씨

숙의 홍씨　　　　　창빈 안씨　　　　　　　인순왕후 심씨

숙의 김씨　　　　　숙의 홍씨

숙용 심씨　　　　　숙의 이씨　────────── 덕흥대원군

숙용 권씨　　　　　숙원 이씨　　　　　　　대남대부인

　　　　　　　　　　숙원 김씨

　　　　　　　　── 10.연산군 융(장남)
　　　　　　　　　　(1494.12~1506.9)

　　　　　　　　　　폐비 신씨

　　　　　　　　　　?

14.성조 공(3남) ── 15.광해군 혼(3남)
(1567.7~1608.2)　　(1608.2~1623.3)

의인왕후 박씨　　　문성군부인 유씨

인목왕후 김씨　　　숙의 윤씨

공빈 김씨　────── 원종(정원군)

인빈김씨　　　　　인헌왕후 구씨

순빈 김씨

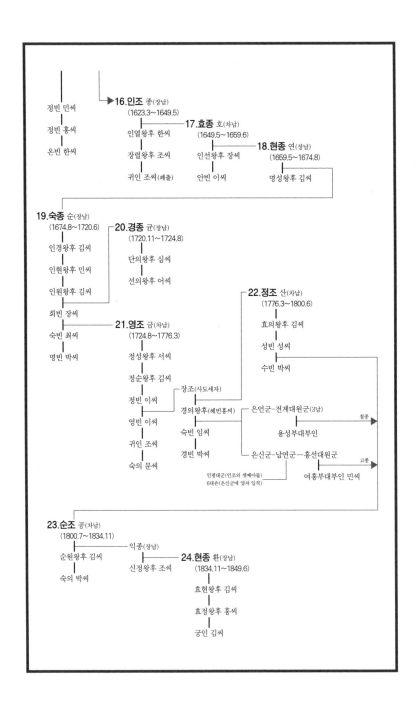

정빈 민씨

정빈 홍씨

온빈 한씨

16.인조 종(장남)
(1623.3~1649.5)

인열왕후 한씨

장렬왕후 조씨

귀인 조씨(폐출)

17.효종 호(차남)
(1649.5~1659.6)

인선왕후 장씨

안빈 이씨

18.현종 연(장남)
(1659.5~1674.8)

명성왕후 김씨

19.숙종 순(장남)
(1674.8~1720.6)

인경왕후 김씨

인현왕후 민씨

인원왕후 김씨

희빈 장씨

숙빈 최씨

명빈 박씨

20.경종 균(장남)
(1720.11~1724.8)

단의왕후 심씨

선의왕후 어씨

21.영조 금(차남)
(1724.8~1776.3)

정성왕후 서씨

정순왕후 김씨

정빈 이씨

영빈 이씨

귀인 조씨

숙의 문씨

장조(사도세자)

경의왕후(혜빈홍씨)

숙빈 임씨

경빈 박씨

인평대군(인조의 셋째아들)
6대손(은신군에 양자 입적)

22.정조 산(차남)
(1776.3~1800.6)

효의왕후 김씨

성빈 성씨

수빈 박씨

은언군-전계대원군(3남)

용성부대부인

은신군-남연군─흥선대원군

여흥부대부인 민씨

철종

고종

23.순조 공(차남)
(1800.7~1834.11)

순원왕후 김씨

숙의 박씨

익종(장남)

신정왕후 조씨

24.현종 환(장남)
(1834.11~1849.6)

효현왕후 김씨

효정왕후 홍씨

궁인 김씨

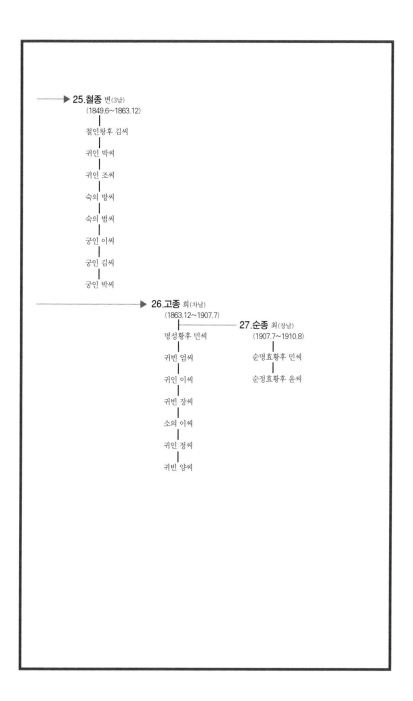

▶ **25.철종** 변(3남)
(1849.6~1863.12)

철인왕후 김씨

귀인 박씨

귀인 조씨

숙의 방씨

숙의 범씨

궁인 이씨

궁인 김씨

궁인 박씨

▶ **26.고종** 희(차남)
(1863.12~1907.7)

        └ **27.순종** 척(장남)

명성황후 민씨   (1907.7~1910.8)

귀빈 엄씨   순명효황후 민씨

귀인 이씨   순정효황후 윤씨

귀빈 장씨

소의 이씨

귀인 정씨

귀빈 양씨

하룻밤에 읽는 조선야사

개정판 1쇄 발행 2017 년 9월

엮은이 김형광

펴낸이 김형성
디자인 정종덕
마케팅 PAGE ONE 강용구
영업 최관호
관리 남영애 , 김희수
인쇄 정민P&P
제본 정민제책

펴낸곳 (주)시아컨텐츠그룹
주소 경기도 파주시 재두루미길 150(활자마을)
전화 031-955-9696
팩스 031-955-9393

이메일 siaabook9671@naver.com

ISBN 979-11-88519-05-7

값 15,000원